KB112059

옛말로 풀어 읽은 우리 이름, 우리 문화

김중종(일명 김탁)

지식산업사

옛말로 풀어 읽은 우리 이름, 우리 문화

초판 1쇄 발행 2000. 8. 28
초판 2쇄 발행 2000. 9. 30

지은이 김중종
펴낸이 김경희
펴낸곳 (주)지식산업사
        서울시 종로구 통의동 35-18
        전화 (02)734-1978(대) 팩스 (02)720-7900
        홈페이지 www.jisik.co.kr
        e-mail   jsp@jisik.co.kr
                  jisikco@chollian.net
        등록번호 1-363
        등록날짜 1969. 5. 8
인 쇄 청림문화사
제 책 서경

책 값   10,000원

ISBN 89-423-7014-4   03710

이 책을 읽고 지은이에게 문의하고자 하는 이는
지식산업사 편집부나 e-mail로 연락 바랍니다.

머리말

우리의 말과 역사에 관한 연구는 자주적(自主的)으로 찾아내 풀어 읽지 않을 수 없는 학문이다.

우리 조상들이 이 세상 어느 곳에서 왔든지 이 땅에 터를 잡고 살아오면서, 또한 살붙이끼리의 공동체 생활을 이루는 터전이 좁은 데서 넓은 데로 미치면서 여러 살붙이가 마을을 이루는 세상살이는 큰 사회적 공동체로 나아가고, 여러 마을이 모여 한 고을을 이루며, 몇몇 고을이 다시 모여 한 나라를 이루었다. 그러는 동안 써오던 그들 말로 나라 살림살이에 필요한 여러 말귀〔語句〕를 지어내고 그것으로 나라를 운영하는 과정에서 기원 4~5세기경 한문자(漢文字)와 접하게 되었다.

따라서 살붙이끼리의 말귀 짜임새나 겨레붙이끼리의 세상살이를 이룩하는 짜임말귀〔語句構造〕로, 곧 우리 조상들이 써 내려온 우리말로 짜맞춘 우리 말귀〔語句〕로 세상을 가꾸고 역사를 이룩했기 때문에, 우리말 낱말〔單語〕로 짜여진 우리 고대사는 주체성 원리에 따라 자주적으로 풀어 읽을 수밖에 없다는 말이다.

　나아가 많은 사람들이 바다를 건너가 일본을 이룩하면서 쓰던 말귀[語句]와 그 역사도 우리 역사의 연장선상에서 찾고 풀어야 하며, 일부 학자나 논자(論者)들이 생각하는 것처럼 우리 역사와 일본 역사를 한자 문화의 아류(亞流)처럼 생각할 것이 아니라, 한문(漢文)으로 이룩된 적지 않은 중국명과 중국 역사를 도리어 우리의 말귀[語句]로 찾고 풀어야만 장막으로 가려진 중국과 중국 역사의 베일이 벗겨진다고 믿는다.

　일찍이 우리 조상들은 공동체 생활을 해오면서 한 집안을 이룬 살붙이 서로를 부르는 '이름말'을 지어내고, 나아가 겨레붙이들이 작은 마을을 이룩하여 '마을 이름'이나 '고을 이름'을 지어내고, 가까운 고을끼리 내왕하며 더욱 넓어지고 발전된 사회 생활을 하는 데에서도 그에 알맞는 정치·사회적 짜임새에 맞게 '짜맞추어 다듬은 이름'들을 지어냈다. 진전된 삶을 통하여 문화적으로 가꾼 짜임말귀[語句構造]로 세상을 꾸리면서 마침내 이 땅 위에 독특한 우리 말귀[語句]로 이룩된 역사를 만들어 왔던 것이다.

　나라를 세우고 다스리는 정치 생활을 하는 데서도 '벼슬자리의 높고 낮음'이나 고을 규모의 '크고 작음'을 우리말 이름소리로 가릴 수 있도록, 거느리고 다스리는 마땅한 이름들이 지어져 오늘날의 이름에까지 미치고 있다.

　그리하여 길게는 몇천 년을 세세손손 입에서 입으로 이어지며 우리가 쓰고 부르는 할아버지, 할머니, 아버지, 어머니, 언니, 오라버니, 나와 너, 아우 등 집안 살붙이를 부르는 말이 다듬어졌고, 그로부터 나라 안의 겨레붙이간에 서로의 사회 생활에 어울리는 이름들이 지어졌다. 또한 윗사람이나 아랫사람, 어른과 아이를 가리면서 그에 알맞게끔 예의범절을 갖춘, 잘 가꾸어진 짜임새 있는 이름으로 다듬어왔다.

　나아가 정치 생활을 이룩하는 데서는 나라의 복판[中央]과 고을[地方]을 가리고 높이 거느리는 몇몇 고을과 아래서 뒤따르는 여러 고을들로 큰 고을[大府]과 작은 고을[小府]을 가릴 수 있도록 마땅한 말귀[語句]로 짜맞춘 이름말을 지어냈다. 그럼으로써 아쉬운 것 없이 나라 살림을 꾸렸으며 빛나는 우리 언어 문화를 꽃피우고 우리말로 이룩된 역사를 이 땅 위에 비교적 일찍 이룩하게 되었으니, 이는 자랑할 만한 일이 아닐 수 없다.

따라서 이렇게 이룩된 여러 고을이름은 당연히 몇천 년의 역사를 가지게 되었지만, 말소리는 말을 하는 그때뿐 곧장 대기 속에 꺼져버리기 때문에, 그날그날 쓰면서 지속된 말 외에는, '글'로 써두지 않고는 오랜 시공(時空)을 길이 이어올 수 없었다.

우리 조상들은 일찍 글자를 만들지 못했지만, 다행히 쓰임새가 다르고 소리글[表音字]이 아닌 한자의 자음(字音)을 전용(轉用)해서 표음(表音)하는 음표명(音標名) 글귀로 우리들의 독특한 '콸리아말' 문명을 창출했다. 그럼으로써 역사의 서장(序章)을 훌륭하게 '한자음 글귀'로 담아 넣어 몇천 년 전의 빛나는 문화 생활의 자취를 오늘까지 전해올 수 있었는데, 이는 여간 다행스러운 일이 아니다.

옛사람들이 이루어놓은 유적이나 유물은 옛 정서를 풍기기는 하지만, 말소리나 글귀소리로서 살아 있는 사람들의 심금을 적실 만한 메아리가 울릴 까닭이 없다. 그러나 우리 조상들이 지어낸 '말소리'와 '이름소리'는 옛적 우리 말귀[語句]로 짜맞추어 다듬은 소릿가락[音色]을 한자음으로 음차(音借)한 음표명(音標名)인 까닭에, 표음으로 울리는 이름소리에는 사물(事物)을 가리고 매겨놓은 주제를 가늠할 수 있고 테두리를 헤아릴 수 있는 규범이나 대상(對象)이 고즈넉하게 잠겨 있고 선인(先人)들이 그어놓은 유언(遺言)·"말씀"이 잠자고 있기 때문에 언젠가는 깨어날 글귀이다.

따라서 우리 조상들이 공동체 생활에서 쓴 우리말과 이름소리는 '무엇하는 벼슬'이나 '어떠어떠한 자리'라는 식의 우리 말귀〔語句〕로 짜여져 있으며, 왕국을 다스리는 데서도 높은 자리의 고을과 낮은 자리의 고을을 가릴 수 있는 말로 크고 작은 고을 이름까지 문화적 짜임새와 모양새를 갖추고 있다. 이러한 '이름소리'를 담은 소리그릇이 한자 음표명(音標名)인 까닭에, 그 누구나 이름소리의 뜻을 가려낼 수 있고 헤아릴 수 있게 지어졌을 것이다.

예를 들어 '서울'은 우리 조상들이 옛날부터 쓰던 우리말로서, "봉(峰)'우리'-〈울〉이에 올라-〈서〉는 〈서울〉"이라는 짜임새로 이룩되었기 때문에 중국어로는 나라의 "머리〔首〕에 올라-〈서〉는 고을〔府〕"이라는 뜻으로 풀이할 수 있을 것이다. 나라의 봉(峰)'우리'란 나라의 머리〔首〕와 비교되고 '올라-〈서〉'는 고을〔府〕에 해당한다. 이는 문법적으로도 초등학생 정도라면 다 알 수 있는 것으로, 쉽고도 훌륭하게 다듬은 조상들의 슬기에 감복하지 않을 수 없다.

우리는 오늘날까지 쓰고 부르는 우리말 〈서울〉을 우리의 말뜻으로 풀어볼 생각을 접어둔 채 지내왔다. 상형문자(象形文字)나 표의문자(表意文字)를 쓰는 중국 땅이 아닌데도 대전(大田)-'한밭', 병천(竝川)-'아우내', 전주(全州)-'온고을', 광주(光州)-'빛고을' 따위로 풀이함으로써 우리는 자청(自請)하여 이 땅이 중국인이 살고 간 중국 땅으로 생각하고 말았다. 이렇게 제멋대로 지껄이게 놓아둠으로써 옛적 우리 가락으로 이름 지어 부르던 조상들을 우롱하고 역사를 저버리는 말글 쓰임새로 나랏말을 어지럽히는 추세 속에, 세계 속의 우리의 빛나는 '말글, 문화'란 어떤 '소릿가락'이며 어떤 '짜임새'를 하고 있는지, 중국과 어떻게 다른 것인지, 역사 속에서 우리의 '소리말'이 어떻게 쓰이고 있는

지 알지도 못하면서, 내로라 하고 일가견(一家見)을 뽐내는 걷잡
을 수 없는 혼란과 뒤범벅으로 치닫고 있는 오늘의 세태는 한심
하기 그지없다.

그런 가운데 나랏말이나 역사를 연구하는 교수와 학자들은 세
상 되어가는 대로 바라만 보고 제 나라 나랏말〔國語〕의 말귀〔語
句〕도 모르면서 하물며 옛 역사를 연구한답시고 한문투의 음표
명을 중국식으로 굴리는 속 빈 강론으로 일관해온 나머지, 우리
말로 이룩된 역사의 소릿가락은 말문이 막혀 울림가락이 잠겨진
지 오래이다.

따라서 우리의 찬란한 언어 문화란 어떤 빛깔, 어떤 소릿가락
인지 밝혀주지도 못하면서 퇴행적 일본식 글자풀이에 빠져드는
궁색한 학문 풍토에 젖어 있는 상태이다. 게다가 해방된 지 반세
기가 지나도록 중국적 시각으로 바라본 뒤틀린 우리말, 우리 역
사는 세상 굴러가는 대로 내맡기고 껍데기뿐인 화석화된 역사는
영상(影像)을 헤쳐 보이지도 못하고 박제화된 이름을 세월없이
어루만지고만 있는 실정이다.

오늘날 나랏말〔國語〕은 미시적 말짜임새〔言語體系〕에 매달려 거
시적 말짜임새〔言語體系〕는 놓쳐버렸다. 큰 것은 못보고 작은 것
을 어루만지며 옛과 격리되어 볼 수도 들을 수도 읽을 수도 없
는 두절(杜絕) 상태에서 한문적 시각으로 우리말 글귀이름을 들
먹거리는지라, 무슨 말인지 어떤 뜻인지도 모를 강론으로 시종하
고 있다고 해도 지나치지 않다.

우리 나랏말〔國語〕과 우리 역사는 사실(事實)과 사실(史實)의
낱낱이 우리말 말귀〔語句〕로 지어지고 짜맞추어졌으므로 읽고 푸
는 데서도 우리 소릿가락과 그 짜임새로 뜻을 알아야 한다. 우리
말도 역사적 산물이므로 글귀 속에 잠겨 있는 짜임새를 찾아내
읽어야 함은 물론이다. 말도 반만 년의 역사적 풍상을 거쳐오는

사이 세월의 앙금이 쌓여, 소릿가락이 가려지고 그 빛은 바랬다. 화석화된 오늘날의 표준 한자음으로 사실(史實)이나 음표명을 그대로 읽는다는 것은 아무 뜻이 없다.

일본의 고대 세계가 우리 조상들이 짜놓은 언어 문화로 다스려졌다는 것은 오늘날까지 남아 있는 그들 글귀 이름을 읽어보면 알 수 있다. 그 말의 쓰임새를 통해 우리들의 당시 시대를 옮겨놓은 것임을 알 수 있으므로, 한자 훈명(訓名)으로 뜻풀이하여 부르는 일본의 역사 인식이 얼마나 한심한가를 가늠할 수 있을 것이다.

역사 흐름 속에서 변천한 우리말 쓰임새는 크게 네 가지 줄기로 변해왔다. 한자음은 우리말 이름을 담는 '소리그릇'으로 써왔는데, 우리의 말소리가 달라지는 데 따라 그를 담아놓은 한자음마저 소리말과 동반변음(同伴變音)되어왔기 때문에, 말소리의 변성(變聲)·변음에 따른 한자음의 변천을 더듬어 살펴보지 않으면 안 된다.

한자를 중국에서 수입했을 때는 중국음 그대로 부르고 쓰다가 오랜 역사를 거치며 우리말이 변화하는 데 따라 말을 담아놓고 쓰던 소리그릇인 이 한자음도 동반변음을 일으켰다. 그러다가 마침내 중국음을 그대로 쓰는 한자와 다음 네 가지 유형에 따라 변음시킨 우리 한자음으로 대별되는 현상이 나타나게 되었다.

첫째로 굳은소리와 무른소리이다.

사람의 어린 이는 '아기'라고 하지만 동물의 어린 것은 '강아지', '망아지', '송아지' 등 '아지'를 붙여 말한다. 오늘의 길[道]이라는 말이 예전에는 '질'이라고 쓰였으며, 김은 '짐'으로, 깃털은 '짓털'로, 귤은 '쥴'로 쓰였다. 〈ㄱ〉소리는 굳은소리이며 〈ㅈ〉소리는 무른소리이다.

따라서 계룡산(鷄龍山)의 중국음 〔지룽〕음자는 무른소리 〈쥐룽〉

소리를 표음하고 산(山)은 〈뫼〉를 번역해 옮긴 글귀이름이지만,
오늘날 〔지〕음자 계(鷄)를 굳은소리 '계'자로 사용함으로써 '표준
음자'를 바꾸어놓았기에, 마치 '계룰'뫼처럼 변음된 소릿가락이
되어 "세상-〈룰〉을 제어하여-〈쥐〉"라고 부르던 '〈쥐룰〉뫼'소리는
잠겨지고 참소리와 뜻이 실종된 '계룡뫼'로 화석화되고 말았다.

만일 굳은소리로 "세상-〈룰〉을 제어하여-〈권〉"이라고 불러 〈권
룰〉뫼였다면 곤륜산(崑崙山)으로 표음하고, 무른소리로 "세상-〈룰〉
을 제어하여-〈쥔〉"이라고 불러 〈쥔룰〉뫼였다면 청룡산(靑龍山)으
로 표음했을 것이다.

이와 같이 우리 조상들은 〈쥐룰〉뫼를 중국음 〔지룽〕음자 계룡
산(鷄龍山)으로, 〈쥔룰〉뫼를 〔칭룽〕음자 청룡산(靑龍山)으로, 굳은
소리 〈권룰〉뫼를 곤륜산(崑崙山)으로 표음하여 사용함으로써 당
시의 한자 중국음으로 표음한 음표명으로 뫼이름까지 글귀소리
로 소중하게 남겨놓았다는 것을 알아야 한다.

둘째로 겉소리〔表音〕와 그늘소리〔負音〕이다.

울릉(鬱陵)을 무릉(茂陵)이라고도 표음함으로써 대칭적 짝소리
로 나타낸 고을이름 〈울알→우랄〉소리와 〈물알→ㅁ랄〉소리는 전
형적인 대칭소리 이름의 하나이다. 따라서 〈울알→우랄〉소리는
울릉(鬱陵), 울릉(蔚陵), 우릉(于陵), 우릉(羽陵)의 〔위룅〕음자나 무
릉(武陵)의 중국음 〔우룅〕음자로 표음하고, 그늘소리 〈물알→ㅁ
랄〉소리는 무릉(茂陵)으로 표음하던 것이 버릇이 되어 〈울알→우
랄〉소리를 표음한 중국음 〔우룅〕음자 무릉(武陵)을 그늘소리 〈ㅁ
랄〉소리로 대칭시킴으로써, 읽고 부르는 데 자주 쓰이던 무(武)
자를 무(茂) 자와 같은 우리 표준 한자음으로 바꾸어버렸다.

그러므로 무안(務安)이나 무안(武安)은 분명히 중국음 〔우안〕음
자로 〈울안〉소리를 표음한 음표명임에도 대칭소리 〈물안〉소리처
럼 읽고 부르는 것이 버릇이 되어 중국음 〔우〕음자들인 무(務),

무(武), 무(無), 무(舞) 자들을 우리의 말버릇에 따른 그늘소리 〔무〕음자로 바꾸어버렸다는 것을 알 수 있다. 그러므로 표음된 이름소리와 오늘의 '표준 한자음'을 찾고 가릴 줄 알아야 한다.

셋째로 구개음 대칭소리이다.

지리산(地理山)의 중국음은 〔디리〕음자이며 지이산(智異山)의 중국음은 〔지이〕음자이다. 이것은 옛적에 〈달〉소리가 구개음화 하여 〈절-잘-쥘〉소리를 대칭시키던 쓰임새로서, 구개음화가 덜 된 〈덜이→더리〉뫼는 중국음 〔디리〕음자 지리산(地理山)으로 표음하고, 구개음화된 〈쥘이〉뫼는 〔지이〕음자 지이산(智異山)으로 표음한 것처럼, 같은 이름의 구개음 대칭소리 음표명이다.

이와 같이 구개음화가 되지 않은 중국음 〔톈안〕음자 천안(天安)으로 표음한 〈달안→덜안〉소리를 우리는 마치 구개음화된 〈잘안→절안〉소리처럼 '천안(川安)'과 같은 식으로 읽고 부르게 되었다는 말이다.

지대로왕(智大老王)과 지철로왕(智哲老王)을 보면, 이것들은 〈쥔달알→쥔덜알→쥔뎔알→쥔졀알→쥔절알〉소리로 구개음화된 〈쥔절알→쥐져ㄹ알〉소리는 지철로왕(智哲老王)으로 표음하고, 구개음화가 안 된 〈쥔달알→쥐다ㄹ알〉소리는 지대로왕(智大老王)으로 표음한 구개음 대칭소리 글귀이름이다.

넷째로 닿소리〔子音〕가 벗겨진 소리이다.

고려(高麗) 적에 설정한 "귀향벌(歸鄉罰)"은 고려(高麗) 때는 중국음 〔꿔샹〕음자 그대로 〈귀샹〉으로 읽고 부르다가, 오늘날은 분명히 〈귀향〉으로 읽고 부른다. 〈샹〉소리의 〈ㅅ〉을 벗겨 쓰며 실제로 부를 때 〈귀양〉이라고 일컫게 된 쓰임새에서 〈ㅎ〉마저 탈락시킴으로써, 오랜 세월 말소리는 〈샹→향→양〉으로 소리바꿈〔變聲〕하고 있다.

이러한 쓰임새의 예를 하나 더 보자면, 함양(咸陽)의 중국음

〔쎈양〕음자로 울리는 〈샐얄〉소리에서 〈ㅅ〉을 벗긴 〈환얄〉소리 〈함양〉으로 읽고 부르게 된 것을 들 수 있겠다.

이렇게 우리들의 옛 소리말 이름은 오랜 세월에 걸쳐 부르고 쓰는 동안 말이 변하는 데에 따라서 옛적에 표음으로 담아놓은 한자음도 함께 변음을 겪게 되었다. 근세 남북에서 서로 다르게 변한 여러 변음자를 통일시킬 필요를 느껴 그때까지 얻어진 서울 중심의 한자음을 '표준 한자음'으로 설정한 탓에, 옛 한자음 소릿값〔音價〕은 오늘날의 표준 한자음가와 어긋나는 경우가 많아졌다.

이와 같은 현상을 무시한 채 여러 이름이나 고을이름, 뫼이름, 내이름을 읽고 부르려는 데로부터 옛적에 표음해서 담아놓은 '이름소리'와 표준 한자음 '글귀소리'가 괴리되는 현상이 나타나고 있다. 그러므로 이러한 나랏말 이름 위에 쌓이고 쌓인 앙금을 걷어내고 변음된 음색을 벗겨 표음된 옛 자음(字音)으로 읽어 본래의 실사(實辭)와 실상(實像)을 찾아야 한다. 이렇게 하는 데에 이름소리의 규범과 주제가 살아 있는 글귀소리를 가지고 조상의 얼이 담긴 글발로 읽는 길잡이가 되도록 이 글이 이바지하기를 바란다.

저자는 원래 현대사 속에서 뛰놀고 싶었다. 그러므로 옛적 우리말로 지은 우리 이름이나 옛 우리 역사를 들춰볼 생각은 안중에도 없었다. 그러나 우리 집안에 드리운 '역사의 장난'은 나로 하여금 분통한 마음을 달래기 위해서라도 어떤 일에 달라붙어 세월과 씨름하지 않을 수 없게 했다.

1961년의 12월도 저물어갈 즈음, 아버지(김시린〔金時麟〕)는 서대문 감옥을 찾아오셔서 "내 나이 17세에 '36세의 아버지(김성로〔金聲魯〕)께서' 망명지로부터 조국을 찾아온 '불법잠입죄'로 체포

되어 38년의 짧은 생애를 마감한 비운을 겪더니, 60세 못 미쳐 '36세의 아들'이 '불법잠입 간첩죄'로 사형을 맞는 역사의 액운 (厄運)은 이다지도 줄기차게 나를 괴롭히나" 하고 장탄식을 하셨 다. 지금은 지하에 계신 아버지의 영상이 오늘의 저자를 사로잡 고 말았다.

그날 이후 살아 남은 저자는, 부조(父祖) 양대의 펴보지 못한 나라 사랑의 뜻을 받들어, 기나긴 29년 감옥살이 동안의 분통한 세월에 쌓인 시름을 얼룩지고 짓밟혀 그늘진 우리 역사를 되찾 아 읽는 데 쏟아 붓기로 함으로써 인생에 뜻하지 않았던 이 분 야에 빠져들게 되었다.

따라서 이 책은 우리 가문이 3대에 걸쳐 외세를 물리쳐 조국 을 올바로 떠받들려고 몸부림치고 분통한 울분을 세월로 삭이며 마음속에 사리고 가다듬어 아로새긴 가지가지 사연을 엮은 글월 로 이룩되었다고 생각해주었으면 한다.

그러나 지난 수백 년 동안 듣지 못한 우리말, 우리 이름을 찾 아, 가리워지고 잠겨진 역사의 목소리를 되울리게 하는 일이란 쉽지도 않거니와 글발로 독자들이 알 수 있게 풀어 쓰기란 더더 욱 어려운 일이었다.

글솜씨가 무딘 저자가 어렵게 다듬은 사그라진 옛말과 옛 이 름을 살려 풀이한 원고를 들고 찾아간 지식산업사 김경희 사장 에게 야속할 정도로 매몰차게 되돌려 받기 네 차례 끝에 세상에 나오는 '산고(産苦)'를 겪은 나머지 김경희 사장마저 우리말과 우리 역사를 바라보는 시각을 공유할 수 있는 벗으로 얻게 된 것을 보람으로 느끼며, 앞길을 열어가는 데 함께 길잡이가 되었 으면 하는 마음 간절하다.

또한 다듬고 매만지는 데 애쓴 편집진에게 고마움을 마음에 새긴다. 아울러 이에 못하지 않게 이제나 저제나 책이 나오기를 기다린 여러 동지들과 동창들이나 벗들의 성원에 감사하고, 오랫동안 저자를 도와주고 밀어준 유대성, 조은연 부부의 고마움을 여기에 적어둔다.

2000년 8월 15일

김중종(金中鍾, 일명 김탁〔金鐸〕)

차 례

〈셋〉 나라의 "고을짜임새〔地方體制〕" 이름 / 141

18

〔일러두기〕

　이 책은 사회에서의 연구물이 아니라 저자가 간첩 혐의로 장기간 복역하던 중의 연구물이기 때문에, 일상적인 말과는 차이가 있고 서술에서도 다소 독창적인 면이 있다. 그래서 독자들의 이해를 돕기 위하여 간단하게 몇 가지를 일러둔다.

1. 저자는 본문에서 지속적으로 한자와 우리말을 대비시키고 있기 때문에, 저자가 달아놓은 한자는 반복되더라도 대부분 그대로 살려두었다. 특히 우리 말로 풀이하고 한자를 곁들인 것은 모두 살려두었다.
   (예 : 말귀〔語句〕, 세 나라 시대〔三國時代〕, 복판짜임새〔中央體制〕)
2. 본문 중에 대괄호로 표시된 "〔 〕음자"라는 말은 문자로 표기된 것을 읽었을 때 나는 소리를 이르는 것이다.
3. 본분 중에 쌍쇠로 표시된 "〈 〉소리"라는 말은 문자와 관계없는 순진한 말소: 리를 이르는 것이다.
4. 본문 중에 큰따옴표로 묶인 부분은 단어군이기 때문에, 그것이 포함된 문장 에서는 한 단어와 마찬가지 역할을 한다.
   (예 : 우리말 말귀〔語句〕로 짜맞춘 "〈쥔쥐술알〉소리 대칭 〈쥔귀술알〉소리로 신 성(神聖) 영무왕(英武王)"이란 이름으로, 라는 문장은 → 우리말 말귀〔語句〕 로 짜맞춘 "영무왕(英武王)"이란 이름으로, 라는 문장과 같다.)

〈하나〉 사람을 부르는 이름

    사람은 서로 생각이나 감정을 나타내는 말을 고르고 가다듬어 뜻이 담긴 말귀〔語句〕를 주고받으며 공동체 생활을 해왔다. 그런데 우리 조상들은 말로 생각과 감정을 상대가 쉽게 알아들을 수 있도록 말마디를 짜맞춘 여러 짜임말귀〔語句構造〕를 갖추어놓았으며, 집안 살붙이나 집밖 겨레붙이의 선 자리가 위냐 아래냐, 먼저냐 나중이냐에 따라 부르는 이름을 달리하여 범절을 갖추고 예의를 차리는 쓰임새로 이름 지어왔으니, 우리 조상 전래의 이름말〔呼稱〕들은 문화적이면서 또한 잘 다듬어지고 가꾸어진 품격을 지니게 되었다.

    이러한 이름말 쓰임새는 아득한 옛적부터 무리를 짓는 살붙이〔家族〕를 부르는 이름에서 시작하여 점차 그 밖의 사회 구성원에 미치는 이름말이 지어졌을 것으로 여겨진다.

1. 살붙이〔家族〕를 부르는 이름

1.1. 살붙이〔家族〕를 부르는 이름—호칭(呼稱)과 지칭(指稱)

아버지와 어머니가 혼인(婚姻)하여〔얼이어〕 언니와 누이가 태어나고 나와 아우가 태어났다. 따라서 태어난 차례에 따라 아버지와 어머니, 그 아버지와 어머니, 그리고 언니와 누이, 나와 아우의 순으로 올바르게 부르는 이름〔呼稱〕과 이르는 이름〔指稱〕을 찾아보도록 하겠다.

(1) 아버지와 할아버지

① 아버지

ⅰ) '아버지'의 〈아〉소리는 '앳된'이나 '첫', '처음'이라는 뜻으로서, 일컫는 〈애〉소리가 모음조화로 〈아〉소리로 다듬어졌을 것이다. 그렇다면 〈아〉소리는 '첫'이나 '처음'이라는 〈애〉소리가 〈아〉소리로 다듬어지며 자리잡은 말일 것이다.

ⅱ) '아버지'의 〈버〉소리는 〈부〉소리가 모음조화로 '버'나 '바'로 다듬어지는 '불거지다'의 〈불〉소리에서 다듬어져 '버'나 〈부〉소리로 자리잡았다고 보아야 할 것이다.

중국 산동반도(山東半島)의 옛 제(齊)나라 사람들은 부친(父親)을 아부(阿斧)라고 불렀다고 하는데, 아부(阿斧)의 중국음〔아부〕음자는 우리가 말하는 '아부지'의 〈아부〉소리를 닮은 말로서, 이 지대는 옛적 한족(漢族)으로부터 동이(東夷)라는 이름으로 불리던 지역이므로, 우리말 '아부지'의 '아부'와 옛 제인(齊人)의 〈아부(阿斧)〉소리는 '짜임새'나 '쓰임새'가 비슷한 '몽골어족' 이름소리라는 방증이 될 수 있을 것이다.

iii) '아버지'의 〈지〉소리는 퇴색하고 속화되었지만, 옛이름 〈쥐〉
소리에서 변해온 말이다. 옛적 공동체 생활에서 가부장적 통제자
나 그 장로층을 높여 부르는 높임말 〈쥐〉소리가 속화되어 살붙
이인 아버지와 할아버지의 〈쥐→지〉소리로 자리잡았을 것이다.

초기의 우리 나라 왕(王)을 부르는 〈쥔쥐〉소리의 〈쥔〉소리
는 제어, 통제, 통치, 지배 등의 뜻이므로 "통제하여-〈쥔〉 제
어하여-〈쥐〉는 〈쥔쥐〉"소리는 왕이나 귀족을 일컫는 말귀〔語
句〕로 쓰이다가 속화된 〈쥐〉소리는 〈지〉소리로 퇴화했을 것
이다.

● 신라(新羅)에서 '임금'을 일컫던 옛이름 니사금(尼斯今)
은 중국음 〔늬쓰진〕음자로서, 〈닛쥔〉소리를 표음한 〈니〉소리
는 〔늬〕음자 니(尼) 자로 표음하고, 〈닛〉소리의 'ㅅ' 받침은
사(斯) 자의 중국음 〔쓰〕음자를 'ㅅ' 받침으로 삼은 〈니ㅅ〉
소리를 니사(尼斯)로 간주하여 표음한 것이다. 이 〈니ㅅ→닛→
잇〉소리는 계승(繼承)한다는 뜻으로 지은 이름말을 중국어로
표음한 글귀이름이다.

〈쥔〉소리는 금(今) 자의 중국음 〔진〕음자로 표음하여 제
어, 통제, 통치, 지배 등의 뜻으로 쓰였는데, 이 말과 엮은
"계승(繼承)하여-〈닛→잇〉은 통치(統治)하여-〈쥔〉 제어(制御)
하여-〈쥐〉"를 〈닛쥔쥐〉라고 부르다가, 점차 속화된 〈닛쥔지〉
로 자리잡은 끝소리 〈지〉소리는 〈쥐〉소리에서 다듬어졌을
것이다. 그러므로 당시에는 신라왕을 '임금'님이 아니라 〈닛
쥔쥐→닛쥔지〉라고 불렀다.

그런데 중세 이후 무른소리 〈쥔〉소리를 굳은소리 〈권〉소

리로 바꾸어 부르게 되면서 "계승하여-〈닛→잇〉은 통치하여
-〈권〉 제어하여-〈쥐〉는 〈닛권쥐→잇권지→임궘지→임금지〉"
소리로 다듬어지던 〈쥐→지〉소리를 근세에 들어 '마마'나 중
국어 전하(殿下)로 바꾸어 불러 〈님권→임금〉이라는 이름만
이 남았다.

● 백제(百濟)에서 왕(王)을 부르던 호칭인 건길지(鞬吉支)
는 중국음 〔젠지즥〕음자의 옛이름 〈잘퀀쥐→잘퀀지〉소리를
표음한 음표명으로, 왕호(王號) 〈잘퀀〉소리는 중국음 〔젠지〕
음자 건길(鞬吉)로 표음하고, 높임말〔尊稱〕〈쥐→지〉소리는
〔즥〕음자 지(支) 자로 표음한 것이다. 그러므로 〈잘퀀쥐→잘
퀀지〉소리를 〔젠지즥〕음자 건길지(鞬吉支)로 표음한 것에서
끝의 〈쥐→지〉소리는 높임말〔尊稱〕로 쓰인 말이다.

● 신라(新羅) 초기의 왕호 자충(慈充)의 중국음 〔츠충〕음자
도 〈잘퀀〉소리를 표음한 글귀이름이다. 따라서 높임말 〈쥐→
지〉소리를 붙여 〈잘퀀쥐→잘퀀지〉소리로 부르던 왕호는 〈잘
퀀〉소리와 높임말 〈쥐→지〉소리로 이루어진 글귀이름이다.

● 신라(新羅)의 최고위 벼슬이던 서발한(舒發㙜) 또는 서
불한(舒弗㙜)은 〈서볼한〉소리나 〈서불한〉소리를 표음한 음표
명이다. 그리고 때로 서발한지(舒發㙜支)로 표음하기도 하는
〈서볼한쥐→서볼한지〉소리는 "묏부리-〈볼〉에 크게-〈한〉 올라-
〈서〉서 제어하여-〈쥐→지〉"라는 식으로 높임말〔尊稱〕을 붙여
부른 쓰임새이다.

이렇게 옛적 사회의 어른이나 집안 어른에게 높임말〔尊稱〕을
붙여 부르던 〈한'쥐'→한'지'〉소리로 일컫는 〈쥐→지〉소리는 처음
에는 벼슬아치를 이르는 말이었다가 마침내 집안의 어른인 '아버

지'와 '할아버지'를 부르는 높임말이 되었을 것이다.

따라서 '아버지'와 '아부지'는 '첫, 처음＝애→아'한 〈불거진＝불→부↔버〉소리와 높임말＝〈쥐→지〉소리를 짜맞춘 말귀〔語句〕로서, '처음 불거져 나온 분'을 뜻하는 것이다.

여기서 부르는 〈지〉소리는 〈쥐〉소리에서 왔다고 보기 때문에 다른 높임말〔尊稱〕로 쓰는 〈니〉소리가 붙은 '어머니', '언니', '오라버니'의 〈니〉소리보다 앞선〔上位〕 높임말이다.

그러므로 요즘 시중(市中)이나 드라마에서 일컫는 '아버님'이라는 호칭은, 며느리나 사위가 시아버지나 장인(丈人)을 부르는 말이라면 몰라도, 우리 조상들에게서 물려받은 〈아버지〉소리를 높임말이 없는 이름으로 잘못 알고 쓰는 뒤틀린 쓰임새이며, 사대주의에 젖어 중국말을 쓰는 풍조나 식민지의 잔재를 벗지 못한 일본말을 본뜬 왜곡된 쓰임새이다.

일본말로 아버지를 부르는 '오또우상 : オトウサン'은 〈또우 : トウ〉소리가 높임말이 없는 말이기 때문에 '상 : サン'이라는 높임말을 붙인 것이다. 이것을 보고 엄연히 붙여놓은 높임말 〈지〉소리나 〈니〉소리를 없애면서 그보다 뒤지는, 남남에게나 붙이는 '님'으로 바꾸는 짓은 높임말의 격(格)을 낮추고 떨어뜨리는 못나고 어리석은 짓이다.

따라서 우리말의 "아버지"라는 이름은 이르는 지칭(指稱)이나 부르는 호칭(呼稱)이 같은 이름말이며, 높임말〔尊稱〕이 붙은 잘 다듬고 잘 짜여진 나무랄 데 없는 이름말이다.

※ 중국어(中國語)에서는 이르는 지칭이 부(父)나 부친(父親)이

고 부르는 호칭이 파파(爸爸)이다. 그들이 쓰는 호칭에는 어른을 높이는 존칭이 없으므로 어른을 높여 부르는 우리에게는 어울리지 않는다.

ⅳ) 어릴 적 '아버지'를 부를 때 '아빠'라고 하거나 일부 지방에서 '아배'라고 하는데, 이런 호칭은 일종의 아칭(兒稱)으로 성년이 된 다음에는 '아버지'라고 불러야 한다.

ⅴ) '아비'나 '애비'나 '아범'은 웃어른이 손아랫사람 앞에서 아들이나 아랫사람을 일컬을 때 부르는 낮춤말이다. 그러므로 '아버지'를 〈아버지〉소리 이외의 말로 부르는 것은 높임말이 갖추어진 '아버지'를 낮게 부르는 짓이며 범절을 어기는 쓰임새라는 것을 알아야 한다.

ⅵ) 아버지의 언니〔兄〕는 '맞아버지'이다. 중국어인 백부(伯父)를 풀어보면 '맞-백(伯), 아버지-부(父)'인데, '큰, 아버지'라고 일컫는 것은 크게 범절을 어기는 짓이며 중국어 뜻마저 그릇되게 해석하는 것이다.

'큰, 아버지'의 〈큰〉소리는 '할, 아버지'의 〈할〉소리와 대칭적 짝소리로서, 〈할〉소리는 무른소리이고 굳은소리 〈칼-칸〉소리가 속화되어 〈클-큰〉소리로 퇴화한 것이다. 그러므로 '컨, 아버지-큰, 아버지'는 다른 말로 '할, 아버지'와 대칭적 짝소리이다.

경상도 북부 지방에서는 중국어 조부(祖父)를 '큰, 아버지-큰, 아배'라고 부르면서 같은 대부(大父) 항렬(行列)을 '할, 아버지-할, 배'라고 부른다. 이처럼 조부(祖父)와 대부(大父)를 같은 항렬로 부르면서 〈큰〉소리와 〈할〉소리를 짝소리로 대칭시키는 쓰임새는 옛 쓰임새를 말해주는 것이라고 하겠다.

따라서 이른바 '서울 표준말'로 일컫는 백부(伯父)-'큰아버지'는 우리말 쓰임새를 일탈한 잘못된 쓰임새이며 범절을 어기는 이름이라는 것을 알 수 있다. 중국어에서의 백부(伯父)는 다른 말로 숙부(叔父)인데, 이는 '아버지'와 동항(同行), 병렬(並列)의 백부(伯父)이자 서차(序次)상의 장(長), 차(次)를 말하는 것이지 고차원(高次元)의 〈큰〉소리나 〈할〉소리로 말할 수 없는 말귀〔語句〕이다. 이 또한 예의범절을 어기는 잘못된 쓰임새이다.

그러므로 '아버지'의 언니〔兄〕는 '맞, 아버지'이다. '아버지'의 아우는 '작은, 아버지'가 되는데, '맞'아버지와 '작은'아버지는 병렬의 '길고 짧은' 장단(長短)을 매기는 장유(長幼) 서차(序次)를 일컫는 말이기 때문이다. 한문으로 숙부(叔父)이자 백부(伯父)로 쓰이는 것은 '맞아버지'가, 숙부(叔父)이자 계부(季父)로 쓰이는 것은 '작은아버지'가 되어야 한다.

> ※ 중국어로 백부(伯父)는 백백(伯伯 : 빼빼)이라고 부르고 숙부 (叔父)는 숙숙(叔叔 : 슈슈)이라고 부른다. 한자의 뜻으로는 조금도 '큰'이라는 말귀〔語句〕가 매겨져 있지 않다.
>
> ※ 일본어로는 숙부(叔父)를 '오지상 : オヂサン'이라고 부른다. 영어(英語)에는 백부(伯父)라는 말 자체가 없고 여러 숙부(叔 父)를 그냥 'Uncle'이라고 칭한다. 조부(祖父)를 일컫는 'Grand Father'와 뚜렷하게 구별되는 점이 우리말을 깨치는 데 도움이 되리라 생각한다.

한자명을 쓰지 않으면 몰라도, 백부(伯父)를 '큰아버지'라고 그르치게 풀이한 많은 국어사전을 볼 수 있는데, 한자의 뜻도 제대로 모르는 분별없는 풀이가 국어사전에까지 실려 있는 이 나라 현실은 중국인의 비웃음을 사기에 알맞을 것이다. 백부(伯父)는 결코 '큰-대(大)', '아비-부(父)'인 대부(大父)로 옮겨져서는 안 되는 것이다. 이는 단순히 한자를 풀어보는 것만으로도 알 수 있는 일이다.

vii) 아버지의 누이[姑母]는 중국말로 이르는 지칭이고 '아주머니' 또는 '아지매', '아짐마'가 부르는 호칭이다. 중국인들은 결혼한 고모(姑母)는 고마(姑媽 : 꾸마)라고 부르고, 결혼하지 않았을 때는 고고(姑姑 : 꾸꾸)라고 부른다. 그리고 고모부(姑母夫)는 고장(姑丈)이라고 부른다. 이렇게 우리말을 놓아두고 중국어 고모(姑母)를 마구잡이로 쓰고 부르는 짓은 부끄러운 일이 아닐 수 없다. 우리말이 없는 것도 아닌데, 무엇 때문에 중국어를 써야 하는지 개탄스러운 일이다.

② 할아버지

ⅰ) '할아버지'의 〈할〉소리나 〈한〉소리는 크다는 뜻의 무른소리이며, 굳은소리는 옛적은 〈칸-칼〉소리였지만 오랜 세월을 거치며 속화되어 〈칸→컨→큰〉소리로 퇴화되었다. 따라서 '할아버지'는 '컬아버지-컨아버지'와 대칭소리이다.

ⅱ) 경상도 북부 지방은 오늘날까지 조부(祖父)를 '큰아배-큰아버지'라고 부르고 '큰아배'의 아우인 종조부(從祖父)를 '할배-할아버지'라고 부른다. 이는 〈칸-컨-큰〉소리와 〈할-한〉소리를 병렬(並列), 동항(同行)으로 일컫는 것이다.

> ※ 옛 몽골에서도 초기에 왕(王)을 부를 때 '한(邗)' 자를 쓰고 '칸'이라고 읽었다. 〈한〉소리를 울리는 한(邗 : Han) 자와 〈칸 : Kan〉소리를 대칭적으로 쓴 것은 우리가 쓰는 〈칸-큰〉소리와 〈할-한〉소리의 대칭적·병렬적 쓰임새와 일치하고 있다는 것을 잘 말해준다.

'서울 표준말'이면서 백부(伯父)를 '큰아버지'로 사전에 풀이해놓은 것은 '한=칸' 대칭소리를 깨닫지 못한 것이다. 뿐만 아니라 범절을 어긴 잘못된 쓰임새를 사전에까지 올린 국어학자와 사전 편찬자는 제 나랏말도 제대로 모르는 잘못된 풀이를 범한 사람인 셈이다.

백(伯), 중(仲), 계(季)의 장유(長幼) 서차(序次)는 대소(大小) 관계가 아니라 병렬적(並列的) 서차이므로, '맏-백(伯)'은 '맏아버지'로 불러야 하고 버금가는 중(仲)이나 계(季)는 모두 '맏'에 비(比)한 '작은' 장단(長短)으로 가려야 우리말 이름의 이치에 맞다. 수직 관계와 수평 관계는 차원이 다른 범절과 차례로 가려야 올바른 말이 될 것이다.

표준말을 서울 중심말로 삼고 있기도 하지만, 우리 이름말의 이치와 예의범절에 어울리는 짜임새가 아닌 중국어를 잘못 적용한 이름말은 표준말이 될 수 없다. 우리말의 어법과 이치에 맞지 않는 표준말은 표준말로 삼을 수 없으며 또 삼아서도 안 된다.

중국어로 지칭(指稱)인 조부(祖父)에 대한 호칭(呼稱)은 야야(爺爺 : 예예)이다. 부르며 외조부(外祖父)는 외공(外公 : 왜꿍)이라고 부른다. 영어에서는 할아버지를 '큰아버지 : Grand Father'라고 부르기 때문에 숙부(叔父)를 부르는 '아저씨 : Uncle'와는 엄연히• 구분된다. 일본어는 할아버지와 외할아버지를 '오지이상 : オチイサン'이라고 불러 우리말의 '할아버지'라는 이름과 이치에서 어긋남이 없다.

할아버지의 누이와 아우인 대고모(大姑母)는 '할머니' 또는 어디로 출가한 '○○할머니-○○할매'가 호칭이며, 대고모부(大姑母夫)는 '새할아버지' 또는 '새할배'라고 불러야 한다. 중국어로 대고모(大姑母)는 고파(姑婆 : 꾸퍼)로 부르고 대고

모부(大姑母夫)는 고야(姑爺 : 꾸예)로 부르기 때문에 이치에
서 어긋남이 없다.

③ 시아버지와 아내의 아버지

ⅰ) '시아버지'에서 시(媤) 자는 우리말을 한자로 담은 우리식
한자, 곧 국산 한자이므로 우리말로 보아야 한다. '시아버지'는
'시집아버지'를 줄인 말이므로 시집 온 며느리가 남편의 '아버지'
를 부르는 데 합당한 말이다. 그렇지만 부를 때는 '아버님'으로
일반화되어, 이르는 지칭은 '시아버지'이고 부르는 호칭은 '아버
님'으로 할 수 있게끔 자리잡았다.

서양에서는 '법(法)아버지 : Father in Law'라고 일컫는 점으로 미
루어, '시아버지'나 '아버님'은 잘 다듬어지고 이치에 맞도록 지
어진 것이라고 생각한다. 중국에서는 시부(媤父)를 공공(公公 : 꿍
꿍)이라고 부르는데, 친아버지이든 시아버지이든 마찬가지로 높
임말[尊稱]이 없다.

따라서 우리말에서는 어느 누구이든 어른에게는 높임말[尊稱]
을 붙여 부르고 그 밖은 예삿말이나 낮춤말로 확연히 구분되게
불러야 한다.

이러한 이치를 생각해서라도, 자신의 '아버지'는 '아버지'라고
부르거나 말하고 '시아버지'는 '시아버지'라 이르고 '아버님'이라
고 부름으로써 부부(夫婦)가 '아버지'를 부를 때 구별할 수 있도
록 하는 것이 올바른 쓰임새이다.

ⅱ) 아내가 '아버지'를 '시아버지'라고 이르고 '아버님'이라고
부른다면, 나도 아내의 '아버지'를 '장(丈)아버지'라고 이르고 '아
버님'이라고 부르는 것이 마땅할 것이다. 이와 같이 이르고 부르
는 것은 이치와 범절에 어울리는 말 쓰임새이다.

장인(丈人)이라는 말을 한자 뜻으로 풀어버리면 예(禮)에도 어긋나고 이치에도 맞지 않는다. 장(丈)은 '어른'을 뜻하고 인(人)은 '사람'을 뜻하므로, 쉽게 말해서 '어르신네'와 다름없다. 그러므로 일반적으로 '장인어른'이라고 고쳐 부르는 이런 이름은 남존여비 관념에서 처가(妻家)를 낮게 잡아 지어진 말이다. 남녀평등한 민주사회의 이름으로는 어울리지 않는 말이다. 다른 말로 '장가 간다'는 뜻에서의 〈장〉소리로 말하고자 한다면 '장아버지'나 '장부(丈父)님'이 되어야 마땅하다.

따라서 '장인'이 아니라 '장아버지' 혹은 '아버님'이라고 부르거나 적어도 장모(丈母)님에 대칭되는 장부(丈父)님이라 부르는 것이 올바른 이름이다. 중국에서는 우리말로 장인(丈人)인 빙부(聘父)를 악부(岳父)라고 부르며, 영어로는 '법아버지 : Father in Law'라고 부른다. 여러 나라의 추세나 쓰임새에 비추어보더라도 예의범절을 가리는 우리로서는 마땅히 '장아버지'나 '아버님'이라고 부르거나 적어도 '장부(丈父)님'이라고 부르는 것이 올바른 이름말이다.

결론적으로 자기 아버지는 '아버지'라고 부르고 할아버지는 '큰아버지'나 '할아버지'로 부르며, 아내의 아버지는 '아버님'으로, 아내의 할아버지는 '할아버님'으로 부르는 것이 우리말 짜임새나 그 이치와 도리에 합당한, 예의범절을 차린 올바른 이름말이다.

며느리도 친정 아버지는 '아버지'로, 시아버지는 '아버님'으로, 친정 할아버지는 '할아버지'로, 시할아버지는 '할아버님'으로 부른다면 듣는 사람도 뚜렷이 자기 아들과 딸, 며느리와 사위를 가릴 수 있게 된다. 이렇게 함으로써 높임말〔尊稱〕과 예의범절을 갖춘 이름말 쓰임새를 이어갈 수 있을 것이다.

(2) 어머니와 할머니

① 어머니

ⅰ) '어머니'의 〈어〉소리는 〈엄〉소리를 천천히 말하는 〈어므〉소리에서 온 것이다. 〈엄→어므〉소리는 '싹〔萌芽〕'이라는 뜻으로──《자회(字會)》下3·《두시언해(杜詩諺解)》xx11~12──오늘날 '움'으로 속화된 말이다. 동시에 크다는 뜻으로도 볼 수 있는 '엄청나다'의 〈엄〉소리처럼 굉장하다는 뜻으로 쓰는 말이라고 여겨진다.

또한 젖먹이 어린이가 젖을 먹으며 울부짖는 〈엄〉소리에서 유래하여 '엄니→어므니→어머니'로 다듬어졌을 수도 있을 것 같다.

ⅱ) '어머니'의 〈니〉소리는 예로부터 전래된 높임말〔尊稱〕의 하나이지만, 두음법칙에 따라 〈니〉소리는 〈이〉소리로 변하기도 한다. 오늘날까지 어떤 사람을 가리킬 때 말하는 〈이〉소리는 옛적 〈니〉소리가 두음법칙으로 물러져 변한 소리이며, 옛말일수록 〈리→니〉소리로 나타나다가 근세로 오면서 〈니→이〉소리로 나타나고 있다.

'어버이'에서의 〈이〉소리도 〈어버니〉소리에서 자음동화로 변한 것이라고 볼 수 있으며, 경상도 남쪽 지방에서 부르는 '어뭉이'라는 말의 '뭉이'는 '어머니→어먼이→어뭉이'로 속화되었다고 볼 수 있을 것이다. 이렇게 본다면 '어머니→어먼이→어뭉이'로 변해온 '어머니'의 올바른 바탕말은 〈엄니→어머니〉소리일 것이다.

따라서 〈니〉소리는 높임말〔尊稱〕로 붙인 말이기 때문에 아들이나 딸이 그들 '어머니'를 '어머님'이라고 부르는 것은 잘못된 호칭임을 알 수 있다.

ⅲ) 〈니〉소리가 높임말〔尊稱〕이라는 것에 대해서는 다음과 같은 고증이 있다. 중국(中國) 개봉(開封) 박물관에 소장되어 있는

백제(百濟) 왕자 부여융(扶餘隆)의 묘지(墓誌)에는 그의 신분을 일컫는 진조인(辰朝人)이라는 이름이 있다. 이는 중국음으로 〔천조린→천조인〕음자인데, 옛소리로 '쭨잘리→쭨잘니→쭨잘이'라고 말하던 〈쭨잘리→쭨잘니〉소리를 표음한 음표명이다.

〈쭨잘〉소리의 〈쭨〉소리는 '쥐다'라는 동사의 진행형으로서, 잡아쥔다는 제어, 통제, 지배, 통치 등을 뜻하는 말이며, 〈잘〉소리는 '자르다'라는 말로서, 재단(裁斷), 재의(裁議), 재결(裁決) 등의 뜻으로 쓴 것이다. 그러므로 진조인(辰朝人)은 "통제하여-〈쭨〉 재결하여-〈잘〉으는 분-〈리→니〉"소리가 묶인 〈쭨잘리→쭨잘니〉소리를 한자로 표음한 음표명일 것이다.

조선왕조(朝鮮王朝) 때의 일인지하(一人之下)요 만인지상(萬人之上)인 정승(政丞)을 옛말로는 '구이정승' 또는 '구의정승'이라고 했다.

'구이'나 〈구의〉소리의 〈구〉소리는 굳은소리로 지어졌지만, 무른소리는 〈쭨니→쭨이〉소리를 울리는 대칭소리이다. 〈쭨〉소리는 '쥐다'라는 동사의 진행형으로 잡아쥔다는 제어, 통제, 지배, 통치 등의 뜻이므로, 무른소리로 "통제하여-〈쭨〉 분-〈니〉는 〈쭨니〉" 소리가 나서고 〈ㄴ〉소리가 거듭되면서 자음동화로 〈쭨니→쭨이〉 소리로 말하게 되었다. 이것이 굳은소리로 되면서 〈권니→권이〉 소리의 'ㄴ' 받침이 탈락하고 〈권이→귀이〉소리로 다듬어지며, 속화된 〈귀이→구이〉소리가 '구이정승'의 〈구의-구이〉소리로 퇴화되었다.

따라서 "통치하여-〈권→귀〉는 분-〈니→이〉가 〈권니→권이→귀이→구이〉"소리로 속화되었으므로, 〈니→이〉소리는 높임말〔尊稱〕로 자리잡았다. 이를 통해 '정승'처럼 높이는 말로 깍듯이 '어머니'를 높이고 있다는 것을 알 수 있다.

일본(日本) 금석문(金石文)에 나타나는 족니(足尼)로 표음한 중국음 〔쥬니〕음자는 〈쿤니→쥐니〉소리로 볼 수 있으며, 《수서(隋書)》의 〈왜전(倭傳)〉에서 상위(上位) 귀족을 군니(軍尼)로 표음한 중국음 〔쿤니〕음자도 옛이름 〈쿤니〉소리를 표음한 글귀이름으로 볼 수 있다.

《일본서기(日本書紀)》와 《고사기(古事記)》를 편찬할 즈음의 일본 최고 귀족을 일컫는 진인(眞人)의 중국음 〔전린→전인〕음자는 〈쿤니→쿤이〉소리로 변하고 있으며, 숙니(宿禰)의 중국음 〔쓔니〕음자에서는 옛이름 〈술니〉소리를 표음하고 있다. 그렇기 때문에 일본에서도 "통제하여-〈쿤〉 분-〈니〉는 〈쿤니〉"소리로 일컫다가 〈쿤이〉로 변하여 "정(頂)수리-〈술〉이 분-〈니〉는 〈술니〉"라고 칭하게 된 〈니〉소리는 높임말〔尊稱〕로 귀족이나 상위(上位) 사람들을 일컫는 데 쓰이게 되었음을 짐작할 수 있다. 이 역시 세월과 함께 〈이〉소리로 변하고 있다.

따라서 '엄니→어머니'의 〈니〉소리는 그 뿌리를 상층 귀족을 지칭하는 데 두고 있다. 〈쿤니→쿤이〉소리는 〈퀀니→퀀이→궈이〉소리와 대칭소리서, 높임말〔尊稱〕의 하나인 〈니→이〉소리를 담고 있으며, 변한 〈이〉소리도 존칭의 격이 결코 떨어지는 것이 아님을 알 수 있다.

우리 조상들은 옛적에 귀족을 부르는 말소리와 같은 말로 스스로의 '어머니'를 높혀 불렀으며, 예의와 범절을 깍듯이 갖춘 훌륭한 이름말을 물려주었음을 마음에 깊이 새길 필요가 있다.

그 밖에도 〈니〉소리가 높임말로 쓰인 예로는 '했다'는 '했습니다'로, '먹나'는 '먹습니다'로, '읽나'는 '읽습니다'로, '가나'는 '갑니다'로 말하는 경우를 들 수 있는데, 여기서도 '니다'의 〈니〉소리가 듣는 이를 높이고 있음을 볼 수 있다. 이는 〈니〉소리의 높임말 쓰임을 생생하게 확인시켜주는 예이다.

'어머니'라는 높임말〔尊稱〕을 갖춘 이름말을 놓아두고 예사 높임말인 '님'을 대치(代置)하여 유행병처럼 쓰이는 '어머님'은 높임말의 격(格)을 떨어뜨리는 쓰임새이다. 앞선 높임말을 예사 높임말로 깎아내리는 짓을 아들이나 딸이 자청해서 하고 있을 뿐만 아니라 국어사전마저 '어머니'를 부르는 높임말이라고 하는 그릇된 풀이를 하고 있는데, 이는 나랏말〔國語〕를 모르는 어처구니없는 풀이이다.

그러므로 아들이나 딸은 〈어머니〉소리 이외의 호칭은 '어머니'를 높이는 것이 아니라 도리어 떨어뜨리는 호칭임을 알아야 하며, 남보다 높인 '어머니'를 남과 같은 '어머님'으로 낮추어 부르는 못난 아들이나 딸이 되어서는 안 될 것이다.

어머니의 오라버니와 아우는 '외아저씨'나 '외아재'로 부르고 그 아내는 '외아주머니'나 '외아지매'로 불러야 한다. 어머니의 언니와 아우를 말하는 중국어의 이모(姨母)는 '아주머니'나 '아지매'로 부르는 것이 옳다.

중국에서는 어머니〔母親〕를 마마(媽媽 : 마마)라고 부르고 백모(伯母)를 백모(伯母 : 빼무)라고, 숙모(叔母)를 심심(瀋瀋 : 썬썬)이라고 부른다.

일본에서는 어머니를 일컬을 때는 '하하 : ハハ'라고 하고 부를 때는 '오까아상 : オカアサン'이라고 한다. 이것은 〈까아 : カア〉소리 외에 접두사 〈오 : オ〉소리와 '님'에 해당하는 접미사인 높임말 '상 : サン'이 엮어진 것이다. 이 말의 몸통인 〈까아 : カア〉소리는 무엇을 높인다는 뜻을 담고 있지 않으므로 공통적 높임말을 붙이지 않을 수 없다. 어느 나랏말이든 우리말의 어머니보다는 격이 떨어지고, 높이는 쓰임새가 빠져 있다.

> 중국어로 외숙(外叔)은 외구(外舅 : 왜쥐)라고 부르고 외숙모(外叔母)는 구마(舅媽 : 쥐마)라고 부름으로써 이르는 지칭과 부르는 호칭을 구별하기는 하지만 높임말〔尊稱〕은 없다.

ⅳ) 어릴 적에 어머니를 부르는 '엄마'는 높임말을 생략한 아칭(兒稱)이다. 그러므로 어른이 된 다음에는 마땅히 '어머니'로 불러야 한다.

'어미'와 '에미'는 윗사람이 아랫사람 앞에서 그들의 어머니를 일컫는 낮춤말이다. '어멈'은 어머니를 일컫는 낮춤말로 윗사람이 자식 있는 손아래 여자를 친근하게 일컫는 말이다.

ⅴ) '어버이'는 '어머니'에서의 〈어〉소리와 '아버지'에서의 〈버〉소리를 엮은 것이다. 이 '어버'에 높임말 〈니〉소리가 자음동화로 물러진 〈이〉소리를 엮은 '어버니→어버이'라는 이름은 높임말을 갖춘 '부모님'이라는 이름보다 잘 짜여진 말이다.

마치 정승(政丞)을 일컫는, 〈권니→권이→궈이→구이〉소리로 변하고 속화된 〈구이〉소리가 '통치하는 분'이라는 높임말이듯이 '어버이'는 훌륭하게 다듬어지고 예의범절을 갖춘 이름말임을 알 수 있다. 이러한 '어버이'라는 말을 놓아두고 중국어를 섞어 '부모님'이라고 말하는 쓰임새를 들여다보면, 중국어 부모(父母)는 존칭이 없는 말이기 때문에 예사 존칭인 '님'을 붙여 쓸 수밖에 없는 상황임을 알 수 있다. 마치 '님'의 격(格)이 높은 것처럼 착각하는 풍조는 먼저는 중국 문화에 빠졌다가 한때 일본 문화에 오염되어 힘있는 문화가 좋은 문화인 양 뒤틀린 쓰임새로 가고 있는 현상일 뿐이다.

그러므로 세세손손 물려받은 〈어버이〉소리가 아닌 '부모님'은 남의 말일 뿐만 아니라 잘 다듬어진 '어버이'의 격(格)을 떨어뜨

리고 나의 아버지와 어머니를 평범한 남과 동일시하는, 예절을
어기는 못난 짓이다.

② 할머니
ⅰ) '할머니'의 〈할〉소리나 〈한〉소리는 크다는 뜻의 무른소리
이다. 이것의 굳은소리는 〈칸-칼〉소리였으나 속화되어 〈큰-클〉소
리로 퇴화했다. 따라서 '할머니'는 〈할어머니〉소리가 오므라지면
서 나타난 것이다. 그러므로 굳은소리는 〈칸어머니→큰어머니〉소
리가 되고, '할어머니→할머니'는 이것과 대칭적 짝소리가 된다.
ⅱ) 경상도 안동(安東) 지방에서는 조모(祖母)를 '큰어매→큰어
머니'라고 부르고 종조모(從祖母)는 '할매→할머니'라고 부른다.
'큰어매'와 '할매'는 병렬적인 이름소리로서, 〈할〉소리와 〈칼→클〉
소리가 대등한 대칭적 짝소리로 쓰고 있다.
서울을 중심으로 한 기왕의 표준어는 무엇인지 알 수 없으나,
대부분의 국어사전에서는 '큰어머니'를 백부(伯父)의 아내를 일
컫는 백모(伯母)라고 풀이하고 있다.
'할머니'와 '큰어머니'에서의 〈할〉소리와 〈칼-클〉소리는 모두
중국어로 '대(大)'를 뜻하기 때문에 똑같은 수평적(水平的) 말이
다. 그러나 '큰'과 '맞'은 수직적(垂直的) 관계로서, 장유(長幼)를
이르는 백(伯), 중(仲), 계(季)의 병렬적(並列的), 수평적(水平的)
관계를 말하는 것이 아님을 알아야 한다.
백(伯), 중(仲), 계(季)는 수직적(垂直的) 대소(大小) 관계가 아
니라 수평적(水平的)으로 장유(長幼)의 서차와 차례, 절차를 매기
고 가리는 말이기 때문에, '할머니'와 병렬적인 '칸어머니→큰어
머니'를 수직적(垂直的)인 '맞-백(伯)어머니'와 병렬시킬 수 없음
은 쉽게 깨달을 수 있다.
'맞-백(伯)'의 서차상의 장(長)은 크다는 뜻이 아니라 수치(數

値)를 말하는 길고 짧음〔長短〕을 이르는 것이므로 결코 '맞어머니'는 '큰어머니'와 동항(同行)의 말이 될 수 없다. 같은 항렬의 '맞어머니'는 그보다 '짧은 작은어머니'와 동항이 되어야 한다.

지난날의 잘못된 표준말이나 서울말이 백모(伯母)를 '큰어머니'라고 말했다면 그런 비틀린 이름소리는 그만두어야 한다. 속된 말이 뜻이나 예의에 어긋나는 말임을 알게 된 이상 그러한 잘못은 바로잡아야 한다.

또한 '할머니'가 아닌 '할머님'은 오히려 높임말을 떨어뜨린 말이기 때문에 손자나 손녀는 자기 아버지의 어머니는 마땅히 '할머니'나 '큰어머니'라고 불러야 한다. 격이 떨어지는 '할머님'이라는 말은 쓰지 않도록 해야 할 것이다.

중국어로 조모(祖母)는 내내(奶奶 : 나이나이)라고 부르고 외조모(外祖母)는 외파(外婆 : 왜파)라고 부른다. 일본에서는 조모(祖母)를 '오바아상 : オバアサン'이라고 부른다. 영어로는 할머니를 '큰어머니 : Grand Mother'라고 부르고 숙모(叔母)를 '아주머니 : Aunt'라고 부르는데, 이 호칭은 우리와 같은 짜임새와 범절이다. 그러나 어느 나라나 높임말은 갖추고 있지 않다.

---

iii) '할버이'는 '할머니'에서의 〈할〉소리와 '할아버지'에서의 〈버〉소리를 따온 것으로, 조부모(祖父母)를 일컫는 우리말이다. 여기에 높임말 〈니→이〉소리를 엮은 '할버니→할버이'는 '조부모(祖父母)님'이라는 중국어 호칭보다 더 나은, 잘 다듬어지고 높임말을 지닌 훌륭한 말이다. 그럼에도 우리 조상들이 쓰던 〈할버이〉소리

를 놓아두고 '조부모님'이라고 부르는 것을 당연시하여 우리말을 질식시키고 있는데도 누구 하나 나서서 바로잡는 사람이 없는 안타까운 세상이다.

③ 시어머니와 아내의 어머니

ⅰ) '시어미니'에서의 시(媤) 자는 우리글이 없을 때 한자의 뜻을 가지고 조자(造字)한, 한글〔正音〕에 앞선 우리식 글자로서, 〈시(媤)〉소리는 '시집'의 준(準)말이다. 따라서 '시어미니'는 '시집어머니'라는 말이면서 남편의 어머니를 말한다.

'시어머니'는 이르는 지칭이므로 부르는 호칭은 '어머님'이라고 하는 것이 올바르다. 남편의 어머니를 '시어머니'라고 이르고 '어머님'이라고 부르는 것은 영어의 '법(法) 어머니 : Mother in Law'보다 잘 다듬어진 말이다. 중국에서는 시어머니를 파파(婆婆 : 퍼퍼)라고 부르고 장모(丈母)를 악모(岳母 : 위무)라고 부르는데, 이 말들 속에 높이는 존칭이라고는 어디에도 없다.

따라서 자기 '어머니'는 '어머니'라고 부르고 '시어머니'는 '시어머니'라고 이르면서 부를 때는 '어머님'이라고 함으로써 듣는 사람으로 하여금 확연하게 구별할 수 있도록 할 수 있다. 이처럼 어느 경우에도 높임말을 붙여 예의범절을 갖추는 쓰임새가 우리 말의 두드러진 특징이고 장점이다.

ⅱ) 나의 어머니를 아내가 '시어머니'라고 이르면서 '어머님'이라고 부른다면 아내의 어머니를 나도 '장어머니'라고 이르면서 '어머님'이라고 불러야 마땅하다. 중국어를 빌려서 쓴 장모(丈母)에는 존칭이 없기 때문에 이 경우에는 어쩔 수 없이 '님' 자를 붙여 '장모님'이라고 일컬을 수밖에 없는데, 굳이 이런 식으로 중국식 호칭을 쓸 필요는 없을 것이다.

따라서 남녀평등한 민주사회에서는 아내가 나의 어머니를 '시어머니'라고 이르고 '어머님'이라고 높임말을 달아서 부르는 이상 아내의 어머니도 '장어머니'나 '어머님'으로 부르는 것이 도리와 이치에 맞고 예의범절에 어울린다.

장모(丈母)에서의 장(丈) 자는 '어른'을 뜻하면서 동시에 우리말 '장가'의 〈장〉소리를 담고 있으므로 '장어머니'나 '어머님'이라는 호칭은 어울리는 말이다. '장모(丈母)' 자체는 높임말을 담고 있지 않기 때문에 결국 중국어 '장모(丈母)'와 높임말 '님'을 붙여 '장모님'으로 통용하는 상황은 어설프기 그지없다. 그래서 요즘 젊은 층에서는 '어머님'으로 부르는 현상이 일어나기에 이르렀다.

아내가 나의 어머니를 '시어머니'나 '어머님'으로 통용하고 있는 이상, 아내의 어머니에 대해서는 내가 '장가' 갔다는 의미에서 '장어머니'나 '어머님'으로 부르는 것이 마땅하다.

아내의 할머니는 '장할머니'나 '할머님'으로 부르는 것이 마땅하다. 장조모(丈祖母)는 중국어이므로 높임말인 '님'을 붙여서 부르는 '장조모님'보다 '장할머니'나 '할머님'이 더 어울리는 우리말임을 알아야 한다.

(3) 언니

① 언니

우리말 '언니'는 남성(男性)이나 여성(女性)을 불문하고 먼저 태어난 동성(同性)을 말하는 것이므로, 중국어로 형(兄)이나 자(姉)라고 이르는 사람을 부르는 우리말이다.

ⅰ) 〈언〉소리는 '없는다', '없다'는 〈없→언〉소리에서 온 말로서 '위'나 '먼저'라는 뜻이지만, 수직(垂直)이 아니라 수평적(水平的), 병렬적(並列的)으로 서차상(序次上)의 '위'나 '먼저'를 일컫는

선(先)의 뜻이다.

ii) 〈니〉소리는 앞에서 서술한 높임말의 하나로서, 어떤 '분' 이라는 말과 대등한 말이지만 때로는 〈이〉소리로 변하기도 한다.

iii) 우리말 '언니'는, 중국어로 이를 때의 남형(男兄)이든 여자 (女姊)이든, 동성(同性), 동항(同行)의 먼저 난 사람을 말한다.

오늘날에는 여자(女子)들만 '동항(同行)의 먼저 난 사람'을 '언 니'라고 부르고 있는데, 이는 양반 사대부의 영향 때문이다. 조선 왕조(朝鮮王朝)에 들어와 점차 한문 교육이 무르익으면서 양반 사대부 계층 일반이 사대주의에 빠져들어 중국어로 이르는 지칭 (指稱)인 형(兄)으로 '언니'를 대체(代替)하기 시작했다. 이로써 한문 문자와 중국어의 형(兄)이 어울리는 쓰임새에 빠져들었다.

형(兄) 자는 중국음 〔쑹〕과 〔황〕 두 음자를 지니는데, '언니'를 말하는 〔쑹〕음자를 〈성〉소리로 말하다가 'ㅅ'을 탈락시킨 '형'으 로 자리잡은 것이다. 옛 서울 사투리인 '성'이라는 말은 〈성〉소 리를 알려주고 있다. 크다는 뜻으로 말할 때는 〔황〕이라고 하기 때문에, 중국어 형제(兄弟)는 〔쑹듸〕라고 말하지만 크다는 뜻으 로는 〔황〕이라고 읽어야 한다.

따라서 '언니'는 "먼저 난-〈언〉한 분-〈니〉"라고 깍듯이 높임말 〈니〉소리를 붙여 부르는 우리말이다. 그런데 중국어로 이르는 형 (兄)의 〔성→형〕음자는 높임말을 담고 있지 않으므로 높임말〔尊 稱〕을 갖추어 쓰기 위하여 우리말의 예사 높임말 '님'을 묶어 '형(兄)+님'이라고 조립하여 일컫게 되었다.

높임말에서 앞선〔先次〕 높임말인 〈니〉소리를 예사 높임말인 '님'으로 낮추어놓은 쓰임새이다. 〈님〉소리는 살붙이가 아닌 남 을 대할 때 쓰는 말이므로 높이는 〈니〉소리는 〈님〉소리보다 선 차적인 높임말이다.

이렇게 중국어에 빠져드는 과정에 존칭이 없는 중국어를 예의

42

범절을 차리는 높임말로 부른 혼합호칭(混合呼稱)이 '부모(父母)님'이나 '형(兄)님'이라는 것이다. 올바른 우리말 짜임말귀〔語句構造〕로 제대로 다듬고 짜맞춘 '아버지'와 '어머니'에서 〈지〉소리나 〈니〉소리를 없애버리면서까지 이보다 뒤지는 '님'으로 바꾸어 부르는 것은 뒤틀린 쓰임새이다. 이는 한문에 침잠하면서, 전래된 우리의 이름말이 지식층의 보호를 받지 못하는 가운데 여염에서 제멋대로 쓰는 데서 비롯된 일이다.

결과적으로 훌륭하게 짜여지고 다듬어진 '아버지'와 '어머니'를 놓아두고 앞을 다투어 뒤지는 이름말인 '아버님', '어머님'이라고 일컬음으로써 자기 아버지를 부르는 것인지 시아버지나 시어머니를 부르는 것인지 알 수 없고 분별할 수도 없는 혼돈된 쓰임새가 널리 퍼졌다. 정말 우리말인지 중국어인지 분간할 수 없는 이름말로 국적이 갈수록 불분명해지는 쓰임새가 거리낌없이 대세를 잡아가고 있는 세태를 학계는 방관하고 언론계는 부추기는 상황이다.

중국어는 먼저 출생한 남성 동기(同氣)를 형(兄 : 쓩)이라고 지칭(指稱)하고 '가가(哥哥 : 꺼꺼)'라고 호칭(呼稱)함으로써 부르는 말과 이르는 말을 구별하기 때문에 결코 우리처럼 '형(兄)'이라고 부르지 않는다. 중국어로는 이르는 지칭인데도 우리는 부르는 호칭으로 잘못 쓰고 있는 셈이다.

이런 이름말 쓰임새를 통하여 살피건대, 우리말 호칭을 중국어로 직역한 형부(兄夫)라는 말은 중국어로는 말도 안 되는 것이다. 남성인 형(兄)에게 남성(男性)인 지아비〔夫〕가 있다는 것은 순전히 엉터리일 수밖에 없기 때문이다.

오직 여성인 자(姊)에게만 남성인 지아비[夫]가 있을 수 있다. 중국에서는 자부(姊夫)라고 말하지 형부(兄夫)라는 말은 있을 수도 없고 성립되지도 않는 호칭이다. 이런 가당치도 않은 호칭을 매체를 통해 퍼뜨리고 있는데, 만일 이를 한자로 쓰기라도 한다면 중국 사람들의 비웃음을 사기 십상일 것이다.

나아가 우리가 말하는 처형(妻兄)이라는 이름도 중국어로는 가당찮은 것인데, 처형이란 '처(妻)의 오라버니'를 말하는 것이지 아내[妻]의 언니[姊]는 절대 될 수 없는 것이다.

어떻게 남자 동기를 말하는 형(兄)에게 남편[夫]이 있고 매(妹)도 아닌 여제(女弟)가 있는 것인지 알 수 없는 노릇이다. 이런 난맥상은 여염에서 중국어 호칭을 제 마음대로 직역(直譯)하여 쓰는 데서 비롯된 것으로, 서로 예법에 어긋나고 어법마저 어긋나게 뒤죽박죽으로 만들어놓은 이름말이다.

우리말로 동성(同性)의 먼저 난 동기(同氣)는 '언니'라고 말하므로, '언니의 남편 : 언니의 남진'은 여성 아우에게는 동성(同性)이 아니기 때문에 중국어로는 자부(姊夫)가 되어야 한다. '남진'은 남편이라는 우리말이며 '서방'이라는 말도 남편을 일컫는 것이다.

중국어 형(兄)은 먼저 난 남성(男性) 동기를 말하는 것이고 먼저 난 여성(女性) 동기는 자(姊)라고 하기 때문에, 형부(兄夫)라는 말은 중국어로는 있을 수 없는 모순된 말이다. 형(兄)에게 형수(兄嫂)가 있다면 몰라도 형부(兄夫)란 있을 수 없는 것이다.

이렇게 보았을 때, 우리말로 '언니'는 여성(女性)이든 남성(男性)이든 먼저 난 동성(同性)을 가리켜 부르는 말이었다는 것이 입증된다.

② 새언니와 오빠의 아내

ⅰ) 혼인으로 이룩된 수평적인 관계에서 오빠의 아내는 '새언니' 혹은 '올케'가 되어야 한다.

동서(同壻)끼리의 동항(同行)에서 혼인 상대의 나이가 위인 사람은 '언니' 또는 '새언니'가 되어야 하며, 이 이치는 시가(媤家)에서나 처가(妻家)에서도 똑같이 적용되는 것이다.

ⅱ) 처가(妻家)에서도 자형(姉兄)보다는 '새언니'가 어울린다. 중국어 대신 아름답고 잘 다듬어진 우리말 '새언니'가 더 적합하기 때문이다.

ⅲ) 남성(男性) 언니의 아내〔兄嫂〕와 아우의 아내〔弟嫂〕는 '새아주머니'나 '새아지매'라고 부르고, 형수나 제수는 시숙(媤叔)이나 시아우를 '새아주버님'이나 '새아주바님'으로 부르는 것이 옳다. '형수씨'나 '제수씨'는 지칭이지 호칭이 아니다.

여성(女性) '언아우'도 언니의 남편(男便), 곧 자부(姉夫)는 '새아저씨'나 '새아재'로 부르고 아우의 남편, 곧 매부(妹夫)는 성(姓)을 붙인 '○○서방'이라고 불러야 한다.

중국에서는 형수(兄嫂)를 수수(嫂嫂 : 쏘쏘)라고 부르거나 수자(嫂子 : 쏘즈)라고 부르며, 제수(弟嫂)는 제부(弟婦)라고 부르기 때문에 이르는 말과 부르는 말이 다르다.

---

(4) 누이

① 누이〔姉〕

'누이'라는 말은 옛소리 〈누웨〉소리에서 모음조화로 '누웨→누위→누의→누이' 등으로 다듬어지며 자리잡은 이름말이다.

ⅰ) 〈누〉소리는 '누르다'라는 말에서 파생한 것으로서, '위'나 '먼저'라는 뜻으로 쓰였으리라 생각한다.

ⅱ) 〈웨→위→의→이〉소리로 변한 〈웨〉소리는 오늘날의 뫼〔山〕를 일컫는 옛소리 〈뭬〉소리의 대칭소리로, 높고 두드러진 형상을 일컬으면서 '높다'거나 '앞선'다는 뜻으로 쓴 말이다.

요사이 조상 전래의 '누이'라는 이름말이 '누웨→누위→누의→누이'로 가꾸어지고 다듬어진 것을 모르고 외마디로 줄인 〈누〉소리와 예사 높임말인 '님'을 엮은 '누님'이 대세를 이루고 있다. '누이'는 '누웨→누위→누의→누이'로 변해온 말이기 때문에 〈웨→위→의→이〉소리는 곧 '님'보다 못하지 않은 앞서는 높임말로 엮어진 것이다. 그럼에도 굳이 '님'으로 바꾸어 부르는 짓은 중국어로 우리 이름을 대치(代置)한 '부모(父母)님'이나 '형(兄)님'이라는 쓰임새처럼 잘못 알고 쓰는 뒤틀린 현상이다.

이러한 현상은 악화(惡貨)가 양화(良貨)를 구축하는 사회 현상과 궤를 같이하는 것으로 언어 현상마저 시장 원리에 방임하는 데 있다고 생각한다.

중국어로 '누이〔姉〕'는 자자(姉姉 : 즈즈)라고 하고 그 남편(男便)은 자부(姉夫 : 즈부) 또는 저부(姐夫 : 졔부)라고 한다. 형부(兄夫)라는 말은 있지도 않으며 있을 수도 없는 잘못된 우리말의 하나이다. 남성인 형(兄)에게는 '지아비〔男便〕'가 있을 수 없기 때문이다.

---

② 누이 아우와 매(妹)

ⅰ) '누이'는 손아래 남성이 여성 손위를 부르는 이름말이지

만, 손아래 여성도 '누이'로 통용하면서 굳이 강조하는 경우에는 '누이아우'나 '뉘아우'라고 일컬었다. 이것이 한자명 동생(同生)으로 통용되면서 여동생(女同生)이 되었다.

그런데 한자로 쓴 동생은 같은 어버이에게서 태어났다는 한문 뜻으로 지은 한자명이므로, 남제(男弟)와 여매(女妹)를 가리지 않고 있을 뿐만 아니라 형(兄)과 자(姊)를 불문하는 한자 이름이기 때문에 한자 뜻으로 읽어서는 아우라고 단정지을 수 없는 모순을 지닌 호칭이다.

동(同) 자는 한가지 '동', 같을 '동'이며 생(生) 자는 날 '생'이다. 이 둘을 합쳐 지은 동생(同生)은 '같은 어버이에게서 태어난' 사람이라는 말로 동기(同氣)와 같은 뜻인데, 어찌하여 '아우'가 된다는 말인지 한문 뜻이나 이치로 보아서도 잘못된 이름이며 서차(序次)를 일컫는 뜻이 전혀 없는 말이므로 '아우'라고 바로 잡아야 한다. 여성은 '누이아우'나 '뉘아우'로 말하면 될 것이다.

이런 이름은 한문이나 한자명이 좋은 줄 알고 잘못 지은 이름이다. 이것들은 한문을 알고 쓰는 상층부에서 쓰던 것이 아니라 시중(市中)에서 일컫던 것이 세를 얻어 이름으로 파고들어온 말일 것이다. 따라서 여매(女妹)는 '누이아우'나 '뉘아우'가 마땅하다는 말이다.

ⅱ) '누이'라는 말이 우리말인 이상 그 배우자도 우리 이름으로 불러야 마땅하다.

누이는 이성(異性)이지만 그 배우자는 나와 동성이므로, 누이의 남편은 나에게는 새로운 살붙이 관계가 맺어지는 '새인니'로 부르는 것이 마땅하다. 중국어로 다듬은 '새형님'보다 '새언니'가 우리말 쓰임새에 어울리는 이름이다.

안동(安東) 지방에서는 누이의 남편은 나와 나이가 비슷하거나 심지어 나보다 나이가 아래라도 누이의 남편이기 때문에 '새언니', 곧 '새형님'이라고 높임말을 써서 깍듯이 모시는데, 이러한 예의범절은 '새언니'라는 호칭에 어울리는 말이다.

일부 사전이나 지방에서는 매형(妹兄)이라는 말을 쓰고 있으나 매(妹) 자는 '손아래 누이'를 뜻하므로, 손아랫사람을 '형(兄)님'으로 말하는 것은 우리말 쓰임새에 어긋날 뿐만 아니라 중국어라고 하기도 힘든, 세상 어디에도 없는 호칭이다. 따라서 매부(妹夫)가 아니면 차라리 매제(妹弟)가 되어야 함에도, 매형(妹兄)이라는 예법에 어긋나는 잘못된 호칭이 버젓이 사전의 한 자리를 차지하고 있다.

한자명 남매(男妹)라는 말은 우리가 말하는 처(妻)의 형(兄)과 매부(妹夫)를 일컫는 말이라면 몰라도, '오라비와 누이 사이'를 일컫는 말이어서는 안 된다. '사내'를 뜻하는 남(男) 자를 우리말 '오라비'로 대치(代置)할 수 없으므로, 누이와 엮은 우리말 '오누이'라는 이름은 뜻이 통하지 않는 것이다.

중국어로 '오라비와 누이'는 형매(兄妹)이지 남매(男妹)가 아니다. 중국인들이 쓰는 한자명을 우리가 굳이 쓴다고 하더라도 그 이치와 예법에 맞아야 하는 것이지, 맞지 않는 호칭을 쓰는 것은 중국인들에게 이상하게만 보일 것이다.

한문의 본고장인 중국에서 쓰지 않는 그릇된 한자명은 그만두어야 한다. 한자를 응용하고 활용할 바에야 이치와 도리에 맞는 말을 써야지, 되는 대로 지어서 쓰는 짓은 우리 문화와 말글 쓰임새를 그르치는 빗나간 행위이다.

(5) 오라버니

① 오라버니

ⅰ) '오라버니'의 〈오〉소리와 〈라〉소리는 〈올〉소리와 아버지의

〈아〉소리로 엮어진 〈올아〉소리의 'ㄹ' 받침이 뒤로 처지면서 나는 〈올아→오라〉소리에서 나온 것이다.

〈올〉소리는 '일찍'이나 '닥쳐올'이라는 뜻으로 일컫는 것인데, '올벼〔早稻〕', '올콩〔무쿄〕' 따위에 쓰인 〈올〉소리와 같은 말에서 나온 것으로 〈아〉소리와 어울려 〈올아→오라〉소리가 되었다.

ii) '오라버니'의 〈버〉소리는 아버지의 〈버〉소리와 같은 것으로, 〈올아버〉소리가 〈올아버→오라버〉소리로 다듬어진 것이다. 따라서 〈올아버→오라버〉소리는 곧 닥칠, 일찍 닥칠 아비가 될 사람이라는 뜻으로 아버지를 이어 곧 아비가 될 사람이라는 말이다.

iii) '오라버니'의 〈니〉소리는 아버지의 〈지〉소리보다 뒤지는 말이기는 하지만, 예사 높임말인 '님'보다는 앞선 높임말이다. 따라서 '올아버니→오라버니'는 곧 닥쳐올 '아버니'라는 뜻으로 '어머니'나 '언니'와 같이 높임말을 붙여놓은 잘 다듬어진 이름이다.

아이들이 친근하게 부르는 '오빠'는 〈오라버〉소리를 오므린 말로서, 높이는 〈니〉소리가 생략된 것이다. 그렇기 때문에 예의를 좀 갖추어야 할 처지에는 〈요〉소리가 〈니〉소리를 대신하는 높임말이므로 '오빠요'라고도 할 수 있는데, 그럴 바에는 차라리 '오라버니'라고 하는 것이 예의를 갖춘 쓰임새가 될 수 있다.

이렇게 친근하게 '오빠'라고 부르다가 뒤돌아서 '오라버니'라고 높이는 쓰임새는 상하, 선후의 가정 질서를 올바르게 꾸릴 필요에서 이룩된 예절 바른 쓰임새로서, 온누리에 자랑할 만한 것이다.

일본에서는 우리말 '언니 : アニ'의 〈니〉소리와 일본식 접미사 '상 : サン'을 붙여 '니상 : ニサン'이라고 부르는데, 어버이에게 붙이는 접두사 〈오 : オ〉소리가 없기 때문에 격이

떨어진다. '누이'는 우리말 누이의 〈누〉소리와 접미사 '상 : サン'을 엮어 '누상→네상 : ネサン'이라고 부른다.

② 오라버니와 누이

'오라버니'와 '누이'를 '오누이'라고 하는 것은 어울리는 말이다. 더욱 오므려서 〈오뉘〉소리로 하는 것도 괜찮다. 남매(男妹)라는 중국식 한자명은 사내와 누이를 뜻하기 때문에 이치에 어긋날 뿐만 아니라 우리의 '오누이'나 '오뉘'라는 말의 아름다운 정서를 나타내는 어감을 해치기도 한다.

따라서 남매(男妹)란 이른바 '처남(妻男)'과 매부(妹夫)를 말하는 것이라면 몰라도 '오누이'를 일컫는 이름이 될 수 없다. 그래서 중국에서는 형매(兄妹)라고 하지 남매(男妹)라고는 하지 않는다. 이런 말은 쓰지 않고 있지도 않은 말이다. '오누이'나 '오뉘'는 수평적(水平的) 이성(異性) 사이를 일컬으면서, 중국어로 이루어진 형매(兄妹)나 자제(姉弟)보다 훨씬 어울리는 생동한 가락으로 다가오는 말이다.

③ 언니와 아우

'언니'와 '아우'는 '언아우'라고 하는 것이 알맞다. 중국어인 형제(兄弟)란 우리말 '언아우'를 밀어내고 자리잡은 것이다. 조선(朝鮮) 초기 이후 사대부층의 한문 풍조에 밀려 우리말과 글은 아녀자(兒女子)나 쓰는 것으로 치부되었다. 이 때문에 사대주의적 관념에 짓눌려 남성 살붙이 이름은 온통 중국식 한자어로 대치되었고, 우리말은 오늘날 거의 자취를 감추게 되었다.

간신히 유지되던 '언니'라는 말도 여성(女性)만이 쓰는 전용어인 것처럼 착각할 정도로 안방 이름으로 전락하는 비운을 맞고 있는데, 형제(兄弟) 대신 '언아우'라는 말을 쓰고 되살려야 한다.

한자명 처남(妻男)을 우리는 처(妻)의 '오라비'를 뜻하는 데 쓰고 있으나, 한자(漢字) 뜻으로 처(妻)의 남(男)은 남편(男便)이다. 왜냐하면 중국어로 아내의 오라비는 처형(妻兄), 처제(妻弟)이기 때문이다. 한자명을 안 쓰면 몰라도 쓰는 이상은 이러한 쓰임새를 반드시 바로잡아야 한다.

동서(同壻) 사이도 남편이나 아내의 수평적(水平的) 차례대로 '언니'와 '아우'로 쓰면 될 것이므로, 굳이 중국어인 동서(同壻)를 쓸 필요가 없다.

'동서'란 서차(序次), 차례(次例)가 가려지지 않은 같은 사위나 같은 며느리라는 뜻이지 '언니'와 '아우'처럼 서차(序次)가 매겨진 말이 아니다. 동생(同生)이라는 말을 '아우'로 잘못 쓰는 것처럼 장유(長幼)나 차례(次例)가 없는 마치 앞 뒤 없는 전차(電車)와 같은 논리이기 때문에 인간 생활에서 수직적이거나 수평적 장유(長幼) 관계를 명시하는 데는 우리가 지니는 이름이 가장 합리적임을 알아야 한다.

---

(6) 아우

'아우'는 사내나 여자아이나 저보다 뒤에 태어난 사람을 말한다. 중국어로 제(弟)라고 하자니 외마디로 말하기가 아쉬워 동생(同生)이라고 말하는데, 이 이름은 한자 뜻으로 '같은 어버이에게서 태어난' 동기(同氣)를 뜻하기 때문에 '언니'인지 '아우'인지를 가리는 기준이 서 있지 않음에도 '아우'를 일컫는 것으로 삼고 있을 따름인 잘못된 한자명이다.

마치 동서(同壻)라는 말에 장유(長幼) 서차가 없기 때문에 맞동서, 둘째동서라고 칭하는 것처럼 동생(同生)은 잘못된 중국식 이름이다. 따라서 조상 대대로 전수받은 이름인 '아우'를 쓰는 것이 좋을 것이다.

그러므로 굳이 남동생(男同生)이라고 할 것이 아니라 '사내아우'나 오므려 '산아우'로 말할 수 있을 것이며, '여매(女妹)'는 '누이아우'나 '뉘아우'로 부르면 될 것이다.

우리말로 '언니'와 '아우'는 여성(女性)이든 남성(男性)이든 동성(同性)의 먼저 난 이와 뒤에 난 이를 구분하여 부르는 것이다. 중국에서는 남성(男性)으로 먼저 난 이는 동성(同性)이든 이성(異性)이든 형(兄)이라고 이르고, 여성(女性)은 누구나 자(姉)로 이르며, 남성(男性) 아우는 제(弟)로, 여성(女性) 아우는 모두 매(妹)로 일컬어 우리와 사뭇 다르다.

영어(英語)의 'Brother'는 중국어의 형제(兄弟)와 같고 'Sister'는 자매(姉妹)와 같다. 이러한 언어 원리를 알고 활용한다면 몰라도 무원칙한 응용은 실수가 되기 십상이다.

(7) 나와 너, 우리와 당신들

① 나와 너

ⅰ) '나'는 스스로를 일컫는 제1인칭 대명사이다. 평교(平交) 사이나 아랫사람에 대해 쓰는 말로 조사를 붙이면 '내'가 된다.

윗사람 앞에서는 '저'라고 하거나 '제'라고 함으로써 자신을 낮춘다. 높임말과 예삿말 평칭(平稱)이 있는 것과 조금도 다름없이 윗사람 앞에서는 나를 낮추고 벗들이나 아랫사람 앞에서는 '나'

나 '내'로 벗하여 차례와 예의를 지킬 줄 아는 쓰임새는 어느 나 랏말에 비해서도 돋보인다.

ii) '너'는 예사로 손아랫사람에게 쓰는 제2인칭 대명사이다. 윗사람 앞에서 '저'와 '제'라고 낮추듯이 '너'라는 2인칭 이름도 평교(平交)에서는 '자네'로 말하는 것이 어른으로서는 격(格)을 높이는 일이다.

어른을 대할 때는 '어르신'이나 '어르신네'라고 말하거나 관직 이나 어떤 칭호를 붙인 무슨 '님'이라고 말하는 것이 도리에 맞 는 일이다.

② 부부(夫婦)

부부 사이는 서로 '하오 하는' 사이이므로 처음부터 '당신'이라 고 하지는 않았을 것이다. 조선왕조(朝鮮王朝)에 들어와 조혼(早 婚)이 이루어지면서 아이를 한둘 낳은 뒤에야 서로 '당신'이라는 말을 쓰게 되었기 때문에, 대체로 '이녁'이라고 서로를 일컬었다 고 한다.

'이녁'이라는 쓰임새는 상대방을 말하는 2인칭이면서 나를 낮 추는 효과를 지니는 말이므로, 부부 사이에서도 상대를 높이는 말을 사용함으로써 나를 낮추는 마음가짐을 가졌음을 알 수 있 다. 이러한 쓰임새는 모든 살붙이 이름에 일관되어 있다.

요사이 젊은 부부 사이에 자기(自己)라고 부르는 현상이 있는 데, 이것은 잘못된 쓰임새이다. 부부 사이는 서로를 '하오 하는' 평교(平交)로 높이시도 않고 낮추지도 않는 예삿말로 말하는 처 지이다. 여기에 자기(自己)라는 말을 쓰는 것은 매우 이치에 어 긋나는 일이다. 자기(自己)는 '스스로'라는 부사격(副詞格)으로 쓰 거나 명사로 쓰는 것이기 때문에 제2인칭이 될 수 없는 말이다. 나아가 아내를 '너'라고 부르는 현상은 외래 일본말의 나쁜 면을

배운 짓으로, 우리말 전통을 따른다면 부부 사이는 결코 낮추어 불러서는 안 된다.

쓰임새에 어긋나는 말을 함부로 써서 대세(大勢)가 되었다고 해서 곧 말이라고 판단해서는 안 되며, 또한 이런 현상이 도도히 흐르는 것을 지식인과 언론·출판이 방관하거나 부추기는 짓을 삼가해야 한다. 우리가 쓰는 말글을 모두가 잘 가꾸어 발전시키는 것이 말글 사랑이고 애국이지, 언행이 따라 일치하지 않는 나라 사랑은 공염불에 불과하다.

③ 우리와 여러분

ⅰ) '우리'라는 말은 말하는 이가 그와 그들 동아리를 함께 일컬을 때 쓰는 말이다. 따라서 앞에서 살핀 '나'와 '저'라는 단수적(單數的) 호칭이 아니라 복수적(複數的) 말이다.

그런데 우리 겨레는 단수적인 '나'라고 말해도 될 경우에도 '우리'라는 말을 잘 쓰는 현상에 젖어 있다. 예를 들어 나의 어머니를 우리 어머니로 말하거나 나의 아버지를 우리 아버지로 말한다. 심지어 나의 아내를 '우리 마누라'라고 하거나 '우리 안사람'이라고 말하는 등 '우리'라는 말이 생활에 배어 있다.

그 이유는 오랜 공동체 생활에서 배양된 그 동아리를 말하는 집체성에 있다고 생각한다. '우리 마누라'란 한 쌍을 이룬 '우리'의 '나'와 '마누라'로 이해되는 말이라고 여겨지지만, 외국인의 정서로는 이해가 잘 안 되는 말일 것이다.

ⅱ) 우리말은 복수적으로 그 동아리를 함께 일컬을 때는 '우리'라고 말하는데, 이 경우는 평교(平交), 곧 예삿말로 하는 쓰임새이다. 그러나 높임말로 써야 할 입장에서는 '우리'라는 말보다 낮춘 '저희'라는 말을 쓴다. 복수(複數)에서도 예삿말과 높임말로 상대방은 높이고 우리를 낮추는 쓰임새로 공동체 생활에서도 범

절과 예의가 갖추어져 있다.

iii) '당신들'은 예삿말을 써야 할 입장에 있는 사람들 동아리를 복수로 엮어 부르는 말이다. 보통 '당신들'이라고 하거나 '자네들', '그대들'이라는 쓰임새를 보인다.

'자네들'이라고 해야 할 경우에 그들을 높이는 쓰임새가 '여러분'이다. '여러'는 '여러 사람'을 뜻하는 말인데, 여기에 높임말 '분'을 붙여 복수체를 부를 때 상대를 높이는 효과를 나타낸다. '큰 무리'는 높임말로 부르고 '적은 무리'는 예삿말로 상대하는 예의범절은 뛰어난 우리말의 특징이다.

이런 점에서 중국인은 우리 겨레의 말 쓰임새가 예의바르고 서차와 차례를 지켜 범절을 중히 여기는 점을 높이 평가하여 '동방예의지국(東方禮義之國)'이라는 이름을 부여했을 것이다.

결국 말과 쓰임새가 예의 바르고 범절이 올바르게 이루어지는 데서부터 행동거지도 따르는, 나무랄 데 없이 언행이 일치하는 예의지국이 되어왔으리라 생각한다. 그러던 우리가 중국인들의 눈에 예의범절이 어긋난 잘못된 호칭과 지칭을 함부로 쓰는 말 쓰임새로 비친다면 오랫동안 쌓아올린 동방예의지국이란 공든 탑을 우리 대에서 허물어버렸다는 오명을 쓰게 될지도 모른다. 그러니 하루라도 빨리 말 쓰임새를 바로잡는 일이 중요하다고 아니할 수 없다.

iv) 어른은 성인이 된 사람을 이르지만 본시 장가 들거나 시집 간 사람을 이르는 말이었다. 그 어원을 보면, '혼인하다'를 일컫는 '얼우다'의 완료형 '얼운'에서 〈얼〉소리의 'ㄹ'이 뒷소리로 처지며 '얼운→어룬→어른'으로 다듬어진 것이다. 이 어원에서도 알 수 있듯이 어른은 곧 '혼인한 사람'을 뜻하는 것이다. '아이'는 〈애〉소리에서 온 '앳된'의 뜻을 지니고 있는데, 오므리면 〈애〉소리이지만 느리게는 〈아이〉소리가 된다.

ⅴ) 부모와 자식을 이르는 '어버이와 아이'를 '어, 이'라고 말하고, 모녀(母女)를 이르는 '어머니와 딸'은 '어이, 딸'이라고 말하며, '어머니와 아들'은 '어이, 아들'이라고 말한다. 고부(姑婦), 곧 '시어머니와 며느리'는 '어이, 며느리'라고 일컬어 짧게 말할 수 있는 쓰임새도 간직하고 있다.

(8) 우리 이름말의 중국어(中國語) 대용(代用)은 모순

오랜 세월을 거치면서 모자라는 어휘를 외국으로부터 받아들이는 것은 어쩔 수 없는 일이고 또 필요한 말은 받아들이는 것이 바람직한 일이다. 그렇지만 우리말 원칙이나 예의범절에 어긋나는 외국어를 그대로 모방하거나 직역해서 쓰는 것은 바람직한 일이 아니다.

① 우리말을 중국적 지칭(指稱)으로 옮긴 잘못된 풀이이름

ⅰ) '며느리'는 아들을 매개로 '시어버이'에게만 '며느리'이다. '며느리'는 '아들의 아내'이므로 이를 한자로 풀이하여 '아들〔子〕의 아내〔婦〕', 곧 '자부(子婦)'라고 일컫는다. '시어버이〔媤父母〕'에게는 아들과의 상대적 관계에서 아들의 아내인 한(限) 며느리이다. 그러므로 한자명 자부(子婦)는 '아들, 지어미', '아들, 아내'로 풀이되어야 하며, 절대로 '아들, 며느리'가 되어서는 안 된다. 부(婦) 자를 '지어미'나 '암'이나 '계집'으로 풀이해야지 '며느리'로 풀이하면 안 된다.

중국어로 며느리는 식(媳)으로 나타내어 식부(媳婦)라고 하지만, 우리말로 풀이할 때는 '며늘, 아이'나 '며늘, 아기'라고 해야 한다.

ⅱ) '사위'는 딸을 매개로 '장부모(丈父母)'에게만 '사위'이다.

'사위'는 '딸의 지아비'를 일컫는 것이다. 중국어로 사위는 서(壻)로 나타내어 여서(女壻)라고 하는데, 이는 우리말로 '딸의 짝, 딸의 배필, 딸의 지아비'라는 말이다.

ⅲ) '조카의 아내'를 중국식으로는 질부(姪婦)라고 말한다. 아들의 아내가 중국식으로 자부(子婦)이므로 '조카의 아내'는 '내 형제(兄弟)들의 며느리'이지 나의 며느리는 될 수 없다. 따라서 '조카의 아내'를 '조카며느리'라고 말해서는 안 된다. 조카며느리는 종손부(從孫婦)이지 질부(姪婦)가 아니다.

질부(姪婦)는 조카를 매개로 한 그 '시어버이'에게만 며느리이다. 따라서 '시삼촌(媤三寸)'에게는 '조카[姪]의 아내[婦]'나 '조카의 지어미'되기 때문에 며느리 관계가 성립될 수 없고 성립되지도 않는다.

ⅳ) 국어사전에서는 '조카'를 사내에 국한해서 일컫고 있다. 그러나 중국어로 사내 조카는 질자(姪子)로, 계집 조카는 질녀(姪女)로 쓰고 있는 점으로 미루어 보건대, '조카'란 남녀 구분 없이 써도 되는 말이라고 생각한다.

따라서 계집 조카의 남편(男便)을 질서(姪壻)라고 부르고 사내 조카의 아내를 질부(姪婦)라고 부르는 데서는 조카의 성을 가리지 않고 있으며, 이 경우에 사위나 며느리라는 것은 오직 조카를 매개로 한 내 형제의 사위나 며느리라는 것이지 조카를 매개로 나의 사위나 며느리 관계가 성립될 수 있는 것은 절대 아니다. 그렇기 때문에 '조카 사위'나 '조카 며느리'라는 말은 잘못된 것이다.

백숙부(伯叔父)에게 조카는 결코 딸이나 아들이 아니듯이 맞아버지나 작은아버지에게 조카 며느리나 조카 사위란 있을 수 없는 이름이므로, 조카 며느리나 조카 사위라는 이름을 써서는 안 된다.

그럼에도 국어사전에서는 조카 사위나 조카 며느리라는 이름 말로 사전의 면면을 버젓이 장식하고 있다. 이 그릇된 쓰임새는 누구라고 할 것 없이 우리말을 올바로 연구하지도 않으면서 시중에서 돌아가는 허드렛말을 그대로 서울말이라고 올려놓고 풀이말이 많은 것을 과시하는 풍조에 다름 아니다.

② 우리가 쓰는 한자 호칭(呼稱)과 중국어(中國語)와의 모순

ⅰ) 중국어(中國語)로 지칭(指稱)하는 형(兄)은 남자(男子) 연상자(年上者)를 일컫는 것이며, 연하자(年下者)는 제(弟)라고 일컫는다. 우리가 말하는 '처(妻)의 언니', 곧 처형(妻兄)을 중국에서는 처자(妻姊)라고 일컫기 때문에, 우리가 말하는 처형(妻兄)은 여자를 지칭함에도 중국에서의 처형(妻兄)은 남자를 지칭하는 것이 되어 서로 그 지칭 대상이 다르게 되었다.

또한 우리가 말하는 이른바 처제(妻弟)는 '아내의 여자 아우'를 말하는 것인데, 중국에서의 처제(妻弟)는 '아내의 사내 아우'를 말하는 것이다. 중국에서 '아내의 여자 아우'를 나타낼 때는 '처매(妻妹)'라고 말을 쓴다. 이렇게 가리키는 대상이 반대로 나타나는 바람에 똑같은 글자를 쓰면서도 서로 다른 뜻을 담게되는 모순을 겪게 된다. 따라서 잘못된 호칭을 중국어로 말하고 그것을 한자로 쓸 때는 중국인의 우스갯거리가 될 수밖에 없다.

ⅱ) 우리가 말하는 처남(妻男)을 중국에서는 '처(妻)의 오라버니', 곧 '처형(妻兄)'이라고 한다. 처(妻)의 사내 아우에 대해서는 제(妻) 자를 써서 '처제(妻弟)'라고 한다. 중국어로 형(兄)은 남자(男子) 연상자(年上者)를 말하므로 글자 그대로 처형(妻兄)이라고 하고 처의 사내아우는 처제(妻弟)라고 말함으로써, 우리처럼 처남(妻男)이라는 말은 쓰지 않는다.

처남(妻男)을 그 한자의 뜻으로 풀이해보면, 처(妻)의 남(男=

남편〔男便〕), 곧 자신을 일컫는 말이 된다. 이러한 말을 한자로 거리낌없이 쓰고 있으니 놀라운 일이 아닐 수 없다. 이러한 말들에 대해서는 쓰임새를 재고할 필요가 절실하다.

③ 우리말 이름에서 외래풍조(外來風潮)

중국은 황제(皇帝)만이 성(姓)을 쓰고 그 밖의 황자(皇子)는 창씨(創氏)하여 가문(家門)을 세워 나갔다. 그래서 황녀(皇女)만이 성(姓)을 가지고 출가(出嫁)한 까닭에 성(姓)이라는 글자는 여(女)의 생가(生家)라는 뜻으로 두 글자를 엮어 만들어진 것이다. 주(周)나라의 황성(皇姓)이 '희(姬)'였기 때문에 모두 희(姬)라는 성으로 출가(出嫁)하는 것을 보고 모화사상에 빠져든 우리 나라는 이것을 본받아 귀족 양반층에서 그들 딸의 이름에 희(姬) 자를 응용하는 버릇이 생기게 되었다.

또한 우리 나라는 성(姓)을 써오고 중국은 씨(氏)를 쓰는 버릇으로 중국의 씨수(氏數)는 한자의 수만큼 많고 우리 나라 성(姓)은 수백(數百)을 넘지 않는다. 서로 예의와 범절이 다른 것을 무릅쓰고 굳이 중국을 따르려고 하거나 풍습과 범절이 다른 외국을 따르는 짓은 실수가 되기 십상이다.

군국주의 일본(日本) 치하에서 한때 우리는 성(姓)을 빼앗기고 이른바 창씨(創氏)라는 미명 하에 일본식 성과 이름을 강제로 쓰게 되었다. 여자들 이름인 '○자(子)'에서의 '자(子)' 자는 일본 여자 이름의 전형(典型)이다. 이런 식의 여자 이름은 1940년대에 쓰이다가 오늘까지도 청산되지 않은 앙금으로 자리잡고 있다. 따라서 왜곡된 외풍에 연연하지 말고 자기 나라의 전래된 이름으로 아름답게 가꾸어 나가는 마음가짐이 절실하다.

오늘날 여자들이 생가의 성(姓)이나 씨(氏)를 그대로 지닌 채 출가하는 나라는 우리와 중국이 있을 뿐 그 밖의 나라는 결혼하면 여자는 성씨(姓氏)가 없어져 남자의 성씨(姓氏)에 들어가 용해되고만다. 그것을 모르고 우리 성(姓)을 지니면서 모성(母姓)을 부성(父姓) 다음에 써서 이중성(二重姓)을 쓰는 새로운 풍조가 나타나고 있는데, 여러 나라의 특성을 알고 중의로 가리는 일 없이 즉흥적으로 외풍을 따르려는 현상은 결코 민주주의적 발상이라고 하기 어렵다.

서양에서 가칭(家稱), 곧 성씨(姓氏) 앞에 친칭(親稱)과 모칭(母稱)을 부르고 가칭을 일컫는 관습을 모른 채 그 구성이 다른 두자 이름이나 심지어는 외자 이름인 우리 이름에다 성(姓)을 이중성(二重姓)으로 나열하여 쓰려는 일부 풍조는 나라의 말글 정책을 너무나 아전인수격으로 처리하려는 발상이다.

차라리 아버지 이름과 어머니 이름에서 한 자씩 따서 아들과 딸의 이름을 부칭(父稱)과 모칭(母稱)으로 짓는다면 몰라도, 수천 년 내려온 성(姓)을 두 성으로 쓰자는 발상은 잘못된 서양 사상에 빠져든 장난으로 보인다.

1.2. 살붙이를 부르는 말과 관계(關係)

요사이 살붙이를 부르는 지칭과 그 관계를 일컫는 이른바 촌수(寸數)를 혼돈하여 2인칭으로 살붙이를 부르는 말을 놓아두고 그 관계를 말하는 데 쓰는 삼촌(三寸), 오촌(五寸) 등 척분(戚分)

을 이르는 말을 호칭으로 쓰는 기현상(奇現象)이 세상을 도도히 누비고 있다.

혼인한 삼촌을 '작은아버지'라고 부르고 미혼인 삼촌을 '아저씨'라고 부르는 좋은 우리말을 놓아두고 삼촌(三寸)이라고 부르는 뒤틀린 쓰임새가 장안을 누비는 웃지 못할 난맥상은 어제 오늘의 일이 아니다. 이런 말들이 판을 치고 있는 것도 모자라서, 도리어 생판 남을 '아저씨'로 부르는 그릇된 쓰임새로 치닫고 있는 것이 오늘의 현실이다.

또한 살붙이를 부르는 우리말 '언니', '누이', '맞아버지', '작은아버지', '아저씨'를 제쳐두고 '형(兄)님', '자형(姊兄)', '고모(姑母)', '이모(姨母)'라고 부르고 있다. 심지어 매형(妹兄)이라는 해괴한 한자 호칭(呼稱)이 국어사전에까지 올라 '올바른 국어'로 둔갑하는 실정은 앞뒤만 뒤바뀌는 것이 아니라 상하가 뒤틀려가는 흐름을 보여준다고 하겠다.

(1) 부르는 말과 그 관계

ⅰ) 아버지와 어머니는 무촌(無寸)으로 한 집을 이루어 이신동체(異身同體)로 우리 집을 새롭게 이룩했다. 그리하여 맺어진 '어버이' 사이에서 태어난 아들과 딸은 '어버이'와 일촌(一寸), 곧 '한마디'로 맺어진 사이이다.

말하자면 '어버이'에게서 '아들'과 '딸'은 한마디〔一寸〕이면서 '아늘'이나 '딸'에게서 '어버이'도 한마디〔一寸〕 관계가 되는 쌍방(雙方) 관계이다. 따라서 홀수로 이룩된 일촌(一寸), 삼촌(三寸), 오촌(五寸)은 수직적(垂直的) 상향적(上向的)이거나 하향적(下向的) 관계이며 어느 편의 일방적(一方的)인 관계가 아니다.

'오누이'나 '언아우'는 수직적이 아닌 수평적(水平的)이며 쌍방적인 이촌(二寸) 관계이다. 따라서 '오누이'와 '언아우'들이 낳은 '아들', '딸'들은 그들 '오누이'와 '언아우' 사이의 이촌(二寸)에다 가 아들 딸 사이의 일촌(一寸)을 더하여 경사(傾斜)지고 기운 수 직(垂直) 관계인 쌍방의 삼촌(三寸) 관계가 형성된다. 어느 한쪽 이 상대방을 일컬어 삼촌(三寸)이라고 하는 것은 쌍방 관계 말을 어느 한쪽만 한정하여 부르는 것이므로 2인칭 호칭이 될 수 없 다는 것은 자명하다.

말하자면 '조카들'로 볼 때 '작은아버지'는 삼촌(三寸)이고 '작 은아버지'도 '조카'들과 삼촌(三寸) 관계인데 어떻게 '작은아버 지'만을 삼촌(三寸)으로 부를 수 있겠는가 하는 것이다. 이런 살 붙이 관계를 어떻게 2인칭 호칭으로 부를 수 있는 것인지 상식 적으로 이해할 수 없음에도, 이러한 쓰임새가 꺼리낌없이 서울 장안을 휩쓸고 있다.

촌수(寸數)는 우리 나라에서 오랜 기간 대성제도(大姓制度)를 떠받치는 수단으로 시작해서 대가족제도의 유지 보존에 비유적 으로 쓰여왔다. 중국적 지칭(指稱)과 그 관계를 말하는 촌수(寸 數)는 우리 가족 내부를 재는 척도가 되고 마침내 2인칭 호칭으 로 둔갑하는 판세에 접어든 것이다.

ⅱ) 이렇게 수직(垂直) 관계는 홀수[單數] 촌수가 되고 수평적 (水平的) 관계는 짝수[複數] 촌수가 되어, 대가족 내부의 관계를 말하는 괘도(掛圖)가 되다시피 했다. 이는 조혼제도 아래 동고조 (同高祖) 팔촌(八寸)까지 돈목관계의 바탕이 되어 미덕으로 삼는 가계를 형성되게 했다.

이러한 관계망은 현대 생활에서 종종 가족주의적 폐단을 낳기 도 하지만, 다수 무리나 동아리를 이끌어가는 인간 관계에서 척 분을 재는 기능을 수행했다.

(2) 혼인으로 발생한 말

ⅰ) 아들은 '장가 들고' 딸은 '여의어' 시집 간 두 집 '어버이' 사이에 일어난 관계는 '사돈(査頓)'이라고 일컫는데, 두 집 '어버이'와 같은 항렬(行列) 되는 친족끼리 서로 사돈이라고 불러온 것은 우리말의 올바른 쓰임새이다.

그런데 요사이 드라마에서 쓰는 표준말이랍시고 쓰는 말들을 보면, 마땅히 도리와 이치에 맞게끔 써야 함에도, '어버이' 항렬이 아닌 아랫 항렬 사람이 윗 항렬 사람을 사돈이라고 부르거나 아랫 항렬 사람끼리 서로 사돈이라고 부르는 그릇된 쓰임새가 한둘이 아니다.

아랫 항렬 사람이 윗 항렬 사람을 말할 때는 '사장(査丈)'이나 '사장어른'이라고 말하고 그 집을 말할 때는 '사가(査家)'라고 말해야 한다. 이런 점으로 볼 때 함부로 '어버이' 항렬이 아닌 사람이 윗항렬 사람을 사돈이라고 칭하는 말투는 우리말을 교란시키는 역할을 하고 있다.

ⅱ) '사돈(査頓)' 관계를 이룬 두 집안은 '사가(査家)'를 맺었으므로 예의범절을 중히 여기는 우리말 쓰임새로 보아 사가관계를 맺은 윗 항렬은 '사장(査丈)'이 되고, 아랫사람끼리는 혹 사형(査兄) 사제(査弟)로 부르기는 하나 살붙이 관계는 아니다.

ⅲ) 사가(査家) 관계로 태여난 아들, 딸은 외가(外家)와의 관계에서도, 친가(親家)와 같은 수직 관계는 홀수 촌수를 이루고 수평적 관계는 짝수 촌수를 이루므로, 어머니와 살붙이가 아닌 이모부(姨母夫)는 '아저씨'가 될 수 없다.

우리 계레의 예의범절은 남계(男系)를 주(主)로 삼은 혈족 관계이므로 아버지의 '누이'나 '누이아우'는 살붙이이기 때문에 '아주머니'나 '아지매', '아짐마'라고 부르고 '아주머니'의 남편은

'새아저씨', '새아재'로 부른다. 한문 투로 인숙(姻叔)이라고 부르거나 더러는 고숙(姑叔)이라고 부르기도 하지만, 중국에서는 고장(姑丈)이라고 한다.

동시에 '아주머니', '아지매'와 '새아저씨' 사이에서 태어난 아들, 딸은 살붙이로 4촌의 촌수(寸數)가 매겨져 내외종(內外從)간이라고 일컫는다.

외가(外家)의 외연(外緣)은 '어머니'를 중심으로, 수직적 관계는 홀수 촌수가 되고 수평적 관계는 짝수 촌수로 늘어나게 된다.

2. 공동체 생활과 말

2.1. 우리말은 공동체적이다

(1) 홀수〔單數〕 말

홀수로 말하는 '나'를 '내'라고도 하는 예삿말〔平語〕이 있는가 하면 '저'나 '제'로 나를 낮추어 말하는 쓰임새와 어른과 상대방을 높이는 쓰임새를 갖춘 말도 있다.

벗 사이나 서로 허물없는 처지에서는 예삿말〔平語〕을 쓰고 어른 앞에서는 나를 낮추어 예절을 갖추는 쓰임새는 공동체 생활에서 수직적 상하 관계와 수평적 병렬 관계에서 서차까지도 고려한 범절을 갖춘 쓰임새이다. 이는 질서와 평안을 유지하는 데 필요한 요소로 오랜 전통에서 이룩되었을 것이다.

(2) 짝수〔複數〕 말

짝수로 말하는 '우리'와 '당신들'이나 '그대들'과 '자네들'은 예삿말〔卒語〕로 허물없는 사이에서 쓰는 말로, 오늘날까지 소중하게 계승되고 있다.

윗사람이나 어른 앞에서는 '나'와 '우리'를 낮추어 '저'나 '저희'라고 하고 상대편을 말할 때는 '여러분'이라고 하는 높임말로 구별할 줄 아는 쓰임새는 한마디로 질서와 안녕을 중히 여기는 공동체 생활에서 배양되었을 것이다. 말하자면 겸양을 가릴 줄 아는 쓰임새이다.

(3) 나와 우리

'나'와 '너'를 하나로 묶어 '우리' 집을 이룩하여 공동체 생활의 기초를 이룬 우리란 하나의 사회(社會)라는 말과 다름없는 개념이다.

그런데 '우리 아버지'나 '우리 어머니'는 '우리 오누이'나 '우리 언아우'들의 '아버지'나 '어머니'라는 뜻으로 말할 수 있겠지만, '우리 안사람'이나 '우리 마누라'는 어떻게 보든 어폐가 있는 말이다. 서양의 개념으로 볼 때는 말도 안 되기 때문에 그들로서는 '나' 아닌 누구를 묶어서 '우리'라고 하는 것인지 어리둥절할 수밖에 없을 것이다.

그러나 '우리 안사람'이나 '우리 마누라'에서의 '우리'는 '나'와 '아내'를 묶어서 말하는 것으로 보아야 할 것이다. 그러니까 최소한의 단위 사회인 '나와 아내'를 '한 사회'로 삼아서 '우리'라고 말하는 것으로 이해해야 한다. 이렇게 배양된 말이기 때문에 '내 안사람'이 쑥스러울 정도로 우리 겨레의 열에 대여섯은 '우리 마누라'라고 서슴없이 내뱉는 것이다.

(4) 남자(男子)와 여자(女子)

여자(女子)는 국어사전에도 내놓을 만한 말이 없고 '계집애'는 여자아이를 속되게 이르는 말이라고 풀이하고 있다. 그런데 '계집애'가 굳은소리로 말한 말귀〔語句〕라면 무른소리로 '젓집애→짓집애'라는 말귀〔語句〕가 있었다. '젓집→짓집'이란 '집에 머무는'이라는 뜻이다. 〈젓-짓〉소리는 '머물다'라는 뜻으로 쓰는 '장마지다', '얼룩지다', '그늘지다'의 '지다'라는 말과 같은 뜻이다. 그래서 '집에 머무는'의 뜻을 담아 '젓집-짓집'으로 일컫고 여기에 '아이→애'를 엮어, 〈젓집애-짓집애〉소리가 무른소리로 여자아이를 일컫는 말이 되었을 것이다.

따라서 여자아이는 무른소리 말로 '젓집아이→짓집아이→짓집애'로 다듬어지고 굳은소리 말은 '겻집아이→계집아이→계집애'로 다듬어진 이름말이다.

'산아이→사나이→사내'에 대비되는 말로서의 '계집애'는 '젓집아이-얌전히 집에 머무는 아이'라는 뜻으로 쓴 말의 굳은소리가 '겻집아이→계집아이→계집애'로 자리잡았다고 보았을 때 결코 나쁜 말이라고는 볼 수 없을 듯하다.

남자(男子)의 우리말은 '사나이→사내'이다. '사나이→사내'는 옛말 '산아이'에서 나온 것이다. 〈산〉소리는 '사납다, 날래다'라는 용언에서 나온 것으로, 이 〈산〉소리와 〈아이↔애〉소리를 엮은 것이 '산아이'이다. 이 〈산〉소리의 'ㄴ' 받침이 아래로 처지며 '산아이→사나이→사내'로 오므라지고 다듬어졌다고 생각한다. 그러므로 '사나운 아이'가 곧 '산아이→사나이→사내'이다.

● 일본에서 남자(男子)를 이르는 '오도고 : オトコ'는 옛적에 부(夫)-남편(男便)을 이르던 '옷또 : オット'라는 말과 아이를 일컫는 '고 : コ'를 엮은 것으로, '옷도고→오도고 : オットコ→オトコ'로 다듬어지게 되었다. 그 의미상 남편(男便)

이 될 부성(夫性)의 아이를 남자(男子)로 삼고 있다.

일본에서 여자(女子)를 일컬을 때는 '온나 : オンナ'라고 한다. '온나 : オンナ'는 우리가 쓰는 어머니를 일컫는 〈어미-어머〉소리와 〈아이→아〉소리를 엮은 〈어미아→어민아〉소리가 어울리며 오므라져 '어민아→엄나→온나 : オンナ'로 다듬어진 모성(母性)의 아이라는 뜻이다.

● 평안도(平安道)에서는 '계집애'를 '어미나'라고 하는데, 이는 일본(日本)의 '어민아→엄나→온나 : オンナ'와 일맥상통하는 말이다.

2.2. 우리말과 예의범절

(1) 우리말과 예절

ⅰ) 부르는 이름소리로 일인칭(一人稱)에서는 '나', '내'라는 예삿말로 말하다가 윗사람이나 어른 앞에서는 스스로를 낮추어 '저', '제'라는 말로 상대방을 높여주며 예의를 차리는 쓰임새는 어느 나라의 누가 들어도 예의바른 말이라고 할 것이다.

중국어 호칭은 예의를 갖춘 말이 아주 적은데다가 수식어를 달지 않고는 구분이 되지 않는 말이 많다. 일본어는 덧붙이는 말로 대신하는 수준이다. 가장 뚜렷하게 말소리로 예를 차리고 범절을 가리는 쓰임새는 우리말이 거의 유일하다고 할 것이다.

ⅱ) 2인칭에서는 낮춤말인 '너'나 '니'가 있는가 하면 예삿말로 '자네', '그대', '당신' 등도 있고, 높임말로 '아버지', '어머니', '언니', '오라버니'라는 말을 해야 할 상대에게는 '어르신', '어르

신네'라는 말로 나를 낮추어 예의를 차리는 쓰임새도 있다.

상대방을 말할 때도 예삿말에서는 '에게'라고 하고 아버지나 어머니, 그리고 웃어른을 향해서는 '께'라는 말로 높인다. 예삿말에서는 '가'나 '이'라고 하는 쓰임새가 아버지나 어머니, 그리고 웃어른을 향할 때는 '께서'라고 높여진다. 굳이 외국어로 된 호칭을 붙이지 않고도 우리는 예로부터 훌륭히 높이는 쓰임새를 쓰면서 살아왔다.

iii) 짝수〔複數〕 일반을 말할 때는 '우리'라고 말하다가 스스로를 낮추어야 할 때는 '저희'라고 몸을 낮추고 사리는 쓰임새로 예절을 갖추는 말을 쓴다.

'자네들'이나 '그대들'처럼 허물없는 사이에서 쓰는 말도 대상이 다수(多數)가 될 때는 '여러분'이라고 바뀐다. 이렇게 많은 다중(多衆)을 높이는 쓰임새는 어느 겨레의 말보다 예절바른 말이라고 할 수 있을 것이다.

(2) 동방예의지국(東方禮義之國)

동방예의지국(東方禮義之國)이라는 중국적 호칭은 우리의 예의범절을 갖춘 말 쓰임새에서 얻어진 평가이다.

ⅰ) 우리말에서 살붙이를 부르는 말이나 남을 부르는 말을 보면, '나'와 '너'처럼 허물없는 사이에 쓰는 말이 있고 예삿말로 쓰이는 '자네'나 '그대'가 있는가 하면 나를 낮추어 상대방을 높이는 '저'나 '제'처럼 예절을 갖춘 쓰임새도 있다. 이런 말들은 모두 보편적으로 쓰이는 것이기 때문에 어느 호칭을 보더라도 예의와 범절을 가리는 쓰임새가 내재되어 있음을 알 수 있다.

ⅱ) 짝수로 말할 때도 '우리'와 '저희' 같은 쓰임새로 우리를 낮추고 상대를 높이는 효과를 내면서 예절을 중히 여긴다.

다수, 다중(多衆)을 말할 때도 '그대들'이나 '당신들' 같은 말이 있는가 하면 '여러분'처럼 다중을 높이는 쓰임새도 있다. 초등학교 교장 선생도 학생들 전반을 말할 때는 '여러분'이라는 높임말을 쓰는데, 이렇게 존중하는 2인칭 복수말은 아마도 우리말이 유일할 것이다.

ⅲ) 우리말은 부르는 이름에서부터 말하는 모든 행동거지(行動擧止)까지 예삿말과 높임말이 구분된다. 이런 쓰임새로 손아랫사람에게는 예삿말을 쓰고 윗사람에게는 높이는 말로 예의를 깍듯이 차리고 있다.

'말하다'에 대해서는 '말씀하시다', '죽다'에 대해서는 '돌아가시다', '먹다'에 대해서는 '잡수시다', '가다'에 대해서는 '가시다', '오다'에 대해서는 '오시다', '하다'에 대해서는 '하시다' 등, 우리말에는 예삿말과 높임말을 갖추지 않은 말이 없을 정도이다. 이처럼 예의바른 쓰임새로 인하여 마침내 중국인들로 하여금 동방예의지국(東方禮義之國)이라는 칭찬을 듣게 되었을 것이다.

사람의 행동에서 예의바른 일이란 인사를 잘하는 것 외에는 별로 눈에 띄는 것이 없지만, 말소리는 이와 다르다. 귀로 듣는 한 마디 한 소리도 가리는 예절바른 이름소리, 행동거지를 말하는 한 말 한 마디와 예절을 갖춘 예삿말과 높임말, 깍듯이 예의 범절을 갖추고 사리판단을 올바로 하는 말 등, 그 쓰임새는 우리말이 아닌 어떠한 말에서도 찾아보기 힘든 것이다.

예로부터 우리 조상들은 말 쓰임새에서 예의범절을 갖추고 살아왔다. 말소리로 깍듯이 예의를 차리고 차례에 따라 범절을 갖춘 말과 행동거지를 보임으로써, 마침내 중국인들로 하여금 그들 나라 동방(東方)의 예의국(禮儀國)이라는 칭송을 하게끔 했을 것이다.

ⅳ) 말에서 예의와 범절을 차리는 것은 좋지만, 객관적인 어떤

대상을 말할 때 지나친 존칭은 삼가해야 한다. 시대에 뒤진 말은 쓰지 않는 것이 오히려 예의를 차리는 것이다.

'퇴계 선생님이'라는 표현은 '퇴계 선생이'라고 하는 것이 옳고, '부모님이 잘못했다'는 말은 '부모가 잘못했다'로 하는 것이 옳으며, '그는 나의 선생님이시다'는 '그는 나의 선생이다'로, '교수님들이 오신다'는 '교수들이 온다'로, '그의 아버님이'는 '그의 아버지가'로, '나의 아버님이'는 '나의 아버지께서'로 말하는 것이 옳다.

옛적 중국에서는 남편이 먼저 죽으면 그 아내는 스스로 남편을 따라 아직 죽지 못했다는 뜻으로 '미망인(未亡人)'이라는 말을 했다. 그 내력을 모르고 현대 세계에서는 아무개 '미망인'이라고 말들을 하는데, 이는 남의 아내를 '왜 아직 죽지 않았느냐'면서 몹시 나무라고 욕하는 것이다. 따라서 시대에 맞지 않는 중국식 말은 쓰지 않는 것이 좋다.

또한 요즘 중고등학생들을 보면, 상급학생에게 하급학생이 존댓말을 꼬박꼬박 쓰지 않으면 기합을 받기도 하고 심지어 구타까지 당하는데, 이는 일제 식민지의 군국주의 잔재를 청산하지 못한 외풍(外風)으로, 잘못 받아들인 악습이기 때문에 하루빨리 바로잡아야 한다.

여섯 살까지는 서로 평교(平交)하는 사이로 지내고, 비슷한 나이는 벗으로 사귀어 말을 높이지도 않고 그렇다고 하대하는 것도 아닌, 반말로 친근하게 사귀는 것이 우리의 전통이다.

2.3. 문화민족으로서의 우리말과 짜임새

문화란 사람의 지혜가 발달하여 세상이 열리고 생활이 나날이 편리하게 되는 일을 일컫는다고 한다. 그런데 그 수단은 무엇보다도 '말'을 통하여 이룩되었다. 공통된 약속으로 남에게 나의 뜻을 알리는 말소리를 짜맞추어 사물을 규제하고 묘사하는 이름을 지어 서로 이름을 들먹여 주고받으며 의사를 촉진·소통하고, 이를 통해서 사회 발전을 이룩하며 오늘에 이르렀던 것이다.

ⅰ) 우리 겨레는 살붙이 사이를 일컫는 데서도 손아래는 예삿말로 말하고 웃어른에게는 높임말로 공손하게 예의를 갖추어 나를 낮추고 상대를 높이는 겸양의 쓰임새로 이름 짓고, 아랫사람에게는 홀수와 짝수를 구별하여 홀수에게는 너그러이 대하고 많은 다중(多衆)에게는 높여 쓰는 쓰임새를 지속해왔다. 공동체 생활에서 질서와 화합, 안녕을 도모하는 분위기에 알맞는 말을 씀으로써 나를 낮추고 남을 높였으며, 이러한 예의범절을 갖춘 이름으로 가정과 사회를 어느 문화민족보다 뛰어나게 가꾸어 오늘을 이룬 것이다.

ⅱ) 말하고 행동하는 것을 일컫는 동사의 쓰임새에서도 예삿말 '가다'의 높임말은 '가시다'로 가리고, '죽다'는 '돌아가시다'로, '자다'는 '주무시다'로, '오다'는 '오시다'로, '하다'는 '하시다'로 상대를 가리며 예의를 차리는 쓰임새는 이성적으로 판단하여 말하고 행동하는 문화적 궁리에 바탕하고 있음을 느낄 수 있다.

ⅲ) '불집게'란 '불'이라는 제인과 '집다'라는 용언으로 짜맞춘 이름말이다. 이처럼 사물을 일컫는 이름을 짓는 데서도 오늘날의 문법적 짜임새로도 나무랄 데 없을 만큼 훌륭하게 지혜를 발휘하여 더없는 문화적 산물로 가꾸어왔다.

말하자면 단순한 이름도 사람의 지혜를 모아 짜맞춘 정신 문화의 소산이라는 말이다. '도끼, 자루', '쪽, 집게', '다듬이, 돌', '북, 채'라는 물질명사는 초보적이지만 두 사물이나 현상을 하나로 짜 엮은 것이다. 이렇게 새로운 질(質)의 다른 이름을 지어 나가는 말귀〔語句〕 짜임새로 단순이름에서 복합이름으로 진전되는 과정을 밟았을 것이다.

자연 현상을 말하는 쓰임새에서도 대강(大江)은 'ᄀ롬'으로, 소천(小川)은 '내'로, 세천(細川)은 '실내→시내'로, 못하는 말이 없었고, 큰 산(山)은 '뫼'로, 작은 산(山)은 '덕'으로, 강(岡)은 '언덕'으로, 두두룩한 것은 '둔덕'으로, 좀 낮은 것은 '두둑'으로 말 못할 이름이 없었다.

ⅳ) 문화적 이성적 판단은 성숙하면서 사회 생활에서 단순이름으로부터 복합이름으로, 낮은 데서 높은 데로까지 짜맞추는 쓰임새로 발전하여 복잡다단한 정치 구조를 지어내고 이름 지었다. 이렇게 하여 〈콸리아 : 高麗〉말 짜임말귀〔語句構造〕로 역사의 한 마당을 차렸을 것이다.

그리하여 무엇하는 어떤 곳이란 서술적 이름을 지어내고, 마침내 초기 국가 조직을 이룩하고, 그 자리와 벼슬이름을 우리 말귀〔語句〕로 짜맞추고 이름 지어 정치활동을 영위했을 것이다.

예를 들어 "뫼부리-〈불〉이를 틀어잡아-〈쿤〉 고을"은 〈불쿤〉 고을이라고 이름하고, "틀어잡아-〈쿤〉 뫼부리-〈불〉이 고을"은 〈쿤불〉 고을이라고 일컬음으로써, 고을이름에서도 같은 이름이 아니라 구별되게끔 지었음을 살필 수 있다.

다시 말해 통제부(統制府)도 삼국시대 이후로는 〈불쿤〉 고을이 있는가 하면 〈쿤불〉 고을이라고 자리바꿈하여 구별되게 이름 지은 것이 있다. 굳은소리로 하여 〈불권〉 고을이 있는가 하면 이를 다시 자리바꿈한 〈권불〉 고을도 있었다.

벼슬이름에서도 "뫼부리-〈불〉이에 크게-〈한〉하게 올라-〈선〉

사람"은 〈설불한〉이라고 일컫고, "묏부리-〈불〉이에 크게-〈한〉하
게 올라-〈선〉 사람"은 〈설불한〉이라고 일컬음으로써, 억양이 다
른 이름소리마저 표음할 수 있게 되었다. 오랜 공동체 생활에서
익히고 닦은 말을 짜맞추어 자연 현상이나 사회 현상을 이름 짓
고 살다가 정치 조직까지 우리말 말귀〔語句〕로 짜맞춘 이름소리
를 지어내 역사를 일으켜 세웠던 것이다.

이렇게 이름 지어 쓰던 짜임말귀〔語句構造〕를 한자음으로 표음
(表音)한 음표명(音標名)이 우리 이름을 한자음 글귀소리로 나타
내는 시초이며 역사의 서장이다.

비록 우리 한글〔正音〕은 발명이 늦었지만, 한자음을 빌린 우리
말 글귀이름의 표음은 한자가 수입되면서 5세기경에는 음표명
(音標名)으로 남길 수 있었다. 이렇게 문화민족으로 일찍이 우리
말 말귀〔語句〕를 짜맞춘 짜임말귀로 말 못할 이름 없이 반만 년
전에 우리 조상들은 나라를 이룩하고 역사의 문을 열었다.

오늘날 우리가 전수받아 간직하는 역사적 여러 사실(史實)이나
고을이름, 관직명, 심지어 뫼이름, 내이름, 섬이름을 표음한 음표
명은 모두가 우리말 짜임새로 짜맞춘 말귀〔語句〕 이름을 한자음
으로 담고 있다는 것을 다시 한번 뉘우쳐야 한다.

당시에는 비록 소리말에 알맞는 한글〔正音〕이 없었으나, 우리
말로 짜맞춘 여러 이름을 지어 사회 생활이나 정치 행위를 몇천
년 전부터 해오다가 한자가 들어오자 그 자음(字音)으로 표음(表
音)한 글귀이름을 기록으로 남길 수 있게 되었다. 이러한 문화민
족으로시의 슬기로움은 세계에서도 비교적 일찍 깨어 나라를 이
룩하고 역사의 장(章)을 펼치게 했을 것이다.

따라서 우리 조상들은 한 마디, 한 소리로 예의와 범절을 차리
는 쓰임새로 말하고 행동했으므로 따로 이런 것을 규제할 필요
가 없었으나, 말로 이런 예의범절을 가리는 쓰임새가 없는 중국

어로는 예의범절을 어떤 틀로 규제할 필요가 있어 삼강(三綱) 오
륜(五倫)으로 다듬은 이른바 유교적(儒敎的) 규범이 이룩되었을
것이다.

　그렇다면 이른바 고대 말에 형성된 유교(儒敎)는 우리 선인(先
人) 문화(文化)와 한인(漢人) 문화가 융합된 산물이 아닌가 하는
문제 제기를 하고 싶다.

〈둘〉 나라의 "복판짜임새〔中央體制〕" 이름

　　오늘날의 고을이름은 멀게는 초기국가〔고을나라〕 시대의 이름
에서 비롯되었다. 대체로 우리 조상들이 각 고을에 역사를 이룩
하고부터 그 고을의 정치 조직에 어울리는 이름말을 지어 부르
다가 초기국가〔고을나라〕, 이른바 부족국가들을 아우른 삼국시대
에 와서는 옛 나라이름을 한때 고을이름으로 삼는 시대가 있었
다. 그러나 점차 중앙집권적 왕정으로 나아가면서 서울을 비롯한
나라의 복판〔中央〕 조직과 고을〔地方〕 조직으로 나누어져 여러
짜임새의 고을이름 변천을 겪게 되었다.

　　'서울'도 역사적 시대 상황에 따라 '서울'에 사는 정치 집단이
수행하는 기능과 역할에 따른 우리 말귀〔語句〕로 규제하여 짜맞
춘 이름으로 곁들여 부르는 이름들을 짓고, 지방도 시대 상황이
나 그 위치와 비중에 따라 격이 높은 고을로 규제되거나 격이
낮은 고을로 규제되는 등 수많은 변천을 거치며 오늘날의 고을
이름으로 자리잡는 과정을 밟았다.

　　그러므로 옛적에 비록 우리말에 어울리는 우리 글자는 없었으

나, 우리말 말귀〔語句〕로 그 고을에 알맞는 이름을 지었던 것이
다. 어떤 고을, 무엇 하는 고을인지 누구나 알아들을 수 있는 소
리말 짜임말귀〔語句構造〕로 다듬은 이름소리를, 서툰 한자음을 빌
려 표음(表音)한 음표명(音標名)으로 이룩된 글귀이름을 가지고
그들이 이룩한 문화와 역사를 한자음 글귀이름으로 다듬어놓았다.

1. 〈서울〉-수부(首府), 〈서술알→서수랄〉-대수부(大首府)

1.1. 〈서울〉-수부(首府)

(1) 〈서술〉소리와 〈서울〉은 중국어로 수부(首府)이자 수도(首
都)이다

〈서울〉은 아주 옛적에는 하나만이 아니었다. 우리 나라 여러
고을에 발생·발전하던 초기국가〔고을나라〕, 이른바 부족국가들은
나라마다 그 나라 요충지에 〈서울〉을 세우고 나라 정치를 이룩
했으므로, 마한(馬韓)연맹 55개국이면 55개 〈서울〉이 있었을 것
이고, 변한(弁韓)연맹 12개국이면 12개 〈서울〉이 있었을 것이며,
진한(辰韓)연맹 12개국이면 12개 〈서울〉이 있었을 것이다.
　이러한 3한(韓) 79개 나라 〈서울〉도 마침내 세 나라〔三國〕에
의하여 초기국가〔고을나라〕들을 3개의 왕국으로 아우른 뒤로는
79개 〈서울〉 중에서 세 곳 〈서울〉만이 남아 〈잘할→잘알〉소리로
불리거나 〈잘안〉소리로 곁들여 불리고, 뒤이어 남북 두 곳으로
압축된 〈서울〉은 마침내 하나의 〈서울〉만이 남아 고려(高麗)에
이르러서는 개성(開城)이라 곁들이며, 이어서 조선(朝鮮)에 와서

는 한성(漢城), 한양(漢陽)이라 곁들이는 글귀이름으로 이어졌다.

그렇다면 〈서울〉은 크고 작은 나라마다 그 나라 정부가 자리 잡은 고을을 일컫는 규범명(規範名)이면서 주제명(主題名)이었을 것이다. 그 이름 아래 매 역사적 시대별로 〈서울〉이 수행하는 기능과 역할을 일컫는 부제명(副題名)을 곁들여 뒷받침하는 이름소리를 적지 않게 들을 수 있다.

말하자면 초기국가〔고을나라〕 시대나 세 나라 시대〔三國時代〕의 주제명(主題名) 〈서울〉은 부제명(副題名)으로 〈잘할→잘알〉소리나 〈잘한→잘안〉소리로 불리는 〈잘할-잘한〉소리는 창해(滄海)나 강화(江華), 장함(獐含) 등으로 표음하고, 〈잘안-잘알〉소리는 장안(長安), 가야(加耶), 가야(伽倻) 등으로 표음하며, 'ㄹ' 받침이 뒤로 처지는 〈잘알→자랄→잘라〉소리는 가량(加良), 가라(加羅), 가락(駕洛) 등으로 표음하는 글귀이름을 곁들이고 살았다.

고려(高麗) 적에 와서 주제명(主題名) 〈서울〉은 개성(開城)을 부제명(副題名)으로 곁들이고 있으며, 조선(朝鮮) 적 주제명 〈서울〉은 부제명으로 한성(漢城)이나 한양(漢陽)을 곁들여 이름 지었다고 볼 수 있다.

(2) 〈서울〉은 무슨 말귀〔語句〕이며 어떤 뜻인가

어느 대학교수에게 수천 년을 자자손손(子子孫孫) 입에서 입으로 옮겨져 온 〈서울〉이라는 나랏말〔國語〕 이름이 무슨 말귀〔語句〕이며 어떤 뜻인가를 물었다.

그가 '서벌(徐伐)'이라고 대답하기에 "그럼 '서벌(徐伐)'은 무슨 뜻이며 어떤 고을이란 말입니까?" 하고 물었더니 이번에는 '서라벌(徐羅伐)'이라고 대답하므로, 다시 '서라벌(徐羅伐)'은 무슨 말이며 어떤 뜻인가를 물었다. 한참 뜸을 들이더니 '서라벌(徐羅

伐)'은 '서야벌(徐耶伐)'이나 '서나벌(徐那伐)'이라고도 하지만 신라(新羅)와 오늘날의 경주(慶州)를 일컫는 이름으로 알고 있으나 그 이상 밝혀진 정설이 없는 것으로 알고 있다고 털어놓았다.

한글학자 이희승 박사가 감수(監修)한 《국어대사전》(민중서관)을 보면, 〈서울〉은 '한 나라의 중앙정부가 있는 곳'이라는 '논리적 풀이'에 그치고, 중국어로 경도(京都), 경락(京洛), 경사(京師), 경조(京兆), 도읍(都邑), 수도(首都), 수부(首府)라는 추리적 해석을 늘어놓고 있었다.

다른 어떤 국어사전을 들여다보아도 속시원히 세전(世傳)의 우리말 〈서울〉을 풀이해놓은 사전이나 서적을 볼 수 없었다.

① 〈서울〉은 무슨 말귀[語句]인가

우리들의 옛 고을이름이나 그 밖의 이름은 우리말을 짜맞추어 다듬은 이름소리를 한자음으로 표음한 음표명으로 이룩된 글귀 이름이기 때문에, 옛 말귀[語句] 속엔 어떠한 무슨 고을이라고 짜맞추어 규제(規制)된 개념이 담겨 있을 터이므로 반드시 우리말로 풀이할 수 있는 이름으로 지어졌을 것으로 보아야 한다.

옛적에 '불집게'나 '불젓가락→부젓가락' 같은 이름 따위도 명사-'불'과 동사-'젓다'는 소리말을 엮은 문법적 짜임새로 이름 지은 우리 겨레의 조상들이 한 나라의 수부(首府), 수도(首都)에 해당하는 〈서울〉을 말귀[語句] 짜임새가 아닌 자연 현상을 묘사하는 이름처럼 지었으리라고는 생각할 수 없다. 그렇다면 〈서울〉은 '부젓가락'이라는 말귀[語句] 이상으로 '명사적 말과 동시적 말'을 짜맞춘 짜임말귀[語句構造]를 간직하고 있다는 확신을 가질 수 있다.

〈서울〉은 "봉(峰)'우리'-〈울〉이에 올라-〈서〉"는 고을이라고 생각한다. 나라의 가장 높은 "봉(峰)'우리'-〈울〉이"는 명사(名詞)에 해당한다. 여기에 "올라-〈서〉"라는 동사(動詞)를 엮어 체언(體言)-〈울〉이와 용언(用言)-〈서〉다를 짜맞춘 이름을 지어 쓰다가, 한자(漢字)가 들어오자 중국음 〔쉬위〕음자 서울(徐蔚)로 표음하거나 〔쉬완〕음자 서울(徐菀)로 표음했을 것이라고 볼 수 있다.

이렇게 하여 말로만 전래(傳來)되던 〈서울〉이라는 이름소리를 한자음으로 표음한 음표명(音標名)-글귀이름으로 남길 수 있게 되었을 것이다.

만약에 음표문자인 알파벳 같은 글자가 있었다면 'Seoul'이라고 쓸 수 있었겠으나, 한글〔正音〕이 나오기까지는 기다릴 수밖에 없었다.

오늘날의 사천(泗川)은 본시 사물(史勿)이라고 기록하던 고을이지만 경덕왕(景德王)이 사수(泗水)로 개칭했으므로 먼저번 사물(史勿)의 중국음 〔쓰우〕음자는 옛 〈서울〉이라는 이름소리를 표음한 글귀이름이므로 통합된 신라(新羅) 영역에 두 곳 〈서울〉을 둘 수 없어 사수(泗水)의 중국음 〔쓰쒜〕음자로 표음한 〈서술〉소리로 바꾸어 부르게 했다.

그렇다면 옛적 사천(泗川)은 신라(新羅) 때까지는 〈서울〉이라고 부르면서 〔쓰우〕음자 사물(史勿)로 표음한 글귀이름으로 불러온 고을이므로 경덕왕(景德王)은 〔쓰쒜〕음자 사수(泗水)로 표음한 글귀이름으로 바꾼 이름이다.

〈술〉소리는 정(頂)'수리'라는 말로 우리글이 없었을 때 한자가 들어오자 한자 정(頂) 자에 '술-수리'를 비끄러매 마치 숙어(熟語)처럼 말귀〔語句〕 보전에 활용했을 것이다. 봉(峰)이라는 한자에 '울-우리'를 비끄러맨 봉(峰)'우리'라고 하던 말귀처럼 말을 영속시키는 눈물겨운 흔적이라고 생각한다.

　　그런데 정(頂)‘수리’에서 ‘〈술〉이’는 ‘ㅅ’이 탈락하면 〈홀〉 소리가 나고 ‘ㅎ’마저 탈락하면 〈울〉소리로 변하다가 마침내 ‘ㅅ’을 탈락시켜 곧바로 〈울〉소리로 변하기도 하며, 정(頂) ‘수리’-〈술〉이나 봉(峰)‘우리’-〈울〉이는 말결이 사실상 같은 말의 닿소리〔子音〕가 탈락하는 쓰임새를 하는 말이라는 것을 알 수 있다.

　　고려(高麗) 때 귀향벌(歸鄕罰)은 중국음으로 〔꿔쌍〕음자지만 우리는 ‘ㅅ’을 벗겨 ‘귀향’으로 읽고 있다. 그런데 실제로 쓰는 말에서는 ‘귀양’이라고 말하고 있으며, 가을에 지내는 시향(時享)도 중국음 〔씌쌍〕음자를 우리는 ‘시향’으로 읽고 실제로 부르는 말에서는 ‘시양’으로 일컫고 있다.

　　이러한 쓰임새로부터 옛적에 정(頂)‘수리’-〈술〉이에 올라-〈서〉는 고을은 〈서술〉이라고 일컫다가 시대가 뒤진 다음에는 “봉(峰)‘우리’-〈울〉이에 올라-〈서〉는 〈서울〉”이라고 일컫게 되었다.

　　따라서 〈서울〉은 본시 〈서술〉소리에서 변천하여 〈서울〉이라고 일컫게 되었다는 말이다. 그렇다면 중국어로 말하는 경사(京師)니 경조(京兆)니 경락(京洛)이니 하는 중국적 풀이는 〈서울〉이라는 우리말 말귀〔語句〕를 모르면서 어림짐작으로 꿰어 맞춘 가당치도 않은 사족(蛇足)과 같은 풀이라는 것을 알 수 있다.

② 〈서술→서울〉은 어떤 뜻인가

　　지리지(地理志)에 따르면, 신라(新羅)의 수부(首府), 수도(首都) 〈서울〉을 일컫는 최초의 기록은 서형산(西兄山)이라고 표음하고 있으므로 그 중국음 〔씨쑹싼〕음자는 옛이름 〈서술선〉소리를 표음하면서 평소 짧게 서형(西兄)의 중국음 〔씨슝〕음자로는 〈서술〉소리를 표음한 글귀이름으로 부르다가 세월과 함께 〈술〉소리의 〈ㅅ〉을 벗긴 〈서울〉로 이름소리가 변천했을 것이다.

〈ㅅ〉을 탈락시키는 쓰임새로 형(兄) 자의 중국음 〔슝〕음자를 우리는 〈ㅅ〉을 벗긴 〈훌〉소리처럼 읽게 되었고, 비슷한 웅(雄)자의 중국음 〔쓩〕음자가 〈ㅅ〉과 〈ㅎ〉마저 벗긴 〈울〉소리처럼 읽히는 현상은 닿소리〔子音〕 탈락현상으로 설명하는 도리밖에 없다.

따라서 "정(頂)'수리'-〈술〉이에 올라-〈서〉는 〈서술〉"소리는 서형(西兄)의 중국음 〔씨슝〕음자로 표음하거나 사수(泗水)의 중국음 〔쓰쮀〕음자로 표음한 글귀이름으로 썼을 것이다. 그러다가 말소리가 변한 "봉(峰)'우리'-〈울〉이에 올라-〈서〉는 〈서울〉"은, 서울(徐蔚)의 중국음 〔쉬위〕음자로 표음하거나 서울(徐菀)의 중국음 〔쉬완〕음자로 표음하여 쓰는 사이, 〔위〕음자와 〔완〕음자는 우리말 〈울〉소리에 동화되고 길들어져 동반변음(同伴變音)을 일으켜 중국음 〔위〕자나 〔완〕음자는 마침내 우리식 한자음 '울'자로 바꾸어 부르게 되었다.

그렇다면 〈서술〉소리를 표음했던 서형(西兄)이나 〈서울〉소리를 표음했던 서울(徐蔚)이나 서울(徐菀)은 소리말 이름을 담는 소리그릇에 불과하고, 그런 한자 뜻이나 글자 모양이 무엇하고 어떻든 상관없이 자음(字音)으로 표음하는 〈서술〉소리를 〔씨슝〕음자 서형(西兄)으로 표음하는 나라가 있는가 하면, 〔쓰쮀〕음자 사수(泗水)로 표음하는 나라가 있고, 〈서울〉소리는 〔쉬위〕음자 서울(徐蔚)이라고 표음하는 나라도 있다. 또 한편에서는 중국음 〔쓰우〕음자 사물(史勿)로 표음하는 등 각 나라는 나라마다 한 고을을 〈서술〉소리로 부르다가 〈서울〉이라고 부르며, 소리그릇을 달리하고 있으나 소리그릇에서 울리는 글귀소리는 같다는 것을 알 수 있다.

같은 이름 〈서울〉을 서울(徐菀 : 쉬완)로 표음하여 음표하는 나라가 있는가 하면 사물(史勿 : 쓰우)로 표음하는 나라도 있고, 사물(思勿 : 쓰우)로 표음하는 나라 등 여러 한자명은 우리 이름소리를 표음하는 음구(音具), 음기(音器) 역할을 노는 '자음(字音)에 있지' 자상(字象)이나 자의(字意)는 아무 의미가 없으므로 글자의 좋고 나쁜 것을 따지고 논할 필요가 없다.

따라서 말소리로 "정(頂)'수리'-〈술〉이에 올라-〈서〉는 〈서술〉" 소리에서 "봉(峰)'우리'-〈울〉이에 올라-〈서〉는 〈서울〉"로 말소리가 변했으나 정상봉(頂上峰)'우리'-〈울〉이에 '올라-〈서〉는' 수부(首府)란 기본 뜻은 변함없이 나라의 '높은 정상에 올라서는' 고을을 〈서술→서울〉이라고 일컬었다고 말해주고 있다.

나아가 나라의 높은 '정상(頂上)'에 '올라 서는' 고을은 중국어(中國語)로 수부(首府)나 수도(首都)로 번역할 수는 있지만, 그 밖의 경락(京洛)이니 경조(京兆)니 경사(京師)니 하는 유식(有識)한 중국식 풀이는 오히려 〈서울〉이라는 이름소리에 어울리지 않는 한문적 사고에 지나지 않는다. 어떻든 오늘의 〈서울〉은 사람도 많이 사는 고을이 되고 시대와 함께 옛적 몇 개 고을을 아우른 거대한 〈서울〉로 변모하는 시대가 되었지만, 나라의 높은 "봉(峰)우리-〈울〉이에 올라-〈서〉는 고을"을 일컫는 글귀이름의 뜻은 잊혀지고말았다.

(3) 〈서술알→서수랄〉소리와 〈선물알→선ᄆ랄〉소리는 대수부(大首府)

① 〈서술알→서수랄〉소리는 대수부(大首府)

앞에서 정(頂)'수리'는 〈술↔수ㄹ〉소리를 기억하는 방편으로 만든 숙어나 다름없는 것처럼 봉(峰)'우리'는 〈울↔우ㄹ〉소리를 기억하는 방편으로 지어놓은 말귀〔語句〕와 다름없다는 것을 살폈다. 따라서 거듭해서 말하고자 할 때는 "봉(峰)'우리'-〈울〉이의 정(頂)'수리'-〈술〉"이라고 하여 더욱 강조하고 수식하는 쓰임새를 하기도 했다.

또한 크다는 무른소리 〈할〉소리는 〈ㅎ〉이 탈락하면 〈알〉소리가 나고 굳은소리는 〈칼-칸〉소리이지만 오늘날 속화되어 〈클-큰〉소리로 퇴화되었다.

따라서 "정(頂)'수리'-〈술〉이에 올라-〈서〉는 〈서술〉"소리는 중국어로 말하는 수부(首府)나 수도(首都)와 비교할 수 있을 것이며, 더욱 수식하여 "정(頂)'수리'-〈술〉이에 크게-〈알〉하게 올라-〈서〉는 〈서술알〉"소리는 중국어로 말하는 대수부(大首府)나 대수도(大首都)와 비교되는 이름으로 삼았다고 볼 수 있다.

이 경우 〈술〉소리의 'ㄹ' 받침이 뒷소리로 처지는 울림가락으로 들리는 〈서술알→서수랄→서수라〉소리는 중국어로 말하는 대수부(大首府)나 대수도(大首都)를 일컫는 이름소리를 한자음으로 표음한 음표명(音標名)의 하나이다.

〈서술알→서수랄〉소리 사시량(沙尸良)

"정(頂)'수리'-〈술〉이에 크게-〈알〉하게 올라-〈서〉는 〈서술알→서수랄〉"소리를 중국음 〔싸쒸량〕음자 사시량(沙尸良)으로 표음한 고을은 오늘날의 홍성군(洪城郡) 결성(結城)의 백제(百濟) 적 옛 이름이다. 그렇다면 결성(結城)에 있던 옛 고을 나라의 〈서수랄〉소리는 그 고을이 비록 적은 나라였지만 한때 대수부(大首府)라는 글귀이름으로 읽고 불렀다는 말이다.

※ 이와 비슷한 쓰임새 말을 예로 들자면 "큰-〈알〉한 정(頂)수

리-〈술〉이는 〈술알〉"소리를 울리고 〈술〉소리의 'ㄹ' 받침이 뒤로 처지면 〈술알→수랄〉소리가 나는 〈수랄〉뫼를 서울에서는 수락산(水落山)으로 표음하고 다른 곳에서는 수라산(秀羅山)으로 표음하여 하늘 높이 솟아오른 뫼를 〈수랄〉뫼라고 일컬은 이름소리를 글귀소리로 울리고 있다.

※ 일본(日本)에서는 한 발 나아가 "큰-〈알〉한 정(頂)수리-〈술〉이 〈술알→수랄→수라〉"소리를 뫼보다 더 높은 하늘〔天〕을 말하는 〈술알→수랄→수라 : ソラ〉라는 이름으로 삼아 오늘날까지 쓰고 있다.

〈설술알→설수랄〉소리 생서량(生西良)

"정(頂)'수리'-〈술〉이에 크게-〈알〉하게 올라-〈선〉〈설술알→설수랄〉"소리를 〔썽씨량〕음자 생서량(生西良)으로 표음한 음표명으로 한때 고을나라 대수부(大首府)나 대수도(大首都)를 일컫는 글귀이름으로 삼기도 했다.

이 생서량(生西良)은 오늘날의 양산군(梁山郡) 장안(長安) 및 온양(溫陽)과 울산(蔚山)의 서생(西生) 일원을 다스리던 나라의 대수도로 신라(新羅) 적 동안군(東安郡)이며 《삼국유사(三國遺事)》에서 탈해왕(脫解王)의 출신국인 화하국(華廈國)이라 칭하다가 완하국(琓廈國)이라 칭한 나라의 대수도(大首都) 〈설술알→설수랄〉소리를 표음한 글귀이름이다.

---

② 〈선물알→선ᄆ랄〉소리도 대수부(大首府)

"정(頂)'수리'-〈술〉이"라는 말이나 "봉(峰)'우리'-〈울〉이"라는 말은 사실상 같은 뜻이지만, 어감을 달리하면서 거듭하는 쓰임새를 보인다.

용(龍)'마루'나 영(嶺)'마루'에서의 '〈물〉우'도 정(頂)'수리'에서의 '〈술〉이'나 봉(峰)'우리'에서의 '〈울〉이'와 대칭적이면서 대등하고 비슷한 말뜻이다. 이러한 뜻을 즐겨 씀으로써, 한자 정(頂)과 봉(峰)은 용(龍)'마루'나 영(嶺)'마루'와 견주는 대칭적 짝소리 쓰임새로 다듬어졌다. 이렇게 해서 나온 "정(頂)'수리'-〈술〉이에 크게-〈알〉하게 올라-〈선〉〈설술알→설수랄〉"소리는 대수도(大首都), 대수부(大首府)와 견주는 글귀이름이었다.

나아가 이 글귀이름과 대등하고 비슷한 말뜻을 지닌 "영(嶺)'마루'-〈물〉우에 크게-〈알〉하게 올라-〈선〉〈선물알→선ᄆ랄〉"소리도 중국말 대수부(大首府)나 대수도(大首都)와 견줄 수 있는 이름임을 알 수 있다.

〈설알물→서랄물〉소리 흠량매(欽良買)

부안군(扶安郡) 보안(保安)의 예이름 흠량매(欽良買)는 중국음〔쎈량매〕음자로 "영(嶺)'마루'-〈물〉우에 크게-〈알〉하게 올라-〈선〉〈선물알〉"소리를 자리바꿈시킨 〈설알물〉소리는 〈설〉소리의 'ㄹ' 받침이 뒷소리로 처지는 〈설알물→서랄물〉소리를 표음한 글귀이름으로 옛 대수도(大首都)나 대수부(大首府)를 일컫는 이름이지만 백제(百濟)는 일시 보안(保安)을 일컫는 글귀이름으로 삼았다.

〈물설알→물서랄〉소리 마서량(馬西良)

옥구(沃溝)의 옛이름 마서량(馬西良)은 중국음〔마써량〕음자로서, "영(嶺)'마루'-〈물〉우에 크게-〈알〉하게 올라-〈선〉〈물설알→물서랄〉"소리를 표음한 글귀이름이다. 이는 중국어로 대수도(大首都)나 대수부(大首府)를 뜻하는 이름인데, 백제(百濟)가 처음으로 이것을 가지고 고을이름으로 삼았다. 세 나라 시대〔三國時代〕가 끝나고, 전국을 통일한 신라(新羅)는 새로운 행정체계로 재편하면서 〈울궐〉소리를 표음한 오구(沃溝)로 이름소리를 바꾸었다.

〈몰설할〉소리 매소홀(買召忽)

인천(仁川)의 옛이름 매소홀(買召忽)은 〔매쑈후〕음자로 "용(龍)'마루'-〈몰〉우에 크게-〈할〉하게 올라-〈선〉 〈몰설할〉"소리를 표음하여 중국어 대수부(大首府), 대수도(大首都)를 일컫는 글귀이름으로 쓰던 것이었다. 고구려(高句麗)는 한때 이것을 고을이름으로 삼았다. 따라서 이 고을은 삼국사기 백제기(百濟記)에서 온조(溫祚)의 형 비류(沸流)가 나라를 세웠다고 기술한 고을이므로 한때 대수도, 대수부로 일컬을 수 있었을 것이다.

이상에서 본 것처럼, 〈선몰알〉소리를 자리바꿈시킨 〈몰설알→몰서랄〉소리나 〈설알몰→서랄몰〉소리로 다듬은 글귀이름은 삼국 이전의 초기국가〔고을나라〕들이 대수부(大首府), 대수부(大首府)를 뜻하면서 일컫던 이름이었다. 이러한 이름을 고찰해보면, 새로운 정세에 휩쓸리면시 한때 고을이름으로 삼았나는 것을 알 수 있다. 또한 이런 이름소리를 풀어 읽음으로써, 이제까지 잊고 지나쳤던 옛적 대수부(大首府)나 대수도(大首都)로 일컫던 고을을 찾아내어, 역사에서 묻혀버렸거나 백제(百濟)나 신라(新羅)에 의해서 지워진 초기국가〔고을나라〕들을 이름소리로 찾아낼 수 있

다는 것을 알수 있다.

그런데 그 옛적 오늘날의 충청도(忠淸道) 결성(結城)에 있던 나라와 전라도(全羅道) 옥구(沃溝)에 있던 나라나 인천(仁川)과 경상도(慶尙道) 양산(梁山), 울산(蔚山) 등지에서 수도(首都), 수부(首府)를 일컫는 이름소리가 같은 짜임말귀〔語句構造〕로 짜맞춘 글귀이름으로 지어졌다는 것을 읽을 수 있었다.

그것은 〈설술알→설수랄〉소리 이름을 대칭적 짝소리는 〈설몰할→설몰알→설ㅁ랄〉소리로 말하거나 자리바꿈시킨 〈몰설알→몰서랄〉소리로 일컬으며 때로는 또다시 자리바꿈한 〈설알몰→서랄몰〉소리로 뜻이 같은 대수도(大首都), 대수부(大首府)를 일컫는 글귀이름을 오늘날의 부안(扶安)에서 인천(仁川)까지, 서해안 옥구(沃溝)에서 동해안 양산(梁山)까지 같은 대칭소리 쓰임새의 이름소리를 쓰고 남긴 실상은 그 짜임새가 같은 글귀소리, 같은 뜻으로 지어졌음을 잘 말해주고 있다.

1.2. 〈서울〉-수부(首府)에서 변한 〈울선〉소리와 〈몰선〉소리의 글귀이름

(1) 〈울선〉소리와 자리바꿈시킨 〈선울〉소리

① 우리 나라에서의 〈울선〉소리와 〈선울〉소리

봉(峰)'우리'-〈울〉이에 올라-〈서〉는 〈서울〉은 현재형으로 일컫는 수부(首府)나 수도(首都)를 일컫는 이름이었다.

그런데 봉(峰)'우리'-〈울〉이에 올라-〈선〉 〈울선〉소리는 과거형으로 말하거나 서양말의 과거분사와 같은 쓰임새로 지은 〈울선〉소리는 울산(蔚山)이나 우산(于山), 운산(雲山), 옥산(玉山) 등의 중국음 〔위싼〕음자로 표음하거나 무산(武山)이나 오산(烏山) 등의 중국음 〔우싼〕음자는 〈울선〉소리를 표음한 음표명으로 이룩된 글귀이름이다.

〈울선〉소리 울산(蔚山)

울산(蔚山)은 옛적 우시산국(于尸山國)이며 《일본서기(日本書紀)》에서는 이려산(意呂山)으로 표음하던 글귀이름이다.

● 한 나라의 〈서울〉이었을 때는 오늘날의 울산(蔚山)은 "봉(峰)'우리'-〈울〉이의 정(頂)'수리'-〈술〉이에 크게-〈할〉하게 올라-〈서〉는 〈울술서할〉"소리로 일컬으며 중국음 〔위싼〕음자 우시산(于尸山)으로 표음하면서 짧게 줄려서 "봉(峰)'우리'-〈울〉이에 올라-〈서〉는 〈서울〉"이던 고을이었다.

● 나라로서의 기능을 상실하고는 "봉(峰)'우리'-〈울〉이에 올라-〈선〉 〈울선〉"소리를 일본(日本)에서는 'ㄹ' 받침이 뒤로 처지는 〈울선→우ㄹ선〉소리를 〔이뤼싼〕음자 의려산(意呂山)으로 표음하고, 우리 나라는 오므린 〈울선〉소리를 〔위싼〕음자 울산(蔚山)으로 표음하여 옛 수부(首府), 수도(首都)를 일컫던 글귀이름의 사연을 읽을 수 있다.

● 따라서 애초에 "봉(峰)우리-〈울〉이의 정(頂)수리-〈술〉이에 크게-〈할〉하게 올라-〈서〉는 〈울술서할〉"소리 이름은 중국어 대수도(大首都), 대수부(大首府)를 말하고, "봉(峰)우리-〈울〉이에 올라-〈서〉는 〈서울〉"온 중국이 수도(首都), 수부(首府)를 말하다가 나라가 소멸한 뒤로는 "봉(峰)우리-〈울〉이에 올라-〈선〉 〈울선〉"은 지난날의 수도(首都), 수부(首府)였음을 글귀소리로 말하고 있는 이름이다.

〈울선〉소리 운산(雲山)과 옥산(玉山)

운산(雲山)이나 옥산(玉山)의 중국음 〔윈싼〕음자나 〔위싼〕
음자 등 한자음은 "봉(峰)'우리'-〈울〉이에 올라-〈선〉〈울선〉"
소리를 표음한 음표명으로 이룩된 몇 안 남은 옛 〈서울〉을
말하는 글귀이름의 잔영들이다.

---

② 일본(日本)에서의 〈선울〉소리와 〈울선〉소리

〈울선〉소리를 자리바꿈시켜 〈선울〉소리로 일컫는 옛이름 짜임
새로 지은 수부(府), 수도(首都)를 일컫는 쓰임새를 일본(日本)
에서도 찾아 읽을 수 있다.

〈선울〉소리 상무(相武)

일본 신내천현(神奈川縣) 곧 옛 상무국(相武國)은 상무(相武)
의 중국음 〔쌍우〕음자는 "봉(峰)'우리'-〈울〉이에 올라-〈선〉
〈선울〉"소리를 표음한 음표명으로 이룩된 글귀이름은 옛 수
도(首都), 수부(首府)였음을 말하고 있다.

● 〈울〉소리의 대칭적 짝소리인 〈몰〉소리를 대치(代置)하
여 "영(嶺)'마루'-〈몰〉우에 올라-〈선〉〈선몰〉"소리를 〔쌍뭐〕
음자 상모(相模)로 표음한 글귀이름도 옛 수도(首都), 수부
(首府)였음을 말하고 있다.

● 따라서 〈선울〉소리를 표음한 음표명 〔쌍우〕음자 상무
(相武)는 짝소리 〈선몰〉소리를 표음한 음표명 〔쌍뭐〕음자 상
모(相模)와 짝지운 쓰임새로 지은 이름은 우리 조상들이 쓰
던 쓰임새와 같다고 볼 수밖에 없다.

(2) 〈몰선〉소리와 자리바꿈시킨 〈선몰〉소리

우리 나라에서 "용(龍)'마루'-〈몰〉우에 올라〈선〉〈몰선〉"소리는 마산(馬山)으로 표음한 글귀이름으로 〈울선〉소리와 대칭소리이다. 일본(日本)에서는 자리바꿈시킨 〈선몰〉소리를 표음한 상모(相模)는 〈선울〉소리를 표음한 상무(相武)와 짝소리를 이룬 글귀이름이다.

따라서 〈몰선〉소리의 대칭소리 〈울선〉소리를 자리바꿈시킨 〈선울〉소리는 〈몰선〉소리를 자리바꿈시킨 〈선몰〉소리와 대칭소리를 이루는 이름이라는 것을 알 수 있다. 아울러 이런 이름들은 그 뜻을 가늠해봄으로써 옛 수부(首府), 수도(首都)에서 파생한 것임을 읽을 수 있다.

2. 〈서볼〉소리-수도(首都)와 〈설알볼→서랄볼〉소리-대수도(大首都)

2.1. 〈서볼〉소리-수도(首都)

묏'부리'에서 〈부리〉를 오므린 〈불〉소리는 모음조화로 〈볼〉이나 〈벌〉소리가 나지만, 묏부리를 이르거나 불거지다는 술어로 쓸 수 있는 말이다.

옛 나라이름들인 고량부리(古良夫里), 소부리(所夫里), 발라부리(發羅夫里), 반나부리(半奈夫里), 모량부리(毛良夫里) 등으로 표음한 〈부리〉를 오므리면 〈불〉이나 〈볼〉소리가 된다.

(1) 우리 나라 동부(東部) 지역의 〈서불〉소리 수도(首都)

① 〈서불〉소리 서벌(徐伐)·경주(慶州)

신라(新羅)는 “묏‘부리’-〈불〉이에 올라-〈서〉는 〈서불〉”소리를 서벌(徐伐)의 중국음 〔쉬바〕음자로 표음하여 쓰는 사이 중국음 〔쉬〕음자 서(徐)는 우리말 〈서〉소리를 닮아가다가 마침내 동화된 〔서〕음자로 삼게 되었고, 중국음 〔바〕음자는 우리말 〈불〉소리나 〈벌〉소리로 변음되는 글자가 되었다.

따라서 나라의 높은 “묏‘부리’-〈불〉이에 올라-〈서〉는 〈서불〉”소리는 “봉(峰)‘우리’-〈울〉이에 올라-〈서〉는 〈서울〉”과 마찬가지로 나라-국(國)의 봉(峰)‘우리’-〈울〉이 : 국봉(國峰)에 올라-〈서〉는 고을은 나라-국(國)을 다스리는 묏‘부리’-〈불〉이 : 국부(國府)에 올라-〈서〉는 중앙부(中央府)라는 뜻이기도 하므로 중앙정부가 있는 곳이란 말귀〔語句〕와 다름이 없다.

따라서 “봉(峰)‘우리’-〈울〉이에 올라-〈서〉는 〈서울〉”이나 “묏‘부리’-〈불〉이에 올라-〈서〉는 〈서불〉”은 체언(體言)-명사(名詞)가 봉(峰)‘우리’-〈울〉이냐 묏‘부리’-〈불〉이냐의 차이일 뿐 용언(用言)은 같은 〈서〉소리로 이름 지은 중국어로 수부(首府), 수도(首都)라는 우리말 짜임말귀〔語句構造〕이다.

② 〈서불〉소리 사벌(沙伐)·상주(尙州)

상주(尙州)의 옛이름 사벌(沙伐)은 〔싸바〕음자로 “묏부리-〈불〉이에 올라-〈서〉는 〈서불〉”소리를 표음한 글귀이름은 수도(首都), 수부(首府)를 일컫고, 사불(沙弗)은 〔싸부〕음자로 “묏부리-〈불〉이에 올라-〈서〉는 〈서불〉”소리를 표음했기 때문에, 같은 수부(首府), 수도(首都)를 일컫는 글귀이름 〈불〉소리와 〈벌〉소리는 모음조화로 인한 울림가락 차이일 따름이다.

③ 〈서불〉소리 삭방(朔方)·안변(安邊)

안변(安邊)의 옛이름 삭방(朔方)은 중국음 〔쉬방〕음자로 "묏부리-〈불〉이에 올라-〈서〉는 〈서불〉"소리를 표음한 옛적 한 나라의 "묏부리-〈불〉이 : 국봉(國峰)에 올라-〈서〉"는 국도(國都), 국부(國府)였다는 글귀이름을 한때 고을이름으로 삼았던 것이다.

(2) 우리 나라 서부(西部) 지역의 〈서불〉소리 수도(首都)

① 〈설불〉소리 승평(昇平)·순천(順天)

순천(順天)의 옛이름 승평(昇平)은 중국음 〔썽핑〕음자로 "묏부리-〈불〉이에 올라-〈선〉 〈설불〉"소리를 표음한 글귀이름이므로 옛 한 나라의 "묏부리-〈불〉이 : 국봉(國峰)에 올라-〈선〉" 국도(國都), 국부(國府)였음을 읽을 수 있는 글귀이름이다.

② 〈서불〉소리 사비(泗沘)·부여(扶餘)

부여(扶餘)의 옛이름 사비(泗沘)는 〔쓰삐〕음자로 "묏부리-〈불〉이에 올라-〈서〉는 〈서불〉"소리를 표음한 글귀이름은 마지막 "백제(百濟)의 묏부리'-〈불〉이 : 국봉(國峰)에 올라-〈서〉"는 수부(首府), 수도(首都)로 삼았던 사실(史實)은 세상이 잘 아는 글귀이름이다.

이와 같은 말귀〔語句〕를 한자 음가로 표음한 음표명으로 서술하는 이름 〈서불〉소리 서벌(徐伐) : 경주(慶州)와 사벌(沙伐) : 상주(尙州) 그리고 승평(昇平) : 순천(順天)과 삭방(朔方) : 안변(安邊)이나 사비(泗沘) : 부여(扶餘)는 옛적 한때 중국어의 수도(首都), 수부(首府)로서 역사를 이룩하던 고을이었다는 사실을 글귀이름으로 말하는 이름소리이다.

2.2. 〈설알불→서랄불〉소리는 대수도(大首都)

〈서〉소리는 서다는 동사-서술어이며, 크다는 뜻의 무른소리 〈할-한〉소리나 'ㅎ'을 탈락시킨 〈알-안〉소리도 크다는 뜻은 다를 바 없다. 〈불〉소리는 묏부리나 불거지다는 뜻으로 쓰는 사이 모음조화로 〈볼〉이나 〈벌〉소리가 나기도 한다.

(1) 〈설알불→서랄불〉소리-대수도(大首都)

"크게-〈알〉하게 묏부리-〈불〉이에 올라-〈선〉 〈설알불〉"소리에서 〈설〉소리의 'ㄹ' 받침이 뒷소리로 처지면서 〈설알불→서ㄹ알불→서랄불〉소리로 울리는 이름은 중국어에서 대수도(大首都)나 대수부(大首府)를 일컫는 우리말 글귀이름이다.

① 〈설알불〉소리 서야벌(徐耶伐), 〈설알불→서랄불〉소리 서라벌(徐羅伐), 〈선알불→서날불〉소리 서나벌(徐那伐)-경주(慶州)

서야벌(徐耶伐)이나 서나벌(徐那伐)과 서라벌(徐羅伐)은 모든 국어사전에서 신라(新羅)를 이른다거나 경주를 일컫는 이름으로 추리적 풀이로 말할 뿐 풀지 못하고 깨치지 못하는 수수께끼였다.

"묏부리-〈불〉이에 올라-〈서〉는 〈서불〉"소리나 "묏부리-〈불〉이에 올라-〈선〉 〈설불〉"소리는 중국어인 수도(首都), 수부(首府)와 비교할 수 있는 이름이었다. 또한 "묏부리-〈불〉이에 크게-〈알〉하게 올라-〈선〉 〈설알불〉소리나 〈선알불〉"소리는 중국어인 대수도(大首都), 대수부(大首府)를 일컫는 이름으로 삼고 살았다.

"묏부리-〈불〉이에 크게-〈알〉하게 올라-〈선〉 〈설알불〉"소리는 〔쉬예바〕음자 서야벌(徐耶伐)로 표음한 글귀이름으로 삼고, 〈설〉소리의 'ㄹ' 받침이 뒷소리로 처지는 〈설알불→서랄불〉소리는 〔쉬뤄바〕음자 서라벌(徐羅伐)로 표음한 글귀이름은 신라(新羅)가 대수도(大首都), 대수부(大首府)를 일컫는 글귀이름이다.

그런데 〈설〉소리는 때로는 〈선〉소리로 울리면서 "묏부리-〈불〉이에 크게-〈알〉하게 올라-〈선〉 〈선알불〉소리는 〈선〉소리의 'ㄴ' 받침이 뒤로 처지는 〈선알불→서날불〉"소리를 〔쉬나바〕음자 서나벌(徐那伐)로 표음한 글귀이름도 결국 대수도(大首都), 대수부(大首府)를 일컫는 이름으로 쓰고 살았다.

그러므로 〈설알불→서랄불〉소리나 〈선알불→서날불〉소리는 같은 이름소리로 부르는 〈선〉소리가 〈ㄴ〉소리를 내는가 〈ㄹ〉소리를 내는가의 울림가락 차이를 한자음으로 표음한 음표(音標) 차이에 지나지 않는다. 그런 표음자로 쓴 한문자 야(耶) 자는 〈알〉소리를 표음한 음표자로 삼고, 나(那) 자는 〈날〉소리를 표음하고, 라(羅) 자는 〈랄〉소리를 표음한 음표자(音標字)로 삼은 글귀소리이다.

그런 까닭에 〈설알불→서랄불〉소리와 〈선알불→서날불〉소리를 표음한 서야벌(徐耶伐)이나 서라벌(徐羅伐)과 서나벌(徐那伐)은 어느 글귀이름이나 중국어인 대수도(大首都), 대수부(大首府)를 일컫는 우리 나랏말 이름소리를 한자음으로 표음한, 울림소리 차이를 나타낸, 뜻이 똑같은 이름이다.

② 〈설알불→서랄불〉소리 사량벌(沙梁伐)-상주(尙州)

상주(尙州)는 옛 속로불사국(速盧不斯國)으로 그 나라 대수도(大首都), 대수부(大首府)를 일컫는 〈설알불→서랄불〉소리를 〔싸량바]음자 사량벌(沙梁伐)이나 사량벌(沙良伐)로 표음했다.

　“묏부리-〈불〉이에 크게-〈알〉하게 올라-〈선〉 〈설알볼→서랄볼〉”소리를 중국음 〔싸량바]음자 사량벌(沙梁伐)이나 사량벌(沙良伐)로 표음한 음표명으로 중국어인 대수도(大首都), 대수부(大首府)를 일컫는 글귀이름으로 삼았다.

　또한 “묏부리-〈불〉이에 올라-〈서〉는 〈서불〉”소리는 중국음 〔싸바]음자 사벌(沙伐)로 표음하고, “묏부리-〈불〉이에 올라-〈서〉는 〈서불〉”소리는 중국음 〔싸부]음자 사불(沙弗)로 표음하여 수도(首都)를 일컫는 이름으로 삼아 이 나라도 중국어 대수도(大首都)와 수도(首都)를 구별되게 이름 지어 쓰고 살았음을 읽을 수 있다.

　이렇게 오늘날의 상주(尙州)에 있던 나라는 사량벌(沙梁伐)이나 사량벌(沙良伐)로 표음하고, 오늘날의 경주(慶州)에 있던 사로(斯盧)는 서라벌(徐羅伐)이나 서나벌(徐那伐)과 서야벌(徐耶伐)로 표음했다. 이러한 음표명은 똑같은 글귀이름 〈설알볼→서랄볼〉소리를 한자의 자상(字象)과 자의(字意)가 서로 다른 사량벌(沙梁伐)과 서라벌(徐羅伐)로 표음하거나 〈선알볼→서날볼〉소리를 서나벌(徐那伐)로 표음한 각기 다른 두 나라 대수도(大首都), 대수부(大首府)를 일컫는 글귀이름으로서, 각기 다른 초기국가〔고을나라]의 수도(首都)와 대수도(大首都)를 일컫는 쓰임새의 역사적 자취이다.

---

③ 〈설할볼→설알볼〉소리를 자리바꿈시킨 〈설불할〉

크다는 무른소리 〈할〉소리는 〈ㅎ〉이 탈락하면 〈알〉소리가 나지만 그 뜻은 다름이 없으며, 뒷소리로 자리잡은 경우에는 〈할〉

소리가 나기도 한다.

④ 〈서불할〉소리 사복홀(沙伏忽)-안성(安城)

안성(安城)의 옛이름 사복홀(沙伏忽)은 중국음 〔싸부후〕음자로 "묏부리-〈불〉이에 크게-〈할〉하게 올라-〈서〉는 〈서불할〉"소리를 표음한 음표명을 쓰던 것이다.

그렇다면 옛적 "묏부리-〈불〉이에 크게-〈할〉하게 올라-〈서〉는 〈서불할-서불할〉"소리 사복홀(沙伏忽)은 중국어 대수도(大首都), 대수부(大首府)란 글귀이름으로 쓰고, 자리바꿈시킨 〈설알불→서랄불〉소리 서야벌(徐耶伐), 서라벌(徐羅伐)이나 사량벌(沙良伐), 사량벌(沙梁伐)과 〈선알불→서날불〉소리 서나벌(徐那伐)도 대수도(大首都), 대수부(大首府)를 일컬으며 나라마다 수도(首都)와 대수도(大首都)를 일컫는 글귀이름을 지니고 역사를 이룩했음을 한자음 글귀소리로 읽을 수 있다.

그러다가 초기국가〔고을나라〕들은 삼국(三國)에 의하여 통합되고 멸망하여 옛 〈서불〉이나 〈설할불→설알불〉소리 수도(首都)와 대수도(大首都)는 삼국 아래 한 고을이 되어 〈서〉소리를 없앤 격(格)이 떨어진 〈할불〉소리나 〈안불〉소리로 다듬어진 대부(大府) 고을이 되었다.

⑤ 〈할불 : 칼불〉 짝소리 합포(合浦)와 골포(骨浦)-마산(馬山)

마산(馬山)의 옛이름 합포(合浦)는 무른소리로 "큰-〈할〉한 묏부리-〈불〉이 〈할불〉"소리를 〔하퓨〕음사 합포(合浦)로 표음한 음표명으로 삼고, 굳은소리는 "큰-〈칼〉한 묏부리-〈불〉이 〈칼불〉"소리를 〔꾸퓨〕음자 골포(骨浦)로 표음한 음표명으로 중국어에서 대부(大府), 대도(大都)를 일컫는 글귀이름으로 삼았다.

따라서 먼저는 〈설불할〉소리 대칭 〈설불칼〉소리로 대수부(大首

府), 대수도(大首都)를 일컫는 글귀이름으로 쓰다가 〈설〉소리를 없앤 〈할불 : 칼불〉 대칭소리를 왕국 시대의 대부(大府)나 대도(大都)로 삼았음을 글귀소리로 읽을 수 있다.

⑥ 〈안불〉소리 안변(安邊)

안변(安邊)의 옛이름 삭방(朔方)은 〔쉬방〕음자로 "묏부리-〈불〉이에 올라-〈서〉는 〈서불〉"소리의 글귀이름이다. 옛적 〈설알불-선알불〉소리는 대수도(大首都)를 말하고, 〈서불〉소리는 수도(首都)를 말하는 글귀이름으로 부르다가 나라를 잃어버리고는 뒷날 격이 떨어진 "큰-〈안〉한 묏부리-〈불〉이 〈안불〉"소리를 〔안뼌〕음자 안변(安邊)으로 표음한 글귀이름은 대부(大府), 대도(大都)란 이름이므로, 역사의 무상함을 느끼게 한다.

⑦ 〈불안〉소리 부안(扶安)

부안(扶安)은 〔부안〕음자로 "큰-〈안〉한 묏부리-〈불〉이 〈불안〉"소리를 표음한 음표명으로 대부(大府), 대도(大都)란 글귀이름이므로 옛적은 "묏부리-〈불〉이에 크게-〈알〉하게 올라-〈선〉 〈설불알〉"소리를 쓰던 옛 초기국가〔고을나라〕 대수부(大首府), 대수도(大首都)에서 오늘날은 〈설〉소리를 없앤 〈불안〉소리 대부(大府), 대도(大都)라고 말하는 글귀이름이다.

⑧ 〈할불〉소리 화순(和順)

화순(和順)의 옛이름 해빈(海濱)은 중국음 〔해뼁〕음자로 "큰-〈할〉한 묏부리-〈불〉이 〈할불〉"소리를 표음한 음표명으로 중국어 대부(大府), 대도(大都)로 삼은 글귀이름이다.

그리하여 먼저는 "큰-〈할〉한 묏부리-〈불〉이에 올라-〈설〉 〈설할불〉"소리 대수도(大首都), 대수부(大首府)에서 〈설〉소리를 없앤

"큰-〈할〉한 묏부리-〈볼〉이 〈할볼〉"소리를 대도(大都), 대부(大府)로 삼은 고을이다.

뒷날 화순(和順)은 〔허쑨〕음자로 "큰-〈할〉한 정(頂)수리-〈술〉이 〈할술〉"소리도 대도(大都), 대부(大府)란 글귀이름이므로 그 먼저는 "정(頂)수리-〈술〉이에 크게-〈할〉하게 올라-〈설〉〈설술할〉"소리를 쓰다가 〈설〉소리를 없앤 "큰-〈할〉한 정(頂)수리-〈술〉이 〈할술〉"소리로 이름 지은 대도(大都), 대부(大府) 고을이란 글귀이름이다.

따라서 옛 화순(和順)은 "정(頂)수리-〈술〉이에 크게-〈할〉하게 올라-〈선〉〈설술할〉"소리를 쓰다가 〈설〉소리를 버리고 "큰-〈할〉한 정(頂)수리-〈술〉이 〈할술〉"소리로 다듬은 글귀이름이면서 "묏부리-〈볼〉이에 크게-〈할〉하게 올라-〈선〉〈설볼할〉"소리에서 격하된 "큰-〈할〉한 묏부리-〈볼〉이 〈할볼〉"소리로 다듬어 쓰는 글귀이름이므로 옛적은 대수부(大首府), 대수도(大首都)에서 뒷날 대부(大府), 대도(大都)로 이름 지은 글귀이름이다.

⑨ 〈할볼〉소리 하빈(河濱)

대구(大邱) 부근의 하빈(河濱)은 〔허삔〕음자로 "큰-〈할〉한 묏부리-〈볼〉이 〈할볼〉"소리를 표음한 음표명으로 중국어인 대부(大府), 대도(大都)이므로 그 먼저는 "묏부리-〈볼〉이에 크게-〈할〉하게 올라-〈선〉〈설할볼〉"소리 대수부(大首府), 대수도(大首都)로 역사를 이룩하다가 왕국시대에 〈설〉소리를 버리고 대부(大府), 대도(大都)로 삼은 글귀이름으로 바뀌었다.

⑩ 〈할볼〉소리 하얼빈(哈爾濱)

하얼빈(哈爾濱)은 중국음 〔하얼삔〕음자로 〈하얼볼→할볼〉소리를 표음한 음표명으로 "큰-〈할〉한 묏부리-〈볼〉이 〈할볼〉"소리

글귀이름으로서 오늘날은 북방의 대부(大府), 대도(大都)로 삼아
온 글귀이름이지만, 옛적 〈설할볼〉소리 대수부(大首府), 대수도
(大首都)에서 변천한 〈할볼〉소리를 울리고 있는 글귀이름이다.

〈할볼〉소리 일본(日本)-횡빈(橫濱)

일본의 횡빈(橫濱)은 〔헝삔〕음자로 "큰-〈할〉한 묏부리-〈볼〉
이 〈할볼〉"소리를 표음한 글귀이름으로 대부(大府), 대도(大
都)로 삼은 고을이다. 그렇다면 옛 "묏부리-〈볼〉이에 크게-
〈할〉하게 올라-〈선〉 〈설할볼〉"소리로 일컫는 대수부(大首府),
대수도(大首都) 고을에서 〈설〉소리를 없앤 대부(大府), 대도
(大都)로 삼은 글귀이름이다.

이 고을은 일찍이 "봉(峰)우리-〈울〉이에 올라-〈선〉 〈선울〉"
소리를 중국음 〔썅우〕음자 상무(相武)로 표음하고, "영(嶺)마
루-〈몰〉우에 올라-〈선〉 〈선몰〉"소리는 중국음 〔썅뭐〕음자
상모(相模)로 표음한 짝소리로 일컫는 수부(首府), 수도(首
都)라는 글귀이름이었다.

따라서 옛적 한 나라의 "영(嶺)마루-〈몰〉우에 크게-〈알〉하
게 올라-〈선〉 〈설몰알〉"소리는 대수부(大首府)나 대수도(大首
都)를 일컫는 글귀이름으로 삼고, "영(嶺)마루-〈몰〉우에 올
라-〈선〉 〈선몰〉"소리는 수부(首府), 수도(首都)를 일컫는 글
귀이름으로 삼았다가 오늘날은 "큰-〈할〉한 묏부리-〈볼〉이 〈할
볼〉"소리를 대부(大府), 대도(大都)를 일컫는 글귀이름으로
삼은 유서 깊은 이름소리를 지니는 고을이다.

〈안볼〉소리 일본(日本)-안방(安房)

일본의 안방(安房)은 〔안방〕음자로 "큰-〈안〉한 묏부리-〈볼〉

이 〈안불〉"소리를 표음한 대부(大府), 대도(大都) 고을이므로 그 옛은 "묏부리-〈불〉이에 크게-〈안〉하게 올라-〈선〉〈설안 불〉"소리를 일컫는 글귀이름 대수부(大首府), 대수도(大首都) 에서 변천한 대부(大府), 대도(大都) 고을이다.

따라서 우리 나라의 안변(安邊)과 일본(日本)의 안방(安房)은 같은 〈안불〉소리를 표음한 대부(大府), 대도(大都) 고을이다. 또 한 우리 나라 하빈(河濱)과 일본의 횡빈(橫濱)은 같은 〈할불〉소 리를 표음한 대부(大府) 대도(大都) 고을이라는 글귀소리를 말하 고 있다. 그런데 오직 한쪽에서만이, 곧 일본(日本)만이 이를 가 당치도 않은 '요꼬하마 : ㅋㅋㅎㅏㅁㅏ'라고 풀이하는데, 이러한 궤변 (詭辯)은 역사를 우롱하는 자기기만이며 헛소리에 불과하다.

(2) 〈술선불할〉소리는 대수도(大首都)

〈술선불할〉소리 이름을 때로는 〈술선부리→술선불〉이나 〈술선 불〉소리로 부르기도 하는 글귀이름이다.

① 〈술선부리→술선불〉소리는 대수도(大首都)
〈술〉소리는 정(頂)'수리'란 말이며 〈불〉소리는 묏'부리'나 '불' 거지다는 뜻이지만, 모음조화로 〈볼〉이나 〈벌〉소리가 나기도 한 다. 〈선〉소리는 '서다'는 동사의 진행형이나 완료형으로 어딘가 에 올라서거나 우뚝 일어선 형상을 말하는 데 쓰인다.

따라서 "정(頂)'수리'-〈술〉이에 올라-〈선〉 불거져-〈불〉이 진 고을은 〈술선부리→술선불〉이"라 일컫는 〈술선부리〉소리를 우리 나라에서는 중국음 〔씨싼뿌리〕음자 석산부리(石山夫 里)로 표음한 글귀이름으로 삼았다. 일본(日本)으로 건너간 사람들에게는 이 말이 〔씨쌍뿌류〕음자 석상포류(石上布留)로 표음한 글귀이름으로 수부봉(首府峰)이라는 뜻으로 쓰였다.

나아가 "정(頂)'수리'-〈술〉이에 불거져-〈부리〉진 〈술부리〉" 소리는 중국음 〔쒀부리〕음자 소부리(所夫里)로 표음하여 부 봉(府峰)을 말하는 글귀이름으로 삼았다.

가장 짧게 "뫼부리-〈볼〉이에 올라-〈서〉는 〈서볼〉"소리는 중국음 〔쓰삐〕음자 사비(泗沘)로 표음한 글귀이름으로 수도 (首都), 수부(首府)란 뜻을 말하고 있다. 그러므로 이름마다 수도(首都), 수부(首府)를 말하거나 부봉(府峰)이나 수부봉(首 府峰)을 구별지어 이름 불렀는데, 이것이 오늘날의 부여(扶 餘)이다.

이 고을에 살던 〈술선부리〉 나라의 지배층 일부가 백제(百濟) 에 나라를 빼앗기고 일본(日本)으로 망명하여 오늘날의 내량(奈 良)에 정착했다. 이들은 고국의 이름을 딴 〈술선부리〉신궁(神宮) 을 짓고 〔씨쌍뿌루〕음자 석상포류(石上布留) 신궁(神宮)이라고 이 름 지었는데, 이 '신궁(神宮)'은 오늘날까지 보전되고 있다. 칠지 도(七枝刀)를 소장하고 있는 곳이 바로 이곳이다.

※ 칠지도(七枝刀)와 "신성(神聖) 영무왕(英武王)-근구수왕(近 仇首王) 대칭 근귀수왕(近貴首王)"과의 관계 : 칠지도(七枝刀) 에 명각(銘刻)된 왕세자(王世子) 기생성음(奇生聖音)은《삼국 사기(三國史記)》의 백제왕(百濟王) 구수왕(仇首王) 또는 귀수 왕(貴首王)이라는 짝소리 글귀이름을 지녔던 사람의 올바른 글귀이름이다.

　　그는 생전에 〈쥐술설알〉소리 이름을 쓰면서 평소 〈설〉소리
를 줄인 무른소리 〈쥐술알〉소리는 중국음 〔취쑤왕〕음자 구수
왕(仇首王)으로 표음하고, 굳은소리 〈귀술알〉소리는 중국음
〔꿰쑤왕〕음자 귀수왕(貴首王)으로 표음한 음표명으로 부르던
사람이다.

　● 평소 "통제하여-〈쥐〉는 정(頂)'수리'-〈술〉이에 크게-〈알〉
하게 올라-〈선〉 〈쥐술설알〉"소리는 중국음 〔치썽썽인〕음자
기생성음(奇生聖音)으로 표음한 글귀이름을 쓰고 살았다.

　● 이를 짧게 줄여, 무른소리로 "통제하여-〈쥐〉는 큰-〈알〉
한 정(頂)'수리'-〈술〉이 〈쥐술알〉"소리는 〔취쑤왕〕음자 구수
왕(仇首王)으로 표음한 글귀이름을 쓰고 살았다.

　● 굳은소리로 "통제하여-〈귀〉는 큰-〈알〉한 정(頂)'수리'-
〈술〉이 〈귀술알〉"소리는 〔꿰쑤왕〕음자 귀수왕(貴首王)으로
표음한 글귀이름을 쓰는 짝소리 이름으로 부르던 사람이다.

　● 이 왕(王)이 죽은 뒤에 시호(諡號)하기를 무른소리 〈쥔
쥐술알〉소리는 중국음 〔진취쑤왕〕음자 근구수왕(近仇首王)으로
표음하고, 굳은소리 〈쥔귀술알〉소리는 〔진꿰쑤왕〕음자 근귀수
왕(近貴首王)으로 표음한 글귀이름으로 시호한 왕이다. 〈쥔〉
소리는 빛나다, 신성(神聖)하다, 신비(神秘)하다, 성(聖)스럽
다는 뜻으로 쓰는 말이다.

　● 따라서 "정(頂)수리-〈술〉이를 통제하여-〈쥐〉는 〈쥐술〉"
소리는 결국 뛰어나다, 영무(英武)하다, 영요(英勇)하다는 뜻
으로 쓰는 말이므로, 그렇다면 "신성(神聖)하게-〈쥔〉하게 영
무(英武)한-〈쥐술〉이 왕(王)"이라는 뜻으로 시호한 사람임을
알 수 있다.

※ 몽고(蒙古)의 영웅(英雄) 성길사한(成吉思汗)의 중국음 〔청지쓰한〕음자는 무른소리 〈쿠쥐술한〉소리를 표음한 글귀이름이며, 굳은소리를 라틴어로 표음한 〔JinghisKan〕음자는 〈쿠귀술칸〉소리를 표음한 글귀이름 시호(諡號)의 짜임새와 그 쓰임새가 똑같은 이름소리를 지니는 시호이다.

이렇게 같은 무른소리 〈쿠쥐술알〉소리를 표음한 중국음 〔진취쑤왕〕음자 근구수왕(近仇首王)은 〔청지쓰한〕음자 성길사한(成吉思汗)으로 표음한 시호에 앞서고, 굳은소리 〈쿠귀술알〉소리를 표음한 중국음 〔진꿔쑤왕〕음자 근귀수왕(近貴首王)은 〔JinghisKan〕음자 〈진기스칸〉을 표음한 대칭적 시호에 수백년(數百年) 앞선 우리 짜임말귀[語句構造]로 이름 지은 시호(諡號)를 접하게 된다.

따라서 아시아에서 가장 먼저 우리말 말귀[語句]로 짜맞춘 "〈쿠쥐술알〉소리 대칭 〈쿠귀술알〉소리로 신성(神聖) 영무왕(英武王)"이란 이름으로 시호(諡號)한 글귀이름을 울리는 최초의 사람이다.

② 〈설수랄〉소리 생서량(生西良)과 〈술선불〉소리 서생포(西生浦)

"정(頂)'수리'-〈술〉이에 크게-〈알〉하게 올라-〈선〉 〈설술알→설수랄〉"소리는 대수부(大首府), 대수도(大首都)를 일컫는 이름이라면 "정(頂)수리-〈술〉이에 올라-〈선〉 〈선술〉"소리는 수부(首府), 수도(首都)를 일컫는 글귀이름이었다.

나아가 이 글귀이름은 〈술선부리→술선불〉소리를 짝소리로 간직하여 대칭시켜 쓰는 이름이기도 하다. 따라서, "정(頂)수리-〈술〉이에 올라-〈선〉 붉거진-〈불〉이 〈술선불〉"소리는 〔씨썽퓨〕음자 서생포(西生浦)로 표음한 글귀이름으로 솟아오른 수도, 곧 용립수도(聳立首都), 용립수부(聳立首府)를 뜻하는 이름이라면, 짧게 "정(頂)수리-〈술〉이에 올라-〈선〉 〈선술〉"소리는 수부(首府), 수도

(首都)를 뜻하는 이름으로 삼고, "묏부리-〈불〉이에 올라-〈선〉〈선불〉"소리도 수부(首府), 수도(首都)를 일컫는 이름이었다.

"정(頂)수리-〈술〉이에 올라-〈선〉 크게-〈할〉하게 불거져-〈불〉이진 〈술선불할〉"소리는 대용립수부(大聳立首府), 대용립수도(大聳立首都)를 일컫는 글귀이름이다.

"정(頂)수리-〈술〉이에 크게-〈알〉하게 올라-〈선〉〈설술알→설수랄〉"소리는 〔썽씨량〕음자 생서량(生西良)으로 표음한 글귀이름은 대수부(大首府), 대수도(大首都)를 일컫는 이름으로 삼고, "묏부리-〈불〉이에 올라-〈선〉〈선불→서불〉"소리는 수부(首府)를 일컫는 글귀이름으로 삼았을 것이며, "정(頂)수리-〈술〉이에 올라-〈선〉〈설술〉"소리를 표음한 글귀이름은 결국 수부(首府), 수도(首都)를 일컫는 이름이다.

이렇게 우리 조상들은 수도(首都), 수부(首府)와 대수도(大首都), 대수부(大首府)를 일컫는 글귀이름을 다양하고 다채롭게 쓰고 살았음을 읽을 수 있다.

3. 〈서울〉이나 〈서불〉소리 수부(首府), 수도(首都)에서 이룩하는 기능(機能)과 역할을 일컫는 글귀이름의 변천(變遷)

3.1. 세 나라 시대〔三國時代〕 및 그 이전의 〈잘쥔불〉소리와 〈잘서할→잘할→잘알→자랄〉소리의 글귀이름

(1) 〈잘쥔불→잘불〉소리와 〈쥔불〉소리의 글귀이름

초기국가〔고을나라〕 시대의 모든 나라는 수도(首都), 수부(首府)

를 일컫는 〈서울〉이란 글귀이름 이외에 또다른 이름을 곁들여 부르는 글귀이름이 있었는데, 이것을 〈잘쥔볼〉소리로 일컫거나 더 짧게 〈잘볼〉소리나 〈쥔볼〉소리로 부르던 이름은 나라 정치를 재결(裁決), 통제(統制)하는 몇몇 성씨(姓氏)들의 집정(執政), 재결체(裁決體) 또는 의결체(議決體)를 말하는 글귀이름이었다.

① 나라 안에서의 초기 국회(國會)-〈잘쥔볼→잘볼→쥔볼〉소리의 글귀이름

i) 〈잘볼〉소리 졸본(卒本)·고구려(高句麗) : 고구려(高句麗)의 수도(首都), 수부(首府) 이름으로 혼돈하는 졸본(卒本)의 중국음〔주뻰〕음자는 "재결(裁決)하여-〈잘〉으는 묏부리-〈볼〉이 〈잘볼〉"소리를 표음한 글귀이름이다.

ii) 〈잘볼〉소리 좌평(佐平)·백제(百濟) : 백제(百濟)의 최고 벼슬 좌평(佐平)의 중국음〔줘핑〕음자나 좌보(左補)의〔줘뿌〕음자는 옛 재결기구 "재결하여-〈잘〉으는 묏부리-〈볼〉이, 곧 〈잘볼〉"소리를 표음한 글귀이름이다.

iii) 〈잘볼〉소리 탁평(啄評)·신라(新羅) : 신라(新羅)는 중국《남사(南史)》의 〈신라전(新羅傳)〉에서 중앙(中央) 정치기구 이름을 중국음〔줘뼁〕음자 탁평(啄評)으로 표음한 음표명이나 좌보(左補)의〔줘뿌〕음자 등은 옛 재결기구 "재결하여-〈잘〉으는 묏부리-〈볼〉이 〈잘볼〉"소리를 표음한 글귀이름이다.

iv) 〈잘볼〉소리 종발(從拔)·임나(任那) : 임나(任那)는 광개토왕능비(廣開土王陵碑)에서 기술한 임나가라(任那加羅)로서, 여기에 나온 종발성(從拔城)이란 종발(從拔)의 중국음〔춍바〕음자는 옛 재결기구 〈잘볼〉소리를 표음한 글귀이름이며,《삼국사기》나《삼국유사》의 〈물계자전(勿稽子傳)〉에 나오는 굴불성(屈弗城)의 중국음〔취부〕음자는 옛 재결기구 〈줘볼〉소리를 표음한 〈잘볼-쥔볼〉

소리이며, 이는 원래 〈잘퀀볼→잘볼→퀀볼〉소리 쓰임새로 일컫는 글귀이름이다.

v) 〈잘볼〉소리 주포(主浦)·금관(金官) : 금관국(金官國)의 주포(主浦)의 중국음 〔주퓨〕음자는 옛 재결기구 〈잘볼〉소리를 표음한 글귀이름이며, 구지봉(龜旨峰)의 중국음 〔쥐즈벙〕음자는 〈쥐ㅈ볼→쥧볼→퀀볼〉소리를 표음한 글귀이름이므로, 애초에 〈잘퀀볼〉소리로 일컫다가 짧게 〈잘볼〉소리는 주포(主浦)로 표음하고, 〈퀀볼〉소리는 구지봉(龜旨峰)으로 표음했다고 보는 것이다.

vi) 〈잘볼〉소리 가평(加平) : 오늘날의 경기도 가평(加平) 또는 가평(嘉平)은 옛 재결기구 〈잘볼〉소리를 표음한 음표명이고, 일명 근평(斤平)은 〈퀀볼〉소리를 표음한 음표명이므로 먼저 〈잘볼〉소리는 중국음 〔쟈핑〕음자 가평(加平)이나 가평(嘉平)으로 표음하고, 〈퀀볼〉소리는 근평(斤平)의 중국음 〔진핑〕음자로 표음하여 옛 재결기구 글귀이름 〈잘퀀볼→잘볼→퀀볼〉소리를 고을이름으로 삼은 예이다.

vii) 〈퀀볼〉소리 진번(眞番) : 옛 진번국(眞番國)이란 진번(眞番)의 중국음 〔전반〕음자는 옛 재결기구 글귀이름 〈퀀볼〉소리를 표음한 글귀이름이므로 〈잘볼〉소리는 잠겨 있다고 보아야 한다.

viii) 〈퀀볼〉소리 근품(近品), 김포(金浦), 청풍(淸風) : 문경군(聞慶郡) 산양(山陽)의 옛이름 근품(近品)의 중국음 〔진핑〕음자는 〈퀀볼〉소리를 표음한 글귀이름이며, 김포(金浦)의 중국음 〔진퓨〕음자는 〈퀀볼〉소리를 울리고, 청풍(淸風)의 중국음 〔칭벙〕음자도 〈퀀볼〉소리를 표음한 글귀이름으로 〈잘볼〉소리가 잠겨 있을 것이다.

따라서 〈잘퀀볼〉소리를 짧게 한 〈잘볼〉소리는 졸본(卒本)이나 좌평(佐平), 좌보(左補), 탁평(啄評), 가평(加平), 가평(嘉平), 종발(從拔), 주포(主浦) 등으로 표음한 글귀이름으로 부르고, 〈퀀볼〉소리는 진번(眞番)이나 구지봉(龜旨峰), 근품(近品), 근평(斤平),

김포(金浦), 청풍(淸風) 등으로 표음한 글귀이름들이 옛 재결기구
-국회(國會)가 있었던 고을이라는 말이다.

② 우리 나라 밖에서의 〈잘쥔불→잘불→쥔불〉소리의 글귀이름

i) 〈잘불〉소리 'Japan' : 서양에서 일본(日本)을 일컬을 때 쓰는
'Japan'은 옛 재결기구를 이르는 〈잘불〉소리의 알파벳 표음이며,
마르코 폴로가 《동방견문록(東方見聞錄)》에서 말한 'Jippang'이라
는 표음명은 〈쥔불→줮불〉소리를 표음한 글귀이름이다.

따라서 맨 처음에 〈잘쥔불〉소리를 짧게 나타낸 〈잘불〉소리를
'Japan'으로 표음하고 〈쥔불〉소리를 'Jippang'로 표음하던 글귀이
름은 의결기구(議決機構)나 재결지구(裁決機構) 같은 정치기구를
일컫던 것이었다.

ii) 〈잘불〉소리 갑배(甲裴) : 일본(日本) 갑부(甲府)는 옛 갑배국
(甲裴國)으로서, 갑부(甲府)의 중국음 〔쟈부〕음자는 〈잘불〉소리를
표음한 글귀이름이며, 모음조화로 인한 〈잘불〉소리는 〔쟈폐〕음자
갑배(甲裴)로 표음한 글귀이름은 결국 일본(日本)을 일컫는
〈Japan〉소리와 같은 글귀이름이므로 다른 〈쥔불〉소리가 잠겨 있
다고 보아야 할 것이다.

iii) 〈쥔불〉소리 기부(岐阜), 길비(吉備) : 일본(日本) 기부(岐阜)의
중국음 〔치부〕음자는 〈쥐불〉소리를 표음하고, 길비(吉備)의 중국
음 〔지폐〕음자는 〈쥐불〉소리를 표음하는 〈쥔불-쥐불〉소리는 〈잘
불〉소리가 잠겨 있고 〈잘불〉소리는 〈쥔불〉소리가 잠겨 있는 셈
이다.

iv) 〈쥔불〉소리 곡부(曲阜) : 중국(中國)의 옛 노(魯)나라의 수도
(首都) 곡부(曲阜)의 중국음 〔쥐부〕음자는 〈쥐불〉소리를 표음한
글귀이름이므로 여기서는 〈잘불〉소리가 잠겨 있는 것이다.

이상과 같이 우리 나라 안팎에는 옛적에 중국어로 수도(首都), 수부(首府)인 〈서울〉에서 나라 살림살이를 〈잘쥔불〉하거나 〈잘불〉하며 〈쥔불〉하는 통치 행위를 수행하는 재결기구(裁決機構), 의결기구(議決機構)가 소재하며 그 구성원이 살고 있는 고을이 바로 〈서울〉이므로 이 기구명(機構名)을 종종 수도(首都), 수부(首府)이름으로 간주하기도 했다.

따라서 〈잘쥔불→잘불→쥔불〉소리는 우리말 말귀〔語句〕로 짜맞춘 짜임말귀〔語句構造〕로 〈잘〉소리는 '자르다', '끊다', '벤다'는 뜻은 중국어 재결(裁決), 의결(議決)이나 재단(裁斷)의 뜻으로 볼 수 있다.

〈쥔〉소리는 '잡아쥔다'는 말의 진행형으로 제어(制御), 통제(統制), 통치(統治), 명령(命令), 지배(支配) 등의 뜻으로 쓰며, 〈불〉소리는 〈불〉소리가 모음조화로 〈볼〉이나 〈벌〉소리가 나기도 하는 묏부리나 불거지다는 뜻이다.

"재결(裁決)하여-〈잘〉으고 통제(統制)하여-〈쥔〉 묏부리-〈불〉의 〈잘쥔불〉"소리를 짧게 "재결하여-〈잘〉으는 묏부리-〈불〉이는 〈잘불〉"소리로 말하고, "통제하여-〈쥔〉 묏부리-〈불〉이는 〈쥔불〉"소리로 말하기도 했다.

초기국가〔고을나라〕들의 재결집단-의결집단이 나라 살림을 "재결(裁決)하여-〈잘〉으고 통제(統制)하여-〈쥔〉 묏부리-〈불〉이 〈잘쥔불→잘불→쥔불〉"소리는 재결기구(裁決機構), 의결기구(議決機構)를 일컬었으므로, 현대말로 말한 나라의 최고 의결기구(議決機構), 오늘날의 국회(國會)를 일컫는 최초의 우리말 짜임말귀〔語句構造〕로 말하는 글귀이름임을 알 수 있다.

이런 글귀이름을 통하여 살펴보건대, 우리 나라의 초기 정치에서는 처음부터 집단지배(集團支配) 형식을 취했다는 것을 글귀이름으로 읽을 수 있다. 따라서 이런 글귀이름을 지니는 고을들은 옛적에 〈잘볼〉하거나 〈쥔볼〉하는 정치기구가 소재하던 초기국가 〔고을나라〕 〈서울〉이라는 고증이기도 하다.

(2) 〈잘서할→잘할→잘알→자랄〉소리의 글귀이름

초기국가〔고을나라〕 〈서울〉에는 재결, 통치하는 집단이 살고 있어 정치를 이끌어 나가고 그들이 사는 구역(區域)이나 성(城)을 〈잘서할→잘할→잘알→자랄〉소리로 말하고 살아온 글귀이름을 읽을 수 있다.

① 우리 나라 안에서의 〈잘서할→잘할→잘알→자랄〉소리의 글귀 이름

i) 〈잘서할〉소리 조선(朝鮮) : 옛 아사달(阿斯達) 조선(朝鮮)의 중국음 〔자오쏀〕음자는 〈잘서할〉소리를 표음한 음표명으로 말하는 글귀이름이다.

ii) 〈잘서할〉소리 조선(朝鮮) : 진번조선(眞番朝鮮)의 진번(眞番)은 재결기구를 일컫는 〈쥔볼〉소리라면 조선(朝鮮)의 중국음 〈자오쏀〉이므로, 진번조선은 의결기구가 소재(所在)하는 고을이름 〈잘서할〉소리를 표음한 〈쥔볼잘서할〉소리의 글귀이름이다.

iii) 〈잘서할〉소리 조선(朝鮮) : 예맥조선(濊貊朝鮮)은 〈휈몰잘서할〉소리를 표음한 것으로서, 예맥조선(濊貊朝鮮)이라는 글귀이름도 결국 처음의 〈잘서할〉소리-조선(朝鮮)은 〈잘할〉소리-창해(滄海)라고 칭하다가 〈잘안〉소리-장안(長安)으로 변한 이름으로 불리었다.

iv) 〈잘서할〉소리 가사(加邪) : 남(南)쪽 여러 나라에서 처음 부르던 가사(加邪)의 중국음 〔쟈쎄〕음자는 〈잘서할〉소리를 표음한 글귀이름이다.

〈잘할〉소리 장함(獐舍), 강화(江華), 교하(交河)

의령(宜寧)의 옛이름 장함(獐舍)의 〔장한〕음자는 〈잘한〉소리를 표음한 글귀이름이고, 강화(江華)의 중국음 〔쟝화〕음자와 교하(交河)의 중국음 〔좌허〕음자는 〈잘할〉소리를 표음한 음표명(音標名)으로 말하는 글귀이름이다.

〈잘알→자랄〉소리 가야(加耶), 가야(伽倻),
가량(加良), 가락(駕洛), 가라(加羅)

〈할〉소리의 'ㅎ'을 탈락시킨 〈잘알〉소리는 〔쟈예〕음자 가야(加耶)나 가야(伽倻)로 표음하고, 'ㄹ' 받침이 뒤로 처지는 〈잘알→자랄〉소리는 〔쟈랄→쟈뤄→쟈뤄〕음자 가량(加良), 가락(駕洛), 가라(加羅)로 표음한 음표명들은 'ㄹ' 받침의 울림가락 차이일 뿐 뜻은 아무런 차이가 없는 같은 글귀이름이다.

● 따라서 "재결하여-〈잘〉으고 크게-〈할〉하게 일어-〈서〉는 〈잘서할〉"소리는 조선(朝鮮)으로 표음하거나 가사(加邪)의 중국음 〔쟈쎄〕음자로 표음했다.

● 짧게 줄여 "크게-〈할→한〉하게 재결하여-〈잘〉으는 〈잘할→잘한〉"소리는 창해(滄海)로 표음하거나 강화(江華)의 중국음 〔쟝화〕음자와 교하(交河)의 중국음 〔좌허〕음자나 장함(獐舍)의 〔장한〕음자로 표음했다.

● 〈ㅎ〉을 탈락시켜 "크게-〈알〉하게 재결하여-〈잘〉으는 〈잘알〉"소리는 가야(加耶)의 중국음 〔자예〕음자나 가야(伽倻)의 중국음 〔체예〕음자로 표음했다.

● 〈잘〉소리의 'ㄹ' 받침이 뒤로 처지면서 나는 "크게-〈알〉하게 재결하여-〈잘〉으는 〈잘알→자랄〉"소리는 가량(加良)의

중국음 〔쟈량〕음자나 가라(加羅)의 중국음 〔쟈뤄〕음자와 가락(駕洛)의 중국음 〔쟈뤄〕음자로 표음한 글귀이름은 모두 같은 나라마다 있는 '대재결(大裁決)'-"재"나 '대재결'-"성(城)"을 일컫는 'ㄹ' 받침의 울림차이를 나타낸 글귀이름이다.

따라서 고구려(高句麗)가 처음 창해(滄海)로 표음한 〈잘할〉소리는 평양(平壤)으로 옮긴 뒤의 장안(長安)성에 이르러서는 "크게-〈안〉하게 재결하여-〈잘〉으는 〈잘안〉"성(城)이란 글귀이름으로 〈서울〉의 중심 성(城)을 일컬었다. 처음 재결집단이 살고 있는 고을을 일컫다가 세 나라〔三國〕이후에는 왕(王)과 재결(裁決)하는 집단이 사는 성(城)을 일컫는 이름이 되어 근세까지 '왕이 거주하는 〈서울〉 성내(城內)'를 장안(長安)이라고 일컫게 되었다. 이 말은 옛 통치하는 '대재결성(大裁決城)'을 이름 부른 〈잘안〉소리를 물려받은 글귀이름이다.

● 이런 이름은 이 밖에도 남으로 내려오면 고령(高靈)의 대가야(大加耶), 고성(固城)의 본가야(本加耶), 함안(咸安)의 아라가야(阿羅加耶), 성주(星州)의 성산가야(星山加耶), 함창(咸昌)의 고령가야(固寧加耶), 창녕(昌寧)의 비자가야(比自加耶) 등 각기(各己) 〈잘알-잘안〉소리로 말하는 각각(各各)의 가야(加耶)소리는 여러 나라 재결성(裁決城)을 일컫는 뜻이 같은 공통명사(共通名詞) 〈잘알-잘안〉'소리'를 표음한 각이(各異)한 나라들의 각이한 재결성(裁決城)을 열거한 글귀이름이다.

이렇게 수많은 공통적(共通的)이고 각이(各異)한 〈잘알→자랄〉소리 이름들을 어떻게 하나의 '공통적 가야국(加耶國)'으로 가공(架空)했으며, '가야사(加耶史)'란 어느 시대, 어디를 두고 말하는 것인지, 도대체 어느 나라가 가야국(加耶國)이란 말이며 언제 '가야국'을 이룩했다는 말인지, 말귀〔語句〕

도 모르는 허황된 '걸게 그림' 같은 가야국(加耶國)을 들먹이
는 데 놀라지 않을 수 없다.

　나아가 많은 역사학자 교수들이 '말귀〔語句〕도 모르고' '영
역도 모르는' 막연한 '가야사(加耶史)'를 어루만지며 허공에
그리는 상주(尙州) 함창(咸昌)의 고령가야(固寧加耶)는 분명
히 낙동강(洛東江) '상류'에 위치하고, 성주(星州)의 성산가야
(星山加耶)와 고령(高靈)의 대가야(大加耶)는 낙동강 '중류'에
위치하며, 금관가야(金官加耶)는 낙동강 '하류'에 위치하는
나라들인데, 이른바 가야국(加耶國) 영역이 아디까지이며 어
떤 형태로 존재했는지 밝히지도 못하는 가야사(加耶史)를 끊
임없이 들먹거리고 있다. 더욱이 국어사전(國語辭典)조차 '낙
동강 하류에 위치한 여섯가야'라고 무책임하게 풀이하는 짓
을 일삼고 있다. 나랏말을 연구하는 국어학자들마저 말귀〔語
句〕도 모르는 허황된 역사 풀이를 하는 풍조는 놀랄 일이
아닐 수 없다.

② 우리 나라 밖에서의 〈잘할〉소리의 글귀이름
　i) 〈잘할〉소리 찰황(札幌) : 일본(日本) 북해도(北海道)의 중심도
시 찰황(札幌)의 중국음 〔자황〕음자는 옛이름 "〈잘할〉소리를 표음
하여 크게-〈할〉하게 재결하여-〈잘〉"으는 고을이란 글귀이름이지만,
속칭 '삿뽀로 : サッポロ'라고 읽는 글귀이름은 옛적 〈잘불〉소리
의 〈살〉소리는 'ㄹ' 받침을 일본말 〈쓰 : ツ〉소리로 바꾸어 〈잘 :
ザル→サル→サツ〉소리로 전화시킨 〈잘불→잘ㅂㄹ : ザッポロ→
サッポロ〉소리를 간직하는 글귀이름으로 계승하고 있다.
　ii) 〈잘할〉소리 가하(加賀) : 일본(日本) 가하(加賀)의 중국음 〔쟈
허〕음자는 옛이름 〈잘할〉소리를 표음한 음표명으로 "크게-〈할〉

하게 재결하여-〈잘〉으는 〈잘할〉" 고을이었다는 글귀이름이다.

iii) 〈잘할〉소리 자하(滋賀) : 일본(日本) 자하(滋賀)의 중국음〔즈허〕음자는 옛이름 "〈잘할〉소리를 표음하여 크게-〈할〉하게 재결하여-〈잘〉"으는 고을이었다는 글귀이름이다.

iv) 〈잘할〉소리 좌하(佐賀) : 일본(日本) 좌하(佐賀)의 중국음〔줘허〕음자도 옛이름 "〈잘할〉소리를 표음한 크게-〈할〉하게 재결하여-〈잘〉"으는 고을이었다는 글귀이름이다.

이렇게 오늘날의 일본 최북단에서 최남단에 이르는 고을이름 가운데는 옛 나라의 재결성(裁決城)이라는 글귀이름이 오늘날까지 숨쉬고 있으므로, 일본의 전(全) 영역에까지 우리 조상들이 쓰던 〈잘할〉소리를 그곳에서도 쓰다가 그대로 중국의 음표명(音標名)으로 남겨 오늘날까지 잘 보존되어 있다.

따라서 아시아 대륙의 넓은 지역에 걸쳐 〈잘쥔볼〉소리나 〈잘볼〉 또는 〈쥔볼〉소리는 재결기구(裁決機構), 의결기구(議決機構)를 일컫는 글귀이름으로 삼아 곁들이고, 〈잘할→잘알→자랄〉소리나 〈잘안〉소리는 재결성(裁決城), 의결성(議決城)을 일컫는 글귀이름으로 삼아 곁들여 초기국가〔고을나라〕 시대에서 세 나라 시대〔三國時代〕까지 오랫동안 쓰던 글귀이름임을 글귀소리로 말해주고 있다.

일본에서도 재결기구, 의결기구는 〈잘쥔볼→잘볼→쥔볼〉소리로 일컫고, 재결성, 의결성은 〈잘할〉소리로 일컬으며 오늘날까지 보존하고 있다.

3.2. 세 나라 시대〔三國時代〕의 국회(國會)-〈휄볼〉소리의 글귀 이름

(1) 〈휄볼〉소리 홀본(忽本)-고구려(高句麗)

고구려(高句麗)는 왕국의 기틀이 잡히자 〈잘퀀볼→잘볼〉소리의 글귀이름을 버리고 시대 상황에 맞는 고차원적인 〈휄볼〉소리로 일컬으며 홀본(忽本)으로 표음한 글귀이름을 남겼다.

〈휄〉소리는 〈훌웨〉소리가 오므라진 〈훌웨→휄〉소리는 '훤칠하다'는 〈훤〉소리와 같은 뜻의 〈훼-휄〉소리는 정(頂)수리란 〈술→훌→울〉소리와 뫼-산(山)이란 겉소리 〈웨〉소리를 엮은 〈술웨→훌웨→휄〉소리로 오므라진 '훤칠한 뫼정수리나 뫼마루'같은 두드러진 형상을 일컫고, 〈볼〉소리는 〈불〉소리가 모음조화로 〈볼〉이나 〈벌〉소리가 된 뫼부리나 불거지다는 뜻이다.

따라서 "훤칠한 뫼마루-〈휄〉에 크게-〈한〉하게 불거진-〈볼〉이란 〈휄볼한→휄볼〉"소리는 두드러진 "한"들-귀족들의 통치기구-재결기구란 글귀이름이다. 동시에 〈휄볼〉의 상층을 "〈선잘〉소리로 일컬어 일어-〈선〉 재결하여-〈잘〉"은 사람이란 글귀이름을 상가(相加)의 중국음 〔쌍쟈〕음자로 표음하여 글귀이름으로 삼았다.

(2) 〈휄볼〉소리 화백(和白)과 훼평(喙評)-신라(新羅)

《당서(唐書)》의 〈신라전(新羅傳)〉에서 기술한 〔훼핑〕음자 훼평

(喙評)으로 표음한 글귀이름이나 그들 스스로 화백(和白)의 〔허빼〕음자로 표음한 〈휄볼〉소리의 글귀이름은 고구려(高句麗)가 홀본(忽本)으로 표음하던 글귀이름과 같이 "훤칠한 묏마루-〈휄〉에 크게-〈한〉하게 붉거진-〈볼〉이 〈휄볼한→휄볼〉"소리 글귀이름은 6부(部) 족장 귀족들만이 참가하는 "재결하는 훤칠한-〈휄〉한 묏부리-〈볼〉"이를 뜻하는 오늘날의 국회(國會)를 일컫는 삼국시대 글귀이름이다.

이 〈휄볼〉의 의장(議長)은 상대등(上大等)의 중국음 〔쌍따떵〕음자로 표음한 음표명으로 "일어-〈선〉 모두-〈다〉 제압하여 누르고-〈달〉이는 〈설다달〉"이라는 직책이다.

부의장은 전대등(典大等)의 중국음 〔텐따떵〕음자로 "〈달다달〉소리를 표음하여 높이-〈달〉히 모두-〈다〉 제압하여 누르고-〈달〉"이는 직책이라는 소리말 이름을 지어 의결기구와 그 책임자 이름을 갖추어 〈휄볼〉을 운영했다. 상층부를 "일어-〈선〉 재결하여-〈갈〉으는 〈선갈〉소리는 성골(聖骨)"로 표음하고 "통제하여-〈쥔〉 재결하여-〈갈〉으는 〈쥔갈〉소리는 진골(眞骨)"로 표음했다.

3.3. 〈갈절불→갈절〉소리 고려(高麗)-개성(開城)과 〈갈볼〉소리 원(元)-개평(開平)과 송(宋)-개봉(開封)

(1) 〈갈절불→갈볼〉소리 감평(欿平)이나 개평(開平)과 개봉(開封)

세 나라 시대〔三國時代〕를 거쳐 신라(新羅) 시대에 이르기까지는 옛 유습이 있어 재결하여-〈잘〉으다는 〈잘〉소리를 쓰는 일방 굳은소리 〈갈〉소리를 쓰기도 했다.

'자르다'는 말을 '절단(切斷)', '재단(裁斷)', '재결(裁決)'의 뜻으로 삼아 나라 정치를 최종 결재하는 기구나 그 기구의 소재지(所在地)를 일컫는 이름을 어느 나라나 할 것 없이 옛적은 〈잘〉소리를 썼다면 고대 말(末)부터 굳은소리 〈갈〉소리를 쓰기도 했다.

〈갈〉소리는 '가르다'는 뜻이므로 따로따로 '나누다', '베다'는 뜻이면서 오늘날의 '칼-도(刀)'의 옛소리이기도 하므로 재결, 재단, 의결의 굳은소리 뜻으로 삼아 정치적 이름에 쓰기도 했다.

① 〈갈불〉소리 감평(欿平)-순천(順天)

순천(順天)의 백제시대(百濟時代) 이름 감평(欿平)의 중국음 [칸핑]음자는 옛이름 〈갈불〉소리를 표음한 글귀이름이다.

〈갈〉소리는 '가르다', '나누다', '벤다'는 뜻이지만 정치 행위에서는 재결(裁決), 의결(議決), 평결(評決)의 뜻으로 쓰는 말로 무른소리는 '자르다'는 〈잘〉소리를 대칭시켜 썼다.

옛적 세 나라 시대〔三國時代〕까지는 〈잘〉소리를 썼으나 개중에는 〈갈〉소리를 쓰는 나라도 있다가 고대 말경에는 굳은소리 〈갈〉소리가 보편화되었을 것이다.

〈불〉소리는 〈불〉소리가 모음조화로 〈볼〉이나 〈벌〉소리가 나기도 하는 묏부리나 불거지다는 뜻이다.

따라서 "재결(裁決)하여-〈갈〉으는 묏부리-〈볼〉이 〈갈볼〉"소리를 〈시울〉에 곁들여 '재결불이'라는 뜻으로 일킨는 글귀이름으로 삼았다고 볼 수 있다. 마치 〈서울〉을 졸본(卒本)이라고 일컫는 〈잘볼〉소리 이름이 〈서울〉과 하나로 유착(癒着)되어 쓰이던 현상과 같이 〈갈볼〉소리도 〈서울〉과 유착되고 있다.

〈갈볼〉소리 감평(欿平)이란 백제(百濟) 적 고을이름을 신라(新

羅)는 승평(昇平)으로 개칭한 중국음 〔썽핑〕음자는 〈설볼〉소리를 표음한 글귀이름이므로 이 고을은 옛적은 "묏부리-〈볼〉이에 올라-〈선〉 〈설볼〉"소리를 승평(昇平)으로 표음한 고을이면서 "〈선울〉이란 봉(峰)우리-〈울〉이에 올라-〈선〉" 곳으로서 또 다른 이름은 "재결하여-〈갈〉으는 묏부리-〈볼〉이 〈갈볼〉"소리를 감평(歛平)으로 표음하여 재결집단이 살고 있었다는 글귀소리를 울리고 있다.

② 〈갈볼〉소리 개평(開平)

김정호(金正浩)의 대동여지도(大東輿地圖)는 평남(平南) 개천(价川)을 중세까지 개평(開平)이라 칭했다고 고증하고 있다. 따라서 개평(開平)의 중국음 〔캐핑〕음자는 옛적에 "재결하여-〈갈〉으는 묏부리-〈볼〉이 〈갈볼〉"소리로 부르던 고을이라는 글귀이름이다.

〈갈볼〉소리 개평(蓋平)

옛 고구려(高句麗) 지역인 개평(蓋平)의 중국음 〔깨핑〕음자는 "재결하여-〈갈〉으는 묏부리-〈볼〉이 〈갈볼〉"소리를 표음한 글귀이름으로 옛적에 〈갈볼〉소리 집단이 살던 고을이라는 뜻이다.

---

③ 〈갈볼〉소리 원(元)의 개평(開平)

몽골족이 세운 원(元)의 상도(上都) 개평(開平)은 중국음 〔깨핑〕음자로 〈갈볼〉소리를 표음하여 몽골제국이 나라 정치를 "재결하여-〈갈〉으는 묏부리-〈볼〉이 〈갈볼〉"소리 글귀이름을 울리고 있다.

④ 〈갈볼〉소리 송(宋)의 개봉(開封)

송(宋)나라 수도(首都) 개봉(開封)은 한자 뜻으로는 '닫은-봉

(封)을 열어-개(開)'는 뜻이지만 황제(皇帝)가 나라를 다스리는 수도(首都)를 그렇게는 이름 짓지 않았을 것이다.

그렇다면 "재결하여-〈갈〉으는 묏부리-〈볼〉이 〈갈볼〉"소리를 〔캐붱〕음자 개봉(開封)으로 표음한 음표명으로 송(宋)나라 정치를 재결하여-〈갈〉으는 묏부리-〈볼〉이 고을을 〈갈볼〉소리로 이름 지은 글귀이름이라고 볼 수밖에 없다.

이상과 같이 우리 나라 안팎에는 옛적 무른소리 〈잘〉소리는 점차 잠겨들고 굳은소리 〈갈〉소리가 두드러지고 있음을 살필 수 있었다.

한문자를 쓰는 중국땅조차 우리가 쓰는 소리말 글귀이름이 널리 쓰이며 수도(首都), 수부(首府) 이름에 덧부쳐 쓰이는 사실(史實)은 그곳에 우리와 '같은 이름말을 쓰는 말갈래 사람들이 우세한 위치를 차지하고 있었다'는 증거이기도 하다.

(2) 〈갈절불→갈절〉소리 개성(開城)

읍호개성(邑號開城)에 하폐문(何閉門)이요, 산명송악(山名松岳)에 기문신(幾無薪)이라는 시인 김삿갓의 개성(開城) 풀이는 중국명(中國名)으로 간주한 풀이지 고려(高麗)말 말귀〔語句〕 이름풀이가 아니다.

송(宋)나라 수부(首府)를 개봉(開封)으로 표음한 음표명을 쓰던 시절에 우리 고려(高麗) 〈서울〉을 중국어로 이름 짓지 않았음은 틀림없는 일이다.

① 〈갈절불→갈절〉소리의 글귀이름은 무슨 뜻인가

〈갈〉소리는 '가르다'라는 말로서, 이는 재결, 재의(裁議)의 뜻을 지닌다. 정치를 재단, 재결, 재의하는 말귀〔語句〕로서의 무른

소리 '자르다'는 〈잘〉소리와 대칭적 짝소리로 쓰였는데, 옛적에
는 〈잘〉소리가 우세하고 중세에는 〈갈〉소리가 우세한 양상을 보
였다.

　〈절〉소리는 〈달〉소리가 구개음화한 〈덜-뎔-졀-절-잘-쥘〉소리
와 대칭적으로 높다, 두드러지다, 솟아오르다, 누르다라는 뜻으로
쓰는 말이다.

　예를 들어 '달'구질은 땅을 제압하여 누르고 다지는 짓을 말하
고, '절'구질은 낟알-곡식을 찧고 제압하여 누르는 짓을 말하는
대칭적 짝소리로 말하는 〈절〉소리는 구개음화된 소리로 말하고
일본말 "데라 : テラ"는 구개음화가 안 된 〈달〉소리로 사찰(寺刹)
을 일컫는 이름으로 쓰는 말이다. 〈불〉소리는 모음조화로 〈볼〉이
나 〈벌〉소리를 내며 묏부리나 불거지다는 뜻으로 쓰인다.

　따라서 "재결(裁決)하여-〈갈〉으고 제압하여 누르고-〈절〉이는
묏부리-〈불〉이 〈갈절불〉"소리를 중국음 〔캐청부〕음자 개성부(開
城府)로 표음한 글귀이름을 쓰며 짧게 "재결하여-〈갈〉으며 제압
하여 누르고-〈절〉이는 〈갈절〉"소리는 〔캐청〕음자 개성(開城)으로
표음한 글귀이름으로 왕(王)이 결재(決裁)하는 처소(處所)-성(城)
을 일컫는 글귀이름으로 곁들이고 살았다.

　그렇다면 고려(高麗)는 비록 왕제(王制)이기는 하지만 지배층
이 모여 의론(議論), 재의(裁議)한다는 개념이 남아 있는 〈갈절불→
갈절〉소리로 〈서울〉에서 지배층이 수행하는 역할과 기능을 일컫
는 글귀이름으로 정치하는 말소리를 표음한 이름일 것이다.

　또한 옛적은 정치를 재결, 의결하는 집단이 하나의 모임을 구
성하고 있었으나 고려시대에 와서는 왕을 포함하여 하나의 재결,
제압하는 권력체로 응축된 이름으로 〈서울〉이 기능하고 있었을
것이다.

② 〈잘절〉소리

무른소리로 "재결하여-〈잘〉으고 제압하여-〈절〉이는 〈잘절〉"소리는 중국음 〔창청〕음자 장성(長城)으로 표음한 글귀이름이지만 격을 떨어뜨린 이름이 되었다.

(3) 〈갈불알→갈분알→갈ㅂ날 : カバネ〉소리의 글귀이름

서양에서 일본(日本)을 일컫는 〈Japan〉소리는 옛 정치기구 이름 〈잘불〉소리를 표음한 글귀이름이며, 〈Jippang〉소리는 〈쥔불〉소리를 표음한 글귀이름이므로 두 이름이 하나로 모아진 〈잘쥔불〉소리가 재결기구(裁決機構)를 말하는 옹근 글귀이름임은 위에서 살펴보았다.

나아가 〈잘쥔불〉소리로 일컫는 정치기구에 참가하고 있는 낱낱의 그 구성원(構成員)을 〈잘불알〉소리로 일컬어 "묏부리-〈불〉이를 크게-〈알〉하게 재결하여-〈잘〉으는 〈잘불알〉"소리는 중세에 들어오면 굳은소리로 일컫게 되었다.

굳은소리로 "묏부리-〈불〉이를 크게-〈알〉하게 재결하여-〈갈〉으는 〈갈불알→갈불알→가ㅂ날 : カバネ〉"소리를 일본에서는 상층 집권 귀족층을 일컫는 이름으로 삼은 글귀소리를 읽을 수 있다.

3.4. 조선(朝鮮) 적 〈한절〉소리 한성(漢城)과 〈한얄〉소리 한 양(漢陽)

조선왕조(朝鮮王朝) 수도(首都)를 일컫는 주제명(主題名) 〈서울〉은 한성(漢城) 또는 한양(漢陽)이란 부제명(副題名)을 지니고 있었다. 그러므로 조선왕조(朝鮮王朝) 시대에는 한양(漢陽), 한성(漢

城) 간다고 했지 〈서울〉 간다고 하지 않았다.

말하자면 조선왕조(朝鮮王朝)의 수도(首都) 〈서울〉은 한양(漢陽)이나 한성(漢城)이란 글귀이름으로 말하고 나아가 성내(城內)는 옛 전통에 따라 장안(長安)이라고 일컬었다.

(1) 〈한절〉소리 한성(漢城)

〈한〉소리는 크다는 뜻의 무른소리로 〈한〉이나 〈할〉소리는 〈ㅎ〉이 탈락하여 〈안〉이나 〈알〉소리가 나도 뜻은 다름이 없어, 옛적 한강(漢江)을 백제시대(百濟時代)에는 욱리수(郁利水)나 아리수(阿利水)로 기술하고 있는 점으로 미루어 〈할→알〉소리나 〈한→안〉소리는 크다는 무른소리이지만 굳은소리는 〈칸-칼〉소리가 속화되어 〈큰-클〉소리로 퇴화되고 있다.

〈절〉소리는 〈달〉소리가 〈덜-멸-졀-절-잘-쥘〉소리로 구개음화하여 변한 〈절〉소리로서, '달'구질은 땅을 '제압하여 누르고 다지는' 짓을 말하고, '절'구질은 낟알을 '찧고 제압하여 누르는' 짓을 일컫는 짝소리이다. 〈달〉소리와 〈절〉소리는 모두 '높다, 두드러지다, 솟아오르다, 누르다, 다지다'는 뜻으로 쓰이고 있다.

〈불〉소리는 모음조화로 〈볼〉이나 〈벌〉소리를 내기도 하는데, 보통 묏부리를 뜻하거나 불거지다는 뜻으로 쓴다.

따라서 "크게-〈한〉하게 제압하여 누르고-〈절〉이는 묏부리-〈불〉이 〈한절불〉"소리를 중국음 〔한청부〕음자 한성부(漢城府)로 표음한 글귀이름은 중국어로 대제압부(大制壓府)라는 뜻으로 이름 지었다.

(2) 〈한울→한알〉소리 한양(漢陽)

'제압하여 누르다'는 〈눌〉소리는 세상(世上), 천하(天下), 높은 고루(高樓)란 명사로 쓰거나 누리다-계승(繼承), 향유(享有)하다, 걸다-비옥(肥沃)하다, 눌다, 복(福)되다는 뜻과 제압하여 누르다 라는 뜻으로 쓰기도 한다.

따라서 "크게-〈한〉하게 제압하여 절이고-〈눌〉으는 묏부리-〈불〉 이가 〈한눌불〉이"며 〈눌〉소리는 〈룰〉소리가 두음법칙으로 〈눌→율〉소리로 물러지면서 모음조화로 〈율→얄〉소리가 된 〈한율→한 얄〉소리를 〔한양〕음자 한양(漢陽)으로 표음한 글귀이름도 대제압부(大制壓府)를 일컫는 이름으로 삼았다.

그렇다면 조선왕조(朝鮮王朝)에 들어와 〈서울〉에서 통치하는 왕정(王政)의 역할과 기능은 "크게-〈한〉하게 제압하여 누르고-〈절〉이는 〈한절〉"소리 역할을 수행하거나 또 다른 말로 "크게-〈한〉하게 제압하여 절이고-〈눌〉으는 〈한눌→한율→한얄〉"소리로 일컫는 두 글귀이름이 같은 "크게 누르고·절이며-제압하는" 역할을 일컫는 고을이름으로 〈할절〉소리-〔한청〕음자──한성(漢城)──로 부르는 한편 〈한얄〉소리-〔한양〕음자──한양(漢陽)──라는 '두 글귀이름으로' 곁들여-겸칭(兼稱)하는 쓰임새로 이름 지었다는 사실이다.

가장 중요한 사실은 두 글귀이름이 중국식 '한문투(漢文套) 어구명(語句名)'이 아니라 전통적인 '우리말 짜임말귀〔語句構造〕'로 지어졌다는 점이다.

말하자면 "크게-〈한〉하게 '제압하여 누르고'-〈절〉이는 묏부리-〈불〉이는 〈한절불〉"이라고 말하며 〔한청부〕음자 한성부(漢城府)로 표음한 글귀이름으로 심고, "크게-〈한〉하게 '제압하여 절이고'-〈눌→율→얄〉이는 묏부리-〈불〉이 〈한얄불〉이"를 〔한양부〕음자 한양부(漢陽府)로 표음한 글귀이름은 마지막 나랏말〔國語〕로 이름 지은 〈서울〉의 역할을 말하는 글귀이름이다.

그것은 '크게 누르거나' '크게 절이는' 행위로서, 다른 말로는 전제(專制)하여 다스리는 어감(語感)을 풍기는 것이 특징이다.

3.5. 일본(日本)의 〈룰잘〉소리 겸창(鎌倉)과 〈잘할〉소리 강호(江戶)

일본(日本) 고대 말의 겸창(鎌倉)은 고려(高麗) 개성(開城)에 버금가는 글귀이름이며 근세의 강호(江戶)는 조선(朝鮮) 한성(漢城)이나 한양(漢陽)을 뒤이은 글귀이름이다.

(1) 〈룰잘〉소리 겸창(鎌倉)

고대(古代) 말(末)의 개성부(開城府)는 "재결(裁決)하여-〈갈〉으며 제압하여 누르고-〈절〉이는 묏부리-〈불〉이 〈갈절불〉"소리로 이름 지은 중국어 재결(裁決), 제압부(制壓府)란 뜻이었다.

고려보다 늦게 무사정권(武士政權)을 개칭한 일본(日本)은 그들 권력적(權力的) 〈서울〉을 겸창(鎌倉)으로 표음한 음표명을 썼는데 겸창(鎌倉)의 중국음〔렌창〕음자는 옛이름 〈룰잘〉소리를 표음한 글귀이름이라고 보아야 할 것이다.

〈룰〉소리는 두음법칙으로 〈눌→율→얄〉소리로 물러져 변하기도 하는 말로, 세상, 천하, 높은 고루(高樓)나 계승, 향유하여 누리다, 눌다, 걸다, 복(福)되다, '누르다'는 뜻으로 쓰는 말이다.

〈잘〉소리는 '자르다'는 뜻이면서 재결(裁決), 의결(議決)의 뜻으로 쓰는 무른소리로서, 굳은소리는 가르다라는 〈갈〉소리이다.

따라서 "제압하여 절이고-〈룰〉으며 재결(裁決)하여-〈잘〉으는 〈룰잘〉"소리 글귀이름은 무사정권(武士政權)을 개창하여 고대적(古代的) 천황제(天皇制)를 무너뜨린 대장군(大將軍)이 거처하는 고을

이름으로 비록 옛 사실(史實)을 들여다볼 수는 없으나 옛 글귀이
름으로 "제압하여 누르고 잘으는-〈룰잘〉"소리 고을이란 선인(先
人)들 유언(遺言), 유성(遺聲)을 울리고 있다.

그것은 고려의 "가르고 제압하여 절이는-〈갈절〉"소리 굳은소
리 글귀이름을 대치하여 일본(日本)은 "제압하여 누르고 자르는-
〈룰잘〉"소리 무른소리 쓰임새로 지었지만 재결(裁決), 제압부(制
壓府)란 뜻을 지니는 같은 성격의 글귀이름으로 지어졌다는 점이
흥미롭다.

(2) 〈잘할〉소리 강호(江戶)

14세기 말에 개국(開國)한 조선(朝鮮)은 〈한절〉소리와 〈한율→
한얄〉소리로 "크게-〈한〉하게 제압하여 누르고-〈절〉이"는 〈한절〉
소리나 "크게-〈한〉하게 제압하여 절이고-〈율→얄〉"으는 〈한얄〉
소리로 같은 뜻으로 말하는 글귀이름이었다.

일본(日本)은 16세기 중반(中半)에 개창(開創)한 무사정권(武士
政權) 덕천막부(德川幕府)의 〈서울〉 강호(江戶)의 중국음〔쟝후〕
음자는 옛이름 〈잘할〉소리를 표음한 글귀이름이지만 구전(口傳)
으로 전승(傳承)한 이름소리는 '에또 : エト'이다.

〈달〉소리는 구개음화한 〈절-잘-쥘〉소리와 대칭적으로 높다, 두
드러지다, 솟아오르다, 누르다라는 뜻으로 쓰는 말이며, 〈할〉소리
는 크다는 무른소리로 〈ㅎ〉이 탈락하여 〈알〉소리가 되어도 뜻은
다름이 없다.

따라서 "크게-〈할〉하게 제압하여 누르고-〈잘〉이는 〈할잘〉소리
나 자리바꿈한 〈잘할〉"소리는 중국어로 "대제압(大制壓)"이란 글
귀이름으로 쓰였다고 볼 수 있다.

또한 구개음 대칭소리로 "크게-〈할〉하게 제압하여 누르고-〈달〉

이는 〈할달〉”소리나 자리바꿈한 〈달할〉소리도 중국어로 대제압(大制壓)하는 고을을 일컫는 〈할달 : 할잘〉 대칭소리는 근세로 오면서 〈할〉소리의 ‘ㅎ’이 탈락한 〈할달→알달→알덜〉소리로 소리바꿈시켜 일컫는 〈알덜 : ㅗㅏ〉소리가 구전된 〈알덜 : ㅗㅏ〉라는 글귀이름이다.

결국 초기의 〈잘할〉소리는 구개음 대칭소리 〈달할〉소리로 대칭시켜 자리바꿈시킨 〈할달→알달→알덜 : ㅗㅏ〉소리로 이름 부른 근세의 정이대장군(征夷大將軍)은 “크게-〈할〉하게 제압하여 누르고-〈절→잘〉이거나 크게-〈알〉하게 제압하여 누르고-〈달→덜〉이는——대제압(大制壓)”하는 정권으로 조선왕조(朝鮮王朝) 전제왕권(專制王權)과 다를 바 없는 뜻을 지니는 짜임말귀〔語句構造〕로 지어진 글귀이름이다.

그런데 조선(朝鮮)은 문사적(文士的) 제도이고 일본(日本)은 무사적(武士的) 제도라는 점이 다를 뿐 정권의 역할과 성격은 같은 뜻을 지니고 있다는 것을 알 수 있다. 이러한 것들은 옛 우리말 짜임말귀〔語句構造〕의 꺼져 가는 마지막 소릿가락이다.

〈안절〉소리 안성(安城)

한성(漢城)의 중국음 〔한청〕음자는 “크게-〈한〉하게 제압하여 누르고-〈절〉이는 〈한절〉소리로 〈한〉소리의 〈ㅎ〉을 탈락시킨 〈안〉소리를 표음한 〈안절〉소리는 중국음 〔안청〕음자 안성(安城)으로 표음한 글귀이름이다.

구개음 대칭소리로 “크게-〈한〉하게 ‘제압하여 누르고’-〈달〉이는 〈한달-할달〉”소리는 신라(新羅)에서는 하동(河東)으로 표음한 글귀이름으로 삼고, 같은 이름소리의 〈ㅎ〉을 탈락시킨 〈안달〉소리는 고려(高麗)는 〔안뚱〕음자 안동(安東)으로

표음한 글귀이름으로 삼았으며, 자리바꿈시킨 〈달안→덜안〉
소리는 중국음〔텐안〕음자 천안(天安)으로 표음한 글귀이름
은 모두가 같은 '크게 제압하여 누르는' 고을의 하나였다는
글귀이름이다.

　따라서 중국음〔쟝후〕음자 강호(江戶)로 표음한 〈잘할〉소
리의 구개음 대칭소리 〈달할〉소리의 〈ㅎ〉을 탈락시켜 자리
바꿈시킨 〈알달→알덜 : ㅗㅏ〉소리는 안동(安東)에서 울리는
〈안달-안덜〉소리와 같은 글귀소리라는 것을 읽을 수 있으며,
이때까지만 해도 같은 이름소리 쓰임새를 하고 있었다.

〈안율→안얄〉소리 안양(安養)

　〈한눌→한율→한얄〉소리도 "크게-〈한〉하게 '제압하여 절이
고'-〈눌→율→얄〉은 〈한율→한얄〉"소리의 〈ㅎ〉을 탈락시킨
〈안얄〉소리를 표음한 안양(安養)이나 안양(安陽)이라는 글귀
이름도 '크게 제압하여 누르는→크게 제압하여 얄으는' 뜻을
지니는 이름임을 알 수 있다.

　이상과 같이 이른바 옛 여러 한(韓)시대 이래로 〈서울〉은 정권
담당층의 거처(居處)로서, 나라 지배층의 거처가 바뀌는 데 따라
이곳 저곳으로 바뀌면서 오늘에 이르렀다. 그래서 바뀐 정권의
성격(性格)에 따라 〈서울〉이 놀던 기능과 역할을 짜임말귀〔語句
構造〕로 풀어 읽으면 세 가지 지배형식을 취했음을 글귀소리와
그 뜻으로 가릴 수 있었다.

　처음 세 나라 시대〔三國時代〕까지는 〈잘쥔볼→잘볼〉소리나 〈쥔
볼〉소리 집단(集團)이 집체적으로 정권을 재결, 통치하며 그 집

단이 살던 곳을 〈잘할→잘알→자랄〉소리로 일컫고 부르던 시대
로서, 〈잘불〉소리는 졸본(卒本), 탁평(啄評), 가평(加平), 갑부(甲
府)의 중국음가(中國音價)로 표음하고, 〈쥔불〉소리는 김포(金浦),
진보(眞寶), 기부(岐阜) 곡부(曲阜) 등의 중국음가로 표음하여 울
리는 글귀이름이 옛 그런 집단이 살던 〈서울〉이었다는 고증이
될 것이다.

 〈잘한〉소리는 창해(滄海)나 장함(獐含)과 강화(江華) 교하(交
河), 찰황(札幌), 가하(加賀), 자하(滋賀), 좌하(佐賀) 등의 중국음
가로 표음하는 고을이 옛 재결, 통치집단이 살던 〈서울〉이었다.

 〈잘알→자랄〉소리로 울리는 〈잘알〉소리는 가야(加耶), 가야(伽
倻)의 중국음가로 표음하고, 〈잘안〉소리는 장안(長安)이나 정안
(正安)의 중국음가로, 〈자랄〉소리는 가량(加良), 가라(加羅), 가락
(駕洛)의 중국음가로 표음한 글귀이름으로 부르던 고을이 옛 〈서
울〉이 놀던 역할을 말하고 있다.

 따라서 "재결하여-〈잘〉으고 통제하여-〈쥔〉 묏부리-〈불〉이 〈잘
쥔불→잘불→쥔불〉"소리는 오늘날의 국회(國會)인 재결통제기구
(裁決統制機構)를 말하고, "〈잘할→잘알→잘안〉"소리는 대재결(大
裁決)하는 고을이라는 글귀이름이다.

 다음으로 고려(高麗)의 개성시대(開城時代)는 "〈갈절불→갈절〉
소리나 〈갈불〉소리로 재결(裁決)하여-〈갈〉으고 제압하여 누르고-
〈절〉이는 묏부리-〈불〉"이는 한 권력체가 재결(裁決) 제압(制壓)
하는 글귀이름이다.

 일본(日本) 겸창시대(鎌倉時代)의 "〈룰잘〉소리는 제압하여 절이
고-〈룰〉으며 재결(裁決)하여-〈잘〉"으는 제압재결(制壓裁決)하는
고을이란 글귀이름은 〈갈절〉소리 개성(開城)으로 표음한 재결제
압(裁決制壓)하는 뜻을 다른 말귀〔語句〕로 바꾸어 이름 지은 데
불과하다.

따라서 〈갈불〉소리는 감평(欲平), 개평(開平), 개평(蓋平), 개봉(開封) 등으로 표음하고, 〈갈절〉소리는 개성(開城)의 중국음가 〔캐청〕음자로 표음하며, 일본(日本)은 겸창(鎌倉)으로 〈룸잘〉소리를 표음하여 나라를 재결제압(裁決制壓)하는 고을이라고 같은 뜻으로 일컫는 글귀이름을 쓰고 살아 옛적 의결(議決)한다는 개념은 사라지고 있다.

마지막 조선왕조(朝鮮王朝)에 이르러 중국음으로 〈한절〉소리를 표음하여 울리는 한성(漢城)과 〈한얄〉소리를 표음하여 울리는 한양(漢陽)은 "크게 제압하여 절이는 이름은 〈한절〉"소리로 말하고, "크게 제압하여 누르는 이름은 〈한눌→한율→한얄〉"소리로 뜻이 같은 대제압(大制壓)을 일컫는 전제왕정(專制王政) 고을로 이름소리가 바뀌었다는 것을 읽을 수 있었다.

일본(日本)은 〈잘할〉소리-강호(江戶 : 쟝후)를 쓰는 한편 짝소리 〈달할〉소리를 자리바꿈시킨 〈할달→알달 : ㅗㅏ〉소리로 대칭시켜 "크게 제압하여 잘이거나, 크게 제압하여 달이는" 대제압(大制壓)하는 정이대장군(征夷大將軍)이 거처하는 곳이란 글귀이름으로 〈서울〉은 역사 이래 세 가지 기능을 일컫는 글귀이름으로 부르고 살았다는 훌륭한 글귀소리를 울리는 고증을 얻을 수 있었다.

4. 〈설불한〉과 〈잘불한〉은 대봉용립(大峰聳立), 〈울알설〉과 〈몰알설〉은 대정용립(大頂聳立)

4.1. 〈설불한〉 벼슬과 〈잘불한〉 벼슬

신라(新羅)가제 2기에 들어서면서 가장 높은 벼슬이름을 〈설불한〉이라 부르고 중국음 〔쓔바한〕음자 서발한(舒發旱)으로 표음했다.

《양서(梁書)》의 〈신라전(新羅傳)〉은 또다른 최고 관위를 자분한지(子賁旱支)로 기술한 이름과 《삼국유사(三國遺事)》의 〈왕력편〉 지정마립간(智訂麻立干)조에서 검람벌한지(儉攬伐漢只)로 표음한 글귀이름은 같은 이름으로 자분한지(子賁旱支)는 〈잘볼한쥐〉소리를 표음하고, 검란벌한지(儉攬伐漢只)의 중국음 〔잰란바한즈〕음자는 〈잘〉소리의 'ㄹ' 받침이 뒤로 처진 〈잘볼한쥐→자ㄹ볼한쥐〉소리를 표음한 울림차이를 나타낸 음표명이다.

그렇다면 신라(新羅)는 가장 높은 벼슬아치 이름을 〈설볼한〉이나 〈설볼한쥐〉소리로 부르거나 〈잘볼한〉이나 〈잘볼한쥐〉소리로 부르는 두 이름소리로 겹들여 쓰고 있었다는 결론을 얻을 수 있다.

(1) 〈설볼한〉소리 서발한(舒發旱) 벼슬

〈볼〉소리는 〈불〉소리가 모음조화로 〈볼〉이나 〈벌〉소리를 내기도 하는 묏부리나 붉거지다는 뜻이며, 〈한〉소리는 크다는 무른소리로서 'ㅎ'이 탈락하면 〈안〉소리가 나도 뜻은 다를 바 없으며, 굳은소리는 〈칼-칸〉소리이지만 오늘날 속화된 '클'이나 〈큰〉소리로 퇴화된 대칭소리이다.

〈설〉소리는 '서'다는 동사의 진행형이나 완료형으로 '어딘가에 올라선', '높이 일어선'-용립(聳立)의 뜻이 되어, 묏부리 위에 올라서거나 일어선 것은 봉정(峰頂)을 지배하는 사람이라는 뜻이다.

따라서 "묏부리-〈볼〉이에 크게-〈한〉하게 올라-〈선〉 이는 〈설볼한〉"이라고 일컬으며 중국음 〔쓔반한〕음자 서발한(舒發旱)으로 표음한 글귀이름으로 최고위(最高位) 벼슬로 삼고, "묏부리-〈볼〉이에 크게-〈한〉하게 올라-〈선〉 이는 〈설볼한〉"이라고 일컬으며 〔쓔부한〕음자 서불한(舒弗旱)으로 표음했다.

그렇다면 묏부리-〈볼〉이나, "묏부리-〈볼〉이에 크게-〈한〉하게 올라-〈선〉〈설불한〉" 벼슬이나 〈설불한〉 벼슬은 나라의 최고위 (最高位)에 올라선 사람을 가리키며, 중국어로 나타냈을 때 대봉용립자(大峰聳立者)라는 뜻으로 볼 수 있다.

(2) 〈잘불한〉소리 자분한(子賁旱) 벼슬

《양서(梁書)》의 〈신라전(新羅傳)〉에 나오는 자분한지(子賁旱支)나 《삼국유사(三國遺事)》에서 검람벌한지(儉攬伐漢只)로 표음한 이름은 옛 벼슬 〈잘불한쥐〉소리와 〈잘〉소리의 'ㄹ' 받침이 뒷소리로 처지는 〈자ㄹ불한쥐〉소리를 표음한 글귀이름이다.

〈잘〉소리는 '자르다'는 뜻으로 쓰는 결단(決斷)이나 재결(裁決), 의결(議決)의 뜻으로 쓰는 말이었다. 또한 '자라다'는 말처럼 성육(成育)이나 누적(累積)과 같이 쌓이고 솟아오르는 형상을 말하기도 하며, 〈달〉소리가 구개음화한 〈절-잘-쥘〉소리와 대칭적으로 높다, 두드러지다, 솟아오르다, 누르다라는 뜻이기도 하다.

〈불〉소리는 〈불〉소리가 모음조화로 〈볼〉이나 〈벌〉소리를 내기도 하는 묏부리나 불거지다는 뜻으로 쓰며, 〈한〉소리는 크다는 무른소리로 〈ㅎ〉이 벗겨져 〈알〉소리가 되기도 한다.

따라서 묏부리-〈불〉이에 크게-〈한〉하게 솟아올라-〈잘〉안 〈잘불한〉소리나 묏부리-〈불〉이에 크게-〈한〉하게 솟아올라-〈잘〉아 제어하여-〈쥐〉는 〈잘불한쥐〉소리 이름은 중국어로 대정용립자(大頂聳立者)와 비교할 수 있는 글귀이름이다.

이렇게 한 관위(官位)를 놓고 묏부리-〈불〉이에 크세-〈한〉하세 올라-〈선〉〈설불한〉이라 이르거나, 묏부리-〈불〉이에 크게-〈한〉하게 솟아올라-〈잘〉안 〈잘불한〉이라고 부르는 호칭은 뜻이 같으면서 말귀〔語句〕를 달리하여 이름 지은 글귀소리에 지나지 않는다는 말이다.

전자는 중국어로 대봉용립자(大峰聳立者)로 비유(比喩)할 수 있을 것이며, 후자는 중국어로 대정용립자(大頂聳立者)로 비유할 수 있는 이름이기 때문에 같은 격(格)의 한 관위를 두 이름으로 곁들여 부르기에 이른 것이라고 생각한다.

그러므로 〈설볼한〉소리는 중국음 〔쓔바한〕음자 서발한(舒發早)으로 표음하고, 〈잘볼한〉소리는 중국음 〔즈뷘한〕음자 자분한(子賁早)으로 표음하여 짝소리 이름으로 삼고, 〈잘볼한쥐〉소리는 〔즈뷘한즈〕음자 자분한지(子賁早支)로 표음하거나 〈잘〉소리의 'ㄹ' 받침이 뒤로 처지는 〈자ㄹ볼한쥐〉소리는 중국음 〔잰란바한즈〕음자 검람벌한지(儉攬伐漢只)로 표음한 글귀이름은 〈서불한쥐〉소리를 〔쓔부한즈〕음자 서불한지(舒弗早支)로 표음한 글귀이름과 대칭적으로 한 관위를 두 이름으로 일컫는 글귀이름이다.

이런 까닭으로 서발한(舒發早)과 자분한(子賁早), 서불한지(舒弗早支)와 자분한지(子賁早只)나 검람벌한지(儉攬伐漢只)란 한자 자상(字象)과 자의(字意)는 두 이름소리와는 관련이 없으며, 단지 표음(表音)한 자음(字音)으로 울리는 '글소리로 이름소리'를 담아 주는 역할을 하는 데 지나지 않는다.

〈닛쥔〉소리 신라(新羅) 왕호(王號)

신라(新羅)는 석(昔), 박(朴), 김(金) 삼성(三姓)이 연합하여 왕국을 일으켜 세우고, 삼성(三姓)이 서로 이어가며 왕위에 오르는 제도를 세웠다.

이름하여 니사금(尼斯今)이란 중국음 〔니쓰진〕음자는 '잇다'는 옛소리 〈닛〉소리를 내는 〈니〉소리를 니(尼) 자로 표음(表音)하고, 'ㅅ' 받침소리는 사(斯) 자의 중국음 〔쓰〕음자를 〈ㅅ〉을 삼아 〈니쓰→닛〉소리로 말하는 한편 〈쥔〉소리를 금

(今) 자의 중국음 〔진〕음자로 표음한 음표명(音標名) 〈니ㅅ
쥔→닛쥔〉소리를 계승통치자(繼承統治者)라는 왕호(王號)로
삼아왔지만, 이름소리는 세월의 앙금이 쌓이고 쌓여 오늘날
은 굳은소리 〈임금〉이라는 말로 불리고 있다.

따라서 이 말은 "계승(繼承)하여-〈닛〉는 통치(統治)하여-〈쥔〉
이를 〈닛쥔〉"소리로 일컫는, 계승(繼承)하고 통치(統治)한다
는 뜻의 글귀이름이다.

옛 〈닛〉소리는 두음법칙으로 물러져 〈잇→인〉소리가 되었
으며 무른소리 〈쥔〉소리를 굳은소리 〈쿤〉소리로 바꾸어 말
하면 〈닛쿤→잇쿤→인쿰→임검→임금〉으로 어우러지며 속화
되기는 했으나, "계승하여-〈잇〉고 통치하여-〈쿤→쿰→금〉"은
〈인금→임금〉으로 다듬어졌다.

※ 옛적 귀족 일반을 무른소리는 〈쿤니〉라고 이르고 굳은소리는
〈쿤니〉소리로 일컬었지만, 자음동화와 받침소리가 탈락되어 〈쿤
니→쿤이→쿼이→구이〉소리로 변한 '구이정승'이라는 〈구이〉소
리는 속화되기는 했어도 〈쿤니 : 쿤니〉 대칭소리로 말하던 옛
쓰임새를 대변하는 말이다.

4.2. 〈울알설〉소리 대칭 〈몰알설〉소리 백제왕(百濟王) 자호 (自號), 〈설몰알→설ㅁ랄 : スメラ〉소리 일본왕(日本王) 자호(自號)

위에서 묏부리-〈볼〉이에 크게-〈한〉하게 올라-〈선〉 〈설볼한〉소
리 벼슬과 묏부리-〈볼〉이에 크게-〈한〉하게 솟아올라-〈잘〉안 〈잘
볼한〉소리 벼슬은 신라(新羅) 귀족의 최고(最高) 관계(官階)로 왕

(王)을 포함한 귀족들이 오를 수 있는 최고 벼슬이었다.

(1) 〈울알설→우랄설〉소리 대칭 〈울알잘→우랄잘〉소리로 일컫
   는 백제왕(百濟王) 자호(自號)

백제(百濟)는 묏'부리'란 〈볼〉소리나 〈불〉소리를 봉(峰)'우리'
란 〈울〉소리나 짝소리인 영(嶺)'마루'나 용(龍)'마루'란 〈몰〉소리
를 대치하는 〈울알설→우랄설〉소리와 〈몰알설→ᄆ랄설〉 대칭소
리를 왕만의 자호(自號)로 삼고 있었다.

① 〈울알설→우랄설〉소리 왕(王)의 자호(自號)
봉(峰)'우리'에서 〈울→우리〉소리를 오므린 〈울〉소리는 정(頂)
'수리'에서 '술→수리'를 오므린 〈술〉소리의 〈ㅅ〉이 탈락한 것과
말결이 같고 뜻이 같은 말이면서 그늘소리인 영(嶺)'마루'나 용
(龍)'마루'란 〈몰〉소리를 짝소리로 지니는 말이므로, 〈술→울〉소리
를 겉소리로 간주하고 〈몰〉소리는 그늘소리로 간주하는 말이다.
〈알〉소리는 크다는 무른소리 〈할〉소리의 〈ㅎ〉이 탈락한 말이
므로 뜻이 같고 굳은소리는 〈칼-칸〉소리이지만 속화되어 〈클-큰〉
소리로 퇴화했다.
〈설〉소리는 '서다'는 동사를 진행형이나 완료형으로 나타내는
말로 어딘가에 올라서거나 우뚝 일어선 용립(聳立)한 형상을 말
한다.
따라서 "봉(峰)우리-〈울〉이에 크게-〈알〉하게 올라-〈선〉 사람을
〈울알설〉"소리로 부르고 〈울〉소리의 'ㄹ' 받침이 뒷소리 〈알〉소
리로 처지며 얹히는 소릿가락인 〈울알설→우ㄹ알설→우랄설〉소
리를 중국음 〔위뭐쎠〕음자 어라하(於羅瑕)로 표음하거나 〔위뭐
쎠〕음자 어라가(於羅暇)로 표음한 글귀이름이다.

가(暇) 자는 중국음으로 〔쌰〕음과 〔쟈〕음을 가지는 이중음 자(二重音字)이다. 그러므로 어라가(於羅暇)는 중국음가로 〈울 알설→우랄설〉소리와 〈울알잘→우랄잘〉소리를 함께 간직한 대칭 글자로 쓰였다고 볼 수 있다.

그것은 신라(新羅)가 쓰던 〈'설'볼한〉 벼슬과 〈'잘'볼한〉 벼슬을 일컫는 앞자리에 쓰인 〈설〉소리 대칭 〈잘〉소리 짜임 새를 백제(百濟)는 자리바꿈시켜 뒷자리로 앉혀 〈울알'설'〉 대칭 〈울알'잘'〉소리로 쓰기도 했다.

따라서 "봉(峰)우리-〈울〉이에 크게-〈알〉하게 올라-〈선〉 〈울 알설→우랄설〉"소리와 "봉(峰)우리-〈울〉이에 크게-〈알〉하게 솟아올라-〈잘〉안 〈울알잘→우랄잘〉"소리를 어라가(於羅暇)의 중국음 〔위뤄쌰〕음자와 〔위뤄쟈〕음자 2중음자로 표음한 두 소리의 〈울알설→우랄설〉소리는 〔위뤄쌰〕음자로 표음하여 울리고, 〈울알잘→우랄잘〉소리는 〔위뤄쟈〕음자로 표음한 두 음표명으로 지은 글귀이름이다.

그러므로 〈울알'설'〉소리를 자리바꿈시킨 〈'설'울알〉소리 는 또 다른 〈'설'볼한〉소리와 대칭적이고 비등한 이름이 될 수밖에 없다는 것은 〈서울〉이 〈서볼〉과 같은 수도(首都), 수 부(首府)를 일컫는 한 이름, 두 소리 쓰임새와 일치하는 짜 임새에서 알 수 있다.

동시에 〈울알'잘'〉소리를 자리바꿈시킨 〈'잘'울한→'잘'울 안〉소리는 〈울〉소리를 〈볼〉소리로 대치(代置)한 〈'잘'볼한→ '잘'볼안〉소리와 대칭적이고 비등한 같은 최고 위계 벼슬이 름을 일컫는 데 쓰는 현상은 〈서울〉을 〈서볼〉로 일컫는 쓰 임새에서 알 수 있다.

② 〈ㅁ올설→ㅁ랄설〉소리 왕의 자호(自號)

우리말 말귀[語句] 짜임새는 옛말을 읽다보면 정(頂)'수리'에서의 〈술〉소리와 봉(峰)'우리'에서의 〈울〉소리는 예외 없이 그늘진 영(嶺)마루나 용(龍)마루란 〈ㅁ올〉소리를 짝소리로 간직하는 쓰임새를 하고 있다.

이러한 쓰임새로부터 겉소리로 일컫는 〈울알설→우랄설〉소리는 그 그늘-배면(背面)에 〈ㅁ올알설→ㅁ랄설〉소리를 간직하고 있다는 말이다. 그 살아 있는 예로 〈울알→우랄〉소리 울릉(鬱陵)은 〈ㅁ올알→ㅁ랄〉소리 무릉(茂陵)이란 짝소리 이름을 지니는 것이 살아 있는 본보기이다.

그러므로 "봉(峰)우리-〈울〉이에 크게-〈알〉하게 올라-〈선〉〈울알설→우랄설〉"소리는 짝소리로 "용(龍)마루-〈ㅁ올〉우에 크게-〈알〉하게 올라-〈선〉〈ㅁ올알설→ㅁ랄설〉"소리를 대칭적 짝소리로 간직하는 쓰임새를 하고 있을 것이며 자리바꿈시켜 쓸 수도 있다.

따라서 〈ㅁ올알설→ㅁ랄설〉소리를 자리바꿈시킨 〈설ㅁ올알→설ㅁ랄〉소리는 "용(龍)마루-〈ㅁ올〉우에 크게-〈알〉하게 올라-〈선〉" 최고위(最高位) 벼슬의 사람이란 결국 왕(王)을 일컫는 이름의 글귀 소리이다.

(2) 〈설ㅁ올알→설ㅁ랄 : スメラ〉소리 일본왕(日本王)의 자호(自號)

《일본서기(日本書紀)》와 《고사기(古事記)》는 그들 왕호(王號)를 천황(天皇)으로 기술하고 있으나, 사서(史書) 가운데서나 금석문(金石文)은 천왕(天王)이나 대왕(大王)으로 기술하고 있어 옛 한자 중국음가(中國音價)로는 〈달할→달알〉소리를 표음한 음표명일 수밖에 없다.

〈달할→달알〉소리를 일본 스스로 〈덴노우 : テンノウ〉소리로 부르는 데서 알 수 있듯이 〈달할→달알〉소리를 음독(音讀)한 〈달알→던알 : テンノウ〉소리는 소리말 이름을 일본말로 부르는 글귀소리에 다름 아니다.

그런데 일본(日本)은 〈달할〉소리를 표음한 음표명(音標名) 천황(天皇)이나 천왕(天王)을 음가(音價) 그대로 부르지 않고 수미라(須美羅)-〈스메라 : スメラ〉소리로 읽고 부르는 이름을 간직하고 있다. 수미라(須美羅)란 음표명의 중국음 〔쒜메뤄〕음자는 옛이름 〈설몰알〉소리의 받침소리를 탈락시킨 〈설몰알→설ㅁ랄→서ㅁ라 : スメラ〉소리를 표음한 이름소리에 지나지 않는다.

〈몰〉소리는 영(嶺)마루나 용(龍)마루란 〈몰〉소리로 정(頂)수리란 〈술〉소리나 봉(峰)우리란 〈울〉소리와 대칭적 짝소리로 이런 대칭소리는 묏부리란 〈볼〉소리를 대치(代置)시켜 쓰기도 한다.

〈알〉소리는 크다는 무른소리 〈할〉소리의 〈ㅎ〉이 탈락한 말로 뜻은 차이가 없으며, 〈설〉소리는 '서다'는 동사의 진행형이나 완료형으로 어딘가에 올라서거나 우뚝 일어선 용립(聳立)의 뜻이다.

따라서 "용(龍)마루-〈몰〉우에 크게-〈알〉하게 올라-〈선〉 사람이란 〈설몰알〉"소리는 〈몰〉소리의 'ㄹ' 받침이 뒷소리로 처진 〈설몰알→설ㅁ랄→서ㅁ라 : スメラ〉소리는 일본 귀족 "최고 정상에 올라선" 사람이란 우리 말귀〔語句〕 이름이다.

나아가 〈설몰알→설ㅁ랄 : スメラ〉소리를 자리바꿈시킨 〈몰알설→ㅁ랄설〉소리는 〈울알설→우랄설〉소리와 짝소리이고 〈몰알설→ㅁ랄설〉소리의 겉소리를 〈울알설→우랄설〉소리로 일컬으며 어라하(於羅瑕)의 중국음 〔위뤄쌰〕유자로 표음하던 글귀이름과 대칭적 짝소리이다.

이상과 같이 고대정치에서 최고 위계를 일컫는 글귀이름을 신라(新羅)에서는 〈설볼한〉소리와 〈잘볼한〉소리를 짝소리로 간직하여 부르며 "묏부리-〈볼〉이에 크게-〈한〉하게 올라-〈선〉 이"는 〈설불한〉이라고 일컫고, "묏부리-〈불〉이에 크게-〈한〉하게 솟아올라-〈잘〉안 이"는 〈잘불한〉이라고 일컫고 살았다.

백제(百濟)는 묏'부리'란 〈불〉소리를 봉(峰)'우리'란 〈울〉소리로 대치(代置)하여 봉(峰)우리-〈울〉이에 크게-〈알〉하게 올라-〈선〉이는 〈울알설→우랄설〉소리로 일컫고, 봉(峰)우리-〈울〉이에 크게-〈알〉하게 솟아올라-〈잘〉안 이는 〈울알잘→우랄잘〉소리로 일컬어 두 나라 벼슬이름의 짜임새와 쓰임새가 같다는 것을 읽을 수 있었다.

그것은 같은 중국어의 수부(首府), 수도(首都)인 〈서울〉을 〈서불〉로 일컫는 쓰임새처럼 신라(新羅)는 〈서불〉소리를 선호했다면 백제(百濟)는 〈서울〉소리를 선호했을 따름이며, 신라는 '귀족 일반의 최고 위계로' 삼았다면 백제(百濟)는 '귀족의 최고위자격인 왕(王)만'의 위호로 삼은 것이 다를 뿐이다.

나아가 지배층의 주류(主流)가 우리 땅에서 건너간 일본(日本)도 〈울알설→우랄설〉소리의 그늘소리 〈몰알설→ᄆ랄설〉소리를 자리바꿈시킨 〈설몰알→설ᄆ랄→서ᄆ라 : スメラ〉소리로 일컬으며 '귀족의 최고위자격인 왕(王)만'의 위호로 삼고 있는 것은 백제(百濟)를 닮고 있었다.

이와 같은 고대세계의 이름소리 쓰임새는 이때까지만 하여도 우리 나라와 일본(日本)이 같은 말귀〔語句〕 쓰임새와 같은 사고(思考)의 틀 속에 있었고 같은 문화의식으로 살고 있었음을 웅변으로 말해주는 것이다.

(3) 〈선비〉와 〈사ᄆ라이 : サムライ〉는 한 뿌리

고대(古代) 우리 나라가 최고 위계를 〈설불한〉소리나 〈울알설 : 몰알설〉 대칭소리를 부르고 썼다면, 일본(日本)은 그늘소리

〈물알설〉소리를 자리바꿈시킨 〈설물알→설ㅁ랄→서ㅁ라 : スメラ〉소리로 부르고 쓰던 시대에 귀족층 일반을 어떻게 말했을까 하는 것도 매우 재미있는 일일 것이다.

따라서 우리 나라가 〈불〉소리를 선호했다면, 일본(日本)은 〈울 : 물〉 대칭소리의 그늘소리인 〈물〉소리를 선호했다고 볼 수 있다.

① 〈선불웨〉소리가 속화된 〈선비〉

〈선〉소리가 '서다'는 말소리의 진행형이나 완료형을 나타내는 말이라면, 〈불〉소리는 모음조화로 〈볼〉이나 〈벌〉소리가 나기도 하는 묏부리나 불거지다는 뜻이며, 〈웨〉소리는 뫼-산(山)을 일컫는 옛말의 곁소리로 그늘소리가 〈웨〉소리이지만 속화되어 '뫼'나 '메'로 변했다.

따라서 "묏부리-〈불〉이 뫼-〈웨〉에 올라-〈선〉 이란 〈선불웨〉" 소리를 쓰는 사이 〈선불웨→선부웨→선부위→선뷔→선비〉로 오므라지며 다듬어진 이름은 귀족층 일반을 말하는 이름이다.

② 〈선물웨〉소리가 속화된 〈선물웨→선ㅁㄹ웨→사ㅁ루이 : サムライ〉

옛적 신라(新羅)는 묏부리-〈불〉이에 올라-〈선〉 이란 〈선불〉소리를 선호했다면 일본(日本)은 "영(嶺)마루-〈물〉우에 올라-〈선〉이란 〈선물〉"소리를 선호한 것처럼 귀족층 일반을 일컫는 이름에서도 이 짜임새를 지니고 있다.

신라(新羅) 사람들은 일찍이 "묏부리-〈불〉이 뫼-〈웨〉에 올라-〈선〉이란 〈선불웨〉"소리를 오므려 〈선불웨→서부웨→선부위→선뷔→선비〉소리로 다듬었음을 알 수 있다.

일본(日本) 사람들은 "영(嶺)마루-〈물〉우 뫼-〈웨〉에 올라-〈선〉이란 〈선물웨〉"소리를 느리게 연장음으로 말하면서 〈선〉소리의 'ㄴ' 받침이 탈락한 〈선물웨→서물웨→사ㅁㄹ웨 : サムライ〉소리

로 다듬어지며 자리잡은 두 이름소리는 그 짜임새가 같은 이름
이지만, 우리는 문사(文士)로 이어져 자리잡고 일본은 무사(武士)
로 이어지며 자리잡아 쓰임새는 갈라서게 되었다.

〈셋〉 나라의 "고을짜임새〔地方體制〕" 이름

1. 〈쥐쥘술〉소리 대칭 〈귀쥘술〉소리는 통제제압부〔統制 制壓府〕

〈쥐쥘술〉소리와 〈귀쥘술〉소리는 본래 초기국가〔고을나라〕 시대에 쓰던 이름으로서, 비록 작은 나라지만 나라 안을 몇몇 고을로 나누어 다스리던 '통제제압부'를 일컫는 이름으로 쓴 우리말 글귀이름이다.

예를 들어 이른바 변한(弁韓)의 고순시국(古淳是國)을 다른 말로는 고사직국(古史直國)이라고 일컫는데, 이 글귀이름은 오늘날 창원(昌原) 웅천(熊川)이지만, 고순시(古淳是)의 중국음 〔꾸춘쓰〕음자는 옛이름 〈귀쿼술〉소리를 표음한 글귀이름이며, 고사직(古史直)의 중국음 〔꾸쓰지〕음자는 〈귀술쿼〉소리를 표음한 글귀이름이므로, 그 쓰임새는 〈귀쿼술〉소리를 〈귀술쿼〉소리로 자리바꿈시킨 글귀이름임을 알 수 있다.

따라서 무른소리 〈쥐쿼술〉소리는 자리바꿈시켜 〈쥐술쿼〉소리로 일컬을 수 있으며, 굳은소리 〈귀궏술〉소리는 〈귀술궏〉으로 자리바꿈시켜 쓰면서 〈쥐궏술〉소리와 대칭적 짝소리로 통제제압부(統制制壓府)를 일컫는 글귀이름으로 쓰던 이름이었음을 알 수 있다.

1.1. 〈쥐궏술 : 귀궏술〉 짝소리는 통제제압부(統制制壓府)

오늘날의 울릉도(鬱陵島)는 옛적 기죽도(磯竹島)이면서 궁숭도(弓嵩島)로 표음하거나 기숭도(磯嵩島)라고 표음하던 옛적 한 작은 나라를 다스리는 섬이었다.

● 기죽(磯竹)의 중국음 〔지쥬〕음자와 기숭(磯嵩)의 중국음 〔지쑹〕음자 이름은 원래 한 이름을 둘로 나눈 이름으로서, 무른소리 〈쥐궏술〉소리의 〈쥐궏〉소리는 중국음 〔지쥬〕음자 기죽(磯竹)으로 표음하고, 〈쥐술〉소리는 중국음 〔지쑹〕음자 기숭(磯嵩)으로 표음한 글귀이름이므로 하나로 엮으면 〈쥐궏술〉소리가 된다.

● 굳은소리 〈궏술〉소리는 〔꿍쑹〕음자 궁숭(弓嵩)으로 표음하고, 〈궐궏〉소리는 잠겨 있지만 옹근 굳은소리는 〈궐궏술〉소리를 쓰면서 짧게 〈궏술〉소리는 〔꿍쑹〕음자 궁숭(弓嵩)으로 표음하고, 〈궐궏〉소리는 잠겨 있다는 결론을 얻을 수 있다.

● 따라서 무른소리 〈쥐궏술〉소리는 굳은소리 〈귀궏술〉소리와 짝소리로 쓰면서 짧게 〈쥐궐〉소리는 〔지쥬〕음지 기죽(磯竹)으로 표음하고, 〈쥐술〉소리는 〔지쑹〕음자 기숭(磯嵩)으로 표음하며, 굳은소리 〈궐궏술〉소리를 짧게 〈궐궏〉소리는 잠겨지고 〈궏술〉소리는 궁숭(弓嵩)으로 표음한 글귀이름으로 울릉도(鬱陵島)를 다스리는 통제제압부(統制制壓府)를 일컫는

대칭소리 글귀이름이다.

일본(日本) 복강(福岡)은 옛적 고천수(高千穗)이면서 일명 죽사국(竹斯國) 또는 축자국(筑紫國)이므로, 굳은소리 〈궈줜술〉소리는 〔꼬첸쒜〕음자 고천수(高千穗)로 표음하고 무른소리 〈줘줜술〉소리를 짧게 줄인 〈줘줜〉소리는 중국음 〔쥬즈〕음자 축자(筑紫)로 표음하며, 〔쥬쓰〕음자 죽사(竹斯)로 표음한 글귀이름을 하나로 엮은 〈줘줜술〉소리는 〔쥬즈쓰〕음자 죽자사(竹紫斯)로 표음한 것으로 보인다.

따라서 옛 복강(福岡)은 무른소리 〈줘줜술〉소리 죽자사(竹紫斯)는 굳은소리 〈궈줜술〉소리 고천수(高千穗)와 대칭소리 글귀이름으로 통제제압부(統制制壓府)를 삼았다는 글귀소리이다.

---

(1) 〈줘줠술〉 고을

① 〈줘줜술섬〉 기죽도(磯竹島)·울릉도(鬱陵島)

'체언'적 글귀이름이 울릉(鬱陵)섬이라면 '용언'적 글귀이름 기죽(磯竹)섬은 '체언과 용언'을 짜맞춘 글귀이름이 기숭(磯嵩)섬 또는 궁숭(弓嵩)섬이다.

고을이름을 지을 때 무른소리 〈줘줠술〉소리를 짧게 줄인 〈줘줠〉소리는 중국음 〔지쥬〕음자 기죽(磯竹)으로 표음하고, 〈줘술〉소리는 중국음 〔지쑹〕음자 기숭(磯嵩)으로 표음하며, 두 이름을 하나로 엮은 〈줘줠술〉소리는 〔지쥬쑹〕음자 기죽숭(磯竹嵩)으로 표음한 셈이다.

굳은소리 〈궐궐술〉소리를 둘로 나눈 〈궐궐〉소리는 잠겨 있고 〈권술〉소리는 〔꿍쑹〕음자 궁숭도(弓嵩島)로 표음했다.

〈쥐-퀸〉소리는 '쥐다'는 동사를 활용하여 제어, 통제, 통치, 지배 등을 뜻하고, 굳은소리 〈귀-권〉소리와 대칭적으로 쓴다. 〈쥘〉소리는 〈달〉소리가 구개음화하여 〈절-잘-쥘〉소리와 대칭적으로 높다, 두드러지다, 솟아오르다, 누르다라는 뜻으로 쓰며, 〈술〉소리는 정(頂)수리라는 뜻이지만 〈ㅅ〉이 탈락하여 〈울〉소리가 되어도 봉(峰)우리라는 뜻을 유지한다. 그늘소리는 영(嶺)마루나 용(龍)마루라는 〈몰〉소리를 짝소리로 지니고 있다.

따라서 "통제하여-〈쥐〉는 제압하여 누르고-〈쥘〉이는 정(頂)수리-〈술〉이 〈쥐쥘술〉"소리는 초기국가〔고을나라〕시대의 통제제압부(統制制壓府)를 일컫는 글귀이름이었다.

● 나라가 망한 뒤에 무른소리로 "통제하여-〈쥐〉고 제압하여-〈쥘〉이는 〈쥐쥘〉"소리는 중국음 〔지쥬〕음자 기죽(磯竹)으로 표음하여 "통제제압(統制制壓)"섬을 일컫고, "통제하여-〈쥐〉는 정(頂)수리-〈술〉이 〈쥐술〉"소리는 〔지쑹〕음자 기숭(磯嵩)으로 표음하여 "통제부(統制府)"섬으로 삼은 글귀이름이다.

● 굳은소리로 "통제하여-〈권〉 정(頂)수리-〈술〉이 〈권술〉"소리를 〔꿍쑹〕음지 궁숭(弓嵩)으로 표음하여 울릉도(鬱陵島)를 "통제하여-〈권〉 정(頂)수리-〈술〉이 〈권술섬〉-궁숭도(弓嵩島)"라는 글귀이름을 담아 울리고 있는 섬이름이다.

② 〈쥔울쥘〉소리 영일(迎日)

영일(迎日)의 옛이름 근오지(近烏支)는 중국음 〔진우즤〕음자로 옛이름 〈쥔울쥘〉소리를 표음한 글귀이름이다.

〈술〉소리는 '정(頂)수리'라는 뜻이지만 〈ㅅ〉이 탈락하여 봉(峰)우리란 〈울〉소리로 탈바꿈하면서 영(嶺)마루나 용(龍)마루란 〈물〉소리를 대칭적 짝소리로 간직하는 말이다. 〈쥔〉소리는 굳은소리 〈권〉소리와 대칭적으로 제어, 통제, 통치, 지배 등의 뜻으로 쓰며, 〈절-잘-쥘〉소리는 〈달〉소리가 구개음화한 짝소리로 높다, 두드러지다, 솟아오르다, 누르다라는 뜻으로 쓴다.

그러므로 〈쥔울쥘〉소리는 그 앞선 이름소리 〈쥔술쥘〉소리에서 〈ㅅ〉을 탈락시킨 〈쥔울쥘〉소리로 〈쥔술쥘〉소리를 자리바꿈시키면 〈쥘쥔술〉소리가 나서면서 구개음 대칭소리는 〈쥔달술〉소리가 나서고 그늘소리로 〈쥔달물〉소리를 간직하는 글귀이름이며 다시 자리바꿈시키면 〈달쥔물〉소리가 나선다.

따라서 "통제하여-〈쥔〉 제압하여 누르고-〈쥘〉이는 정(頂)수리-〈술〉이 〈쥔쥘술〉"소리에서 〈술〉소리의 〈ㅅ〉을 탈락시키면 "통제하여-〈쥔〉 제압하여 누르고-〈쥘〉이는 봉(峰)우리-〈울〉이 〈쥔쥘울〉"소리가 나서고 자리바꿈시킨 〈쥔울쥘〉소리를 중국음 〔진우즤〕음자 근오지(近烏支)로 표음한 글귀이름은 우리말 짜임말귀〔語句構造〕로 일컫는 통제제압부(統制制壓府)이다.

**〈달쥔물〉소리 천지일모(天之日矛)는
'아메노히보고：アメのヒボコ'가 아니다!**

옛 영일(迎日)에 살던 왕자(王子)가 신라(新羅)에 나라를 빼앗기고 일본(日本)으로 망명(亡命)한 천지일모(天之日矛)는 이른바 '하늘의해창：アメのヒボコ'이 아니라 "제압하여 누

르고-〈달〉이며 통제하여-〈줜〉 영(嶺)마루-〈믈〉우란 〈달줜믈〉"
소리를 중국음 〔텐즈이모〕음자 천지일모(天之日矛)로 표음하
거나 〔따츠마〕음자 달지마(達遲摩)로 표음하여 성씨(姓氏)로
삼아 출세한 이야기이다.

그러므로 천지일모(天之日矛)의 중국음 〔텐즈이모〕음자로
표음한 〈달줜믈→달쥐ㅁ : タチマ〉소리와 달지마(達遲摩)의 중
국음 〔따츠머〕음자로 표음한 〈달줜믈→달쥐ㅁ : タチマ〉소리
는 같은 이름을 한자를 달리하여 음표(音標)한 글귀이름이므
로 결국 같은 〈달줜믈〉소리의 이음자(異音字) 글귀이름이다.

영일(迎日)을 일컫는 〈줜쥘술→줜쥘울〉소리와 구개음 대칭
소리 〈줜달울〉소리는 그늘소리가 〈줜달믈〉소리이며, 자리바
꿈한 〈달줜믈〉소리도 통제제압부(統制制壓府)라는 우리말 글
귀이름이다.

③ 줜믈달〉소리 평양(平壤)의 금미달(今彌達)

평양(平壤)의 옛이름 금미달(今彌達)은 중국음 〔진미따〕음자로
옛이름 〈줜믈달〉소리를 표음하고 있으므로, 자리바꿈시킨 〈줜믈
달↔달줜믈→달쥐ㅁ : タチマ〉소리는 일본(日本)으로 건너간 사람
들이 〔텐즈이모〕음자 천지일모(天之日矛)나 〔따츠머〕음자 달지마
(達遲摩)로 표음한 글귀이름과 같은 이름말에 이른다.

그렇다면 애초에 "통제하여-〈줜〉 제압하여 누르고-〈쥘〉이는 정
(頂)수리-〈술〉이 〈줜쥘술〉"소리를 쓰다가 세월이 흐른 뒷날 〈쥐
쥘울〉소리나 자리바꿈한 〈쥘울쥐〉소리로 부르며 그늘소리는 〈달
줜믈 : タチマ〉소리를 대칭시키거나 자리바꿈시켜 〈줜믈달 : チマ
タ〉소리로 "통제하여-〈줜〉 용(龍)마루-〈믈〉우를 제압하여 누르고-
〈달〉이는 〈줜믈달〉"소리를 〔진미따〕음자 금미달(今彌達)로 표음

한 글귀이름으로 고을마다 같은 이름을 조금씩 다르게 불러 그들 고을을 돋보이게 한 통제제압부(統制制壓府)이다.

※ 〈쥐퀀술〉소리 죽사(竹斯)·복강(福岡) : 일본(日本) 복강(福岡)
은 옛적에 "통제하여-〈쥐〉고 제압하여 누르고-〈퀄〉이는 〈쥐퀄〉"
소리는 〔쥬즈〕음자 축자(筑紫)로 표음하여 '통제제압(統制制
壓)' 고을로 삼고, "통제하여-〈쥐〉는 정(頂)수리-〈술〉이 〈쥐술〉"
소리는 〔쥬쓰〕음자 죽사(竹斯)로 표음하여 '통제부(統制府)'로
삼은 글귀이름이므로, 두 이름을 하나로 엮은 〈쥐퀄술〉소리는
〔쥬즈쓰〕음자 축자사(筑紫斯)로 표음한 '통제제압부(統制制壓
府)'인 셈이다.

(2) 〈궈퀄술〉고을

〈쥐-퀀〉소리는 '쥐다'라는 동사를 활용하여 제어, 통제, 통치, 지배 등의 뜻으로 쓰는 굳은소리는 〈궈-퀀〉소리이며, 〈퀄〉소리는 〈달〉소리가 구개음화하여 〈절-잘-퀄〉소리를 울리며 대칭적으로 높다, 두드러지다, 솟아오르다, 누르다라는 뜻으로 쓰이는 소리이다. 〈술〉소리는 정(頂)수리라는 뜻이지만, 'ㅅ'이 탈락한 〈울〉소리는 봉(峰)우리라는 뜻으로 그늘소리는 용(龍)마루나 영(嶺)마루란 〈몰〉소리를 간직하고 있다.

① 〈궈퀀술→궈술퀀〉소리 고순시(古淳是)·고사직(古史直)-웅천(熊川)
변한(弁韓) 12개국의 하나인 고순시(古淳是)는 일명 고사직(古史直)으로서, 고순시(古淳是)는 중국음 〔꾸춘쓰〕음자로 〈궈퀀술〉소리를 표음한 글귀이름으로 쓰다가 자리바꿈시킨 〈궈술퀀〉소리를 고사직(古史直)의 중국음 〔꾸쓰지〕음자로 표음하여 〈궈퀀술↔

귀술쿼〉소리로 일컫는 글귀이름이다.

따라서 "통제하여-〈귀〉고 제압하여 누르고-〈쿼〉이는 정(頂)수리-〈술〉이 〈귀쿼술〉"소리와 자리바꿈한 〈귀술쿼〉소리는 통제제압부(統制制壓府)라는 글귀이름으로 부르던 옛 웅천(熊川)이다.

> ※ 〈귀쿼술〉소리 고천수(高千穗)·복강(福岡) : 일본(日本) 복강 (福岡)을 일컫는 굳은소리 〈귀쿼술〉소리를 중국음 〔꼬첸쒀〕음 자 고천수(高千穗)로 표음하여 "통제하여-〈귀〉고 제압하여 누 르고-〈쿼〉이는 정(頂)수리-〈술〉이 〈귀쿼술〉"소리를 통제제압 부(統制制壓府)로 삼은 고을이다.
>
> 무른소리로 "통제하여-〈쥐〉고 제압하여 누르고-〈쥘〉이는 〈쥐 쥘〉"소리는 중국음 〔쥬즈〕음자 축자(筑紫)로 표음하고, "통제 하여-〈쥐〉는 정(頂)수리-〈술〉이 〈쥐술〉"소리는 〔쥬쓰〕음자 죽 사(竹斯)로 표음한 두 글귀이름을 엮은 〈쥐쥘술〉소리는 굳은 소리 〈귀쿼술〉소리와 대칭소리로 이름 지은 글귀이름이다.

이상과 같이 우리 나라와 일본(日本)은 〈쥐쥘술〉 대칭 〈쥐쥘물〉 대칭소리와 〈귀쿼술〉 대칭 〈귀쿼물〉 대칭소리를 통제제압부(統制 制壓府)로 삼은 고을이름을 쓰고 있었음을 글귀소리로 읽을 수 있었다.

1.2. 〈술달→울달〉소리와 〈술잘→울잘〉소리는 제압부(制壓府)

(1) 〈술달-울달〉 고을

〈술〉소리는 정(頂)수리란 뜻으로 쓰면서 'ㅅ'이 벗겨지면 〈울〉 소리가 나지만 봉(峰)우리란 뜻으로 쓰며, 〈달〉소리는 구개음화

하여 〈절-잘-쥘〉소리와 대칭적으로 높다, 두드러지다, 솟아오르
다, 누르다라는 뜻으로 쓴다.

〈술달〉소리 순천(順天)

　순천(順天)의 중국음 〔쓘텐〕음자는 "정(頂)수리-〈술〉이를
제압하여 누르고-〈달〉이는 〈술달〉"소리를 표음한 글귀이름
이지만, 오늘날 우리는 〈달〉소리를 구개음화시킨 〈술절〉소리
처럼 "정(頂)수리-〈술〉이를 제압하여 누르고-〈절〉이"는 글귀
이름으로 부르는 셈이다. 그렇지만 이것은 일찍이 '제압부
(制壓府)'로 삼아온 이름이다.

---

(2) 〈술잘→울잘〉 고을

① 〈술잘→울잘〉소리

"정(頂)수리-〈술〉이를 제압하여 누르고-〈잘〉이는 〈술잘→술절〉"
소리를 쓰는 사이 〈술〉소리의 〈ㅅ〉이 탈락하여 봉(峰)우리란 〈울〉
소리로 변하면서 "봉(峰)우리-〈울〉이를 제압하여 누르고-〈절〉이
는 〈울절〉"소리 글귀이름도 뜻이 같은 제압부(制壓府) 고을이다.
　i) 〈술절〉소리 순천(順川) : 평양(平壤) 인근의 순천(順川)은 중
국음 〔쓘촨〕음자로 "〈술잘→술절〉소리를 표음하여 정(頂)수리-〈술〉
이를 제압하여 누르고-〈절〉이"는 '제압부(制壓府)' 고을이라는 글
귀이름이다.
　ii) 〈술절〉소리 서천(舒川) : 충남(忠南) 서천(舒川)의 중국음 〔쓔
촨〕음자는 "정(頂)수리-〈술〉이를 제압하여 누르고-〈절〉이는 〈술
잘→술절〉"소리를 표음한 '제압부(制壓府)'로 삼아온 글귀이름이다.

iii) 〈술절〉소리 술천(述川)·여주(驪州) : 여주(驪州)의 옛이름 술천(述川)이나 소천(泝川)의 중국음 〔쑤촨〕음자는 "정(頂)수리-〈술〉이를 제압하여 누르고-〈잘→절〉이는 〈술잘→술절〉"소리를 표음한 글귀이름으로 '제압부(制壓府)'로 삼아온 고을이다.

iv) 〈술절〉소리 수성(水城)·수원(水原) : 수원(水原)의 옛이름 수성(水城)의 중국음 〔쒜청〕음자는 "정(頂)수리-〈술〉이를 제압하여 누르고-〈절〉이는 〈술절〉"소리를 표음한 '제압부(制壓府)' 고을이었으나 〈술웰〉소리로 바꾸었다.

v) 〈술절〉소리 숙천(肅川) : 평남(平南) 숙천(肅川)의 중국음 〔쓔촨〕음자는 "정(頂)수리-〈술〉이를 제압하여 누르고-〈잘→절〉이는 〈술절〉"소리를 표음한 제압부(制壓府)를 일컫는 글귀이름이다.

vi) 〈울절〉소리 오천(烏川)·영일(迎日) : 경북(慶北) 영일군(迎日郡) 오천(烏川)의 중국음 〔우촨〕음자는 "〈울잘→울절〉소리를 표음하여 봉(峰)우리-〈울〉이를 제압하여 누르고-〈잘→절〉이"는 '제압부(制壓府)'를 일컫는 글귀이름이었다.

vii) 〈울절〉소리 옥천(沃川) : 충북(忠北) 옥천(沃川)의 중국음 〔우촨〕음자는 "〈울잘→울절〉소리를 표음하여 봉(峰)우리-〈울〉이를 제압하여 누르고-〈잘→절〉이"는 '제압부(制壓府)'로 삼아온 글귀이름이다.

〈술잘〉소리 일본(日本)의 송강(松江)

일본(日本) 송강(松江)의 중국음은 〔쑹쟝〕음자이다. 이는 〈술잘〉소리를 "표음하여 정(頂)수리-〈술〉이를 제압하여 누르고-〈잘〉이"는 '제압부(制壓府)'라는 글귀이름인데, 이것을 고을이름으로 삼은 것이다.

> ### 〈울잘〉소리 일본(日本)의 무장(武藏)
>
> 일본(日本)의 옛 무장(武藏)의 중국음〔우창〕음자는 "〈울잘〉소리를 표음하여 봉(峰)우리-〈울〉이를 제압하여 누르고-〈잘〉이"는 '제압부(制壓府)'라는 글귀이름이다.

② 〈몰절〉소리 명천(明川)

함경도(咸鏡道) 명천(明川)의 중국음〔밍촨〕음자는 〈몰잘→몰절〉소리를 표음하여 "용(龍)마루-〈몰〉우를 제압하여 누르고-〈잘→절〉이"는 '제압부(制壓府)' 고을이라는 그늘소리-〈몰〉소리를 대치한 글귀이름이다.

(3) 〈궐룰〉소리는 통제제압부(統制制壓府), 〈잘룰〉소리는 재결제압부(裁決制壓府)

① 〈궐룰〉소리와 〈룰궐〉소리는 통제제압부(統制制壓府)

〈귀-권〉소리는 〈쥐-줜〉소리의 굳은소리이지만, 대칭적으로 제어, 통제, 통치, 지배 등의 뜻이며, 〈룰〉소리는 '누르다'는 옛소리로 두음법칙의 영향으로 〈룰→눌→율〉소리로 물러지는 말이므로 "통제하여-〈궐〉하고 제압하여-〈룰〉으는 〈궐룰〉"소리나 〈궐눌〉소리와 〈궐율→궐얄〉소리는 뜻이 같은 '통제제압(統制制壓府)'이라는 글귀이름이다.

i) 〈궐룰→궐얄〉소리   고령(高靈)과   고양(高陽) : 고령(高靈)은 "통제하여-〈궐〉은 제압하여 절이고-〈룰〉으는 〈궐룰〉"소리를 〔꼬링〕음자 고령(高靈)으로 표음한 글귀이름으로 쓰면서 〈룰〉소리가 두음법칙으로 물러져 〈율→얄〉소리로 변한 소리로 일컫는 "통제하여-〈궐〉은 제압하여 절이고-〈율→얄〉으는 〈궐얄〉"소리를 중국

음 〔꼬양〕음자 고양(高陽)으로 표음한 두 글귀이름은 뜻이 같은 '통제제압부(統制制壓府)'이다.

ii) 〈궐눌〉소리 고령(固寧) : 상주(尙州) 함창(咸昌)의 옛이름 고령(固寧)의 중국음 〔꾸닝〕음자는 "통제하여-〈궐〉은 제압하여 절이고-〈룰→눌〉으는 〈궐눌〉"소리를 표음한 〈룰〉소리가 두음법칙으로 물러진 소리이지만 통제제압부(統制制壓府)라는 글귀이름이다.

iii) 〈룰궐〉소리 용궁(龍宮)·예천(醴泉) : 예천(醴泉) 용궁(龍宮)은 〈궐룰〉소리를 자리바꿈한 〈룰궐〉소리를 중국음 〔룽꿍〕음자로 표음하여 "제압하여 절이고-〈룰〉으고 통제하는-〈궐〉하는 〈룰궐〉"소리를 표음한 통제제압부(統制制壓府)라는 글귀이름이다.

iv) 〈룰궐〉소리 영광(靈光) : 영광(靈光)의 중국음 〔링꽝〕음자는 "제압하여 절이고-〈룰〉으고 통제하는-〈궐〉하는 〈룰궐〉"소리를 표음한 '제압통제부(統制制壓府)'라는 글귀이름이다.

이렇게 〈룰〉소리는 두음법칙으로 〈눌→율→얄〉소리로 변하며 "통제하고-〈궐〉하고 제압하여 절이고-〈룰〉으는 〈궐룰〉소리는 고령(高靈)"으로 표음하고, 〈궐눌〉소리는 고령(固寧)으로, 〈궐얄〉소리는 고양(高陽)으로 표음한 글귀이름은 같은 말소리의 변음현상이고, 자리바꿈한 〈룰궐〉소리는 용궁(龍宮)과 영광(靈光)으로 표음하여 '통제제압부(統制制壓府)'로 삼은 글귀이름이다.

② 〈잘룰〉소리와 〈눌잘〉소리는 재결제압부(裁決制壓府)

〈잘〉소리는 '자르다'는 말로 재결(裁決), 재의(裁議), 재단(裁斷)의 뜻으로 쓰며, 〈룰→눌→율〉소리는 세상, 천하, 높은 고루(高樓)나 누리다, 걸다, 복(福)되다, 누르다라는 뜻으로 쓰인다. 따라서 "재결하여-〈잘〉으는 제압하여 절이고-〈룰〉으는 〈잘룰〉"소리를 '재결제압부(裁決制壓府)'로 삼은 글귀이름이다.

i) 〈잘룰〉소리 강릉(江陵) : 강릉(江陵)의 중국음 〔쟝룽〕음자는

"재결하여-〈잘〉으는 제압하여 절이고-〈룰〉으는 〈잘룰〉"소리를 표음하여 '재결제압부(裁決制壓府)'로 삼은 글귀이름이다.

ii) 〈잘눌〉소리 창녕(昌寧) : 창녕(昌寧)의 중국음 〔창닝〕음자는 "재결하여-〈잘〉으는 제압하여 절이고-〈눌〉으는 〈잘눌〉"소리를 표음하여 '재결제압부(裁決制壓府)'로 삼은 글귀이름이다.

iii) 〈잘눌〉소리 재령(載寧) : 재령(載寧)의 중국음 〔재닝〕음자는 "재결하여-〈잘〉으는 제압하여 절이고-〈눌〉으는 〈잘눌〉"소리를 표음한 글귀이름으로 재결제압부(裁決制壓府)이다.

iv) 〈눌잘→율잘〉소리 남천(南川)·영창(永昌)-이천(利川) : 이천 (利川)의 옛이름 남천(南川)은 중국음 〔난촨〕음자로 "제압하여 절이고-〈눌〉으는 재결하여-〈잘〉으는 〈눌잘〉"소리를 표음한 글귀 이름으로 부르다가 두음법칙으로 〈눌〉소리가 물러진 "〈율잘〉소 리를 〔융촨〕음자 영창(永昌)으로 표음하여 제압하여 절이고-〈율〉 으며 재결하여-〈잘〉"으는 '재결제압부(裁決制壓府)'로 삼았던 고 을이다.

v) 〈율잘〉소리 영가(永嘉)·안동(安東) : 안동(安東)은 먼저 옛이 름 영가(永嘉)는 "제압하여 절이고-〈율〉으는 재결하여-〈잘〉으는 〈율잘〉"소리를 중국음 〔융쟈〕음자 영가(永嘉)로 표음한 글귀이름 으로 재결제압부(裁決制壓府)로 삼았다.

다음으로 자리바꿈시킨 "〈잘눌〉소리를 〔창닝〕음자 창녕(昌寧) 으로 표음하여 재결하여-〈잘〉으는 제압하여 절이고-〈눌〉"으는 글귀이름으로 '재결제압부(裁決制壓府)'로 삼은 고을이다.

따라서 두음법칙으로 물러진 〈율잘〉소리를 표음한 영가(永嘉) 와 자리바꿈시킨 〈잘눌〉소리 창녕(昌寧)은 〈잘눌↔눌잘→율잘〉소 리말이 뜻이 같은 재결제압부(裁決制壓府)를 일컫는 글귀이름이 란 것을 알 수 있다.

vi) 〈율절〉소리 영천(永川) : 영천(永川)의 중국음 〔융촨〕음자는

"제압하여 절이고-〈율〉으는 재결하여-〈잘〉으는 〈율잘〉"소리를 표음한 '제압재결부(制壓裁決府)'를 일컫는 글귀이름이다.

〈잘룰〉소리 일본(日本)·상로(常路)

일본(日本)의 옛이름 상로(常路)는 중국음 〔창루〕음자로 "재결하여-〈잘〉으는 제압하여 절이고-〈룰〉으는 〈잘룰〉"소리를 표음한 '재결제압부(裁決制壓府)'라는 글귀이름이다.

---

2. 〈쥔달알 : 쥔잘알〉 대칭소리와 〈궐달알 : 궐잘알〉 대칭소리는 통제제압부(統制制壓府)이다

2.1. 〈쥔달알→쥔달 : 쥔잘알→쥔잘〉 대칭소리는 통제제압부(統制制壓府)

(1) 〈쥔달알→쥔달〉 고을과 〈달쥔알→달쥔〉 고을

① 〈쥔달알→쥔달〉 고을

〈서울〉에 있는 나라의 중앙(中央) 정치기구를 우리말 말귀〔語句〕로 짜맞춘 이름으로 이름 지어 다스리던 세 나라〔三國〕는 '고을〔地方〕' 동치(統治)에서도 '무잇 하는 어떤 고을이란' 말귀〔語句〕로 이름 지어 듣는 사람으로 하여금 오늘날의 도(道)와 군(郡), 면(面)을 구별하듯 이름소리로 뜻을 알아차려 서로의 의사소통이 이루어졌을 것이다.

예로서 "봉(峰)우리-〈울〉이에 올라-〈서〉는 〈서울〉"은 나라의 가장 높은 "봉(峰)우리-〈울〉이에 올라-〈서〉"는 고을이라는 말귀〔語句〕로 짜맞추어 훌륭히 중국어의 수도(首都)나 수부(首府)와 견줄 수 있는 우리 나랏말 이름으로 삼았던 것처럼 여러 '고을〔地方〕' 이름도 뜻으로 깨칠 수 있는 말귀로 이름 지어 사람들이 서로 알아들을 수 있는 글귀이름으로 다듬었을 것이다.

그러므로 〈쥔달알→쥔달〉소리는 한 짜임새로 〈쥔〉소리는 '쥐다'는 동사의 진행형이나 완료형으로 잡아쥐다는 제어, 통제, 통치, 지배 등을 뜻하며, 〈달〉소리는 구개음화한 〈절-잘-쥘〉소리와 대칭적으로 높다, 두드러지다, 솟아오르다, 제압하여 누르다를 뜻하고, 〈알〉소리는 크다는 무른소리 〈할〉소리의 'ㅎ'이 탈락한 말로 굳은소리 〈칼-칸〉소리와 대칭적인 같은 뜻이다.

따라서 "통제하여-〈쥔〉 크게-〈알〉하게 제압하여 누르고-〈달〉이는 〈쥔달알〉"소리를 쓰다가 나라가 망한 후에는 "통제하여-〈쥔〉 제압하여 누르고-〈달〉이는 〈쥔달〉" 고을이라는 글귀이름으로 중국어 통제제압부(統制制壓府)로 삼은 고을이름이다.

ⅰ) 〈쥔달〉소리 진주(晉州) : 진주(晉州)의 옛이름 거타(居陀)는 중국음 〔쥐퉈〕음자로 "통제하여-〈쥔〉 제압하여 누르고-〈달〉이는 〈쥔달〉"소리로 부르다가 뒷날 청천(菁川)의 중국음 〔칭촨〕음자로 "통제하여-〈쥔〉 제압하여 누르고-〈잘〉이는 〈쥔잘〉"소리를 표음한 이름으로 삼아 옛적 〈쥔달〉소리를 구개음화시킨 〈쥔잘→쥔절〉소리로 변함없이 통제제압부(統制制壓府)라는 이름으로 불리었다.

그러다가 근세에 "통제하여-〈쥔〉 제압하여 절이고-〈눌→율→알〉으는 〈쥔알〉"소리를 진양(晉陽)으로 표음한 통제제압부(統制制壓府)를 삼았다가 더 짧게 "통제하여-〈쥔〉 고을〔州〕"을 진주(晉州)로 표음한 글귀이름으로 변함없는 우리말 말귀〔語句〕로 이름 부른 고을이름이다.

ⅱ) 〈쥐달〉소리 거타(居陀)·거창(居昌) : 거창(居昌)의 중국음

〔쥐창〕음자는 "통제하여-〈쥐〉는 제압하여 누르고-〈잘〉이는 〈쥔잘〉"소리를 표음한 글귀이름은 옛적 거타(居陀)의 중국음 〔쥐퉈〕음자로 "통제하여-〈쥐〉고 제압하여 누르고-〈달〉이는 〈쥐달〉"소리로 부르다가 오늘날은 구개음화시켜 "통제하여-〈쥐〉고 제압하여-〈잘〉이는 〈쥐잘〉"소리를 표음한 글귀이름이므로 옛적 〈쥐달〉소리에서 오늘은 〈쥐잘〉소리로 구개음화시켜 부르는 고을이다.

그런데 〈쥐〉소리 거(居) 자를 굳은소리 〈귀〉소리로 '표준 한자음을' 바꾼 관계로 마치 〈귀잘〉소리처럼 읽고는 있으나 글귀소리와 뜻이 실종된 화석화(化石化)된 이름소리가 되고말았다.

iii) 〈쥔달〉소리 청도(淸道) : 청도(淸道)는 옛적은 구도(仇刀)·(丘道)의 중국음 〔쥐또〕음자로 "통제하여-〈쥐〉고 제압하여 누르고-〈달〉이는 〈쥐달〉"소리 글귀이름으로 부르다가 "통제하여-〈쥔〉제압하여 누르고-〈달〉이는 〈쥔달〉"소리를 〔칭또〕음자 청도(淸道)로 표음한 글귀이름이다.

따라서 먼저는 "통제하여-〈쥐〉고 제압하여 누르고-〈달〉이는 〈쥐달〉"소리를 중국음 〔쥐또〕음자 구도(仇刀)·구도(丘道)로 표음하다가 오늘날은 "통제하여-〈쥔〉제압하여 누르고-〈달〉이는 〈쥔달〉"소리를 〔칭또〕음자 청도(淸道)로 표음한 글귀이름으로 변함없이 '통제제압(統制制壓)'하는 고을이다.

iv) 〈쥔달 : 쥔잘〉 대칭소리 김제(金堤) : 김제(金堤)는 중국음으로 〔진듸 : 진직〕 2중음자이다. 그러므로 〔진듸〕음자는 "통제하여-〈쥔〉제압하여 누르고-〈달〉이는 〈쥔달〉"소리를 표음하고, 〔진직〕음사는 "통제하어-〈쥔〉제입하여 누르고-〈잘〉이는 〈쥔잘〉"소리를 대칭적으로 간직하는 글귀이름으로 옛적은 〈쥔달〉소리에서 오늘은 〈쥔잘〉소리로 불리는 셈이다.

v) 〈쥔달〉소리 진동(珍同)·진산(珍山) : 금산군(錦山郡) 진산(珍山)의 옛이름 진동(珍同)의 중국음 〔진뚱〕음자는 "통제하여-〈쥔〉

제압하여 누르고-〈달〉이는 〈쿤달〉"소리를 표음한 '통제제압부(統制制壓府)'라는 글귀이름이다.

vi) 〈쿤달〉소리 진도(珍島) : 진도(珍島)의 중국음 〔진또〕음자는 "통제하여-〈쿤〉 제압하여 누르고-〈달〉이는 〈쿤달〉"소리를 표음한 통제제압부(統制制壓府)라는 글귀이름이다.

〈쥐달〉소리 일본(日本)·추전(秋田)

일본(日本) 추전(秋田)의 중국음 〔취텐〕음자는 "통제하여-〈쥐〉고 제압하여 누르고-〈달〉이는 〈쥐달〉"소리를 표음한 '통제제합부(統制制壓府)'라는 글귀이름을 풀이한 '아끼다 : アキタ'는 역사를 우롱하는 헛소리이다.

---

② 〈달쥔알→달쥔〉 고을

〈달〉소리는 구개음화하여 〈절-잘-쥘〉소리를 울리며 대칭적으로 높다, 두드러지다, 솟아오르다, 제압하여 누르다라는 뜻으로 쓰며, 〈쿤〉소리는 잡아쥐다는 통제, 제어, 통치, 지배 등을 뜻하고, 〈알〉소리는 크다는 무른소리 〈할〉소리의 〈ㅎ〉이 탈락한 말로 그 뜻은 다름이 없다.

따라서 "제압하여 누르고-〈달〉이며 통제하여-〈쿤〉 〈달쥔〉"소리의 글귀이름을 제압통제부(制壓統制府)로 삼은 우리말 말귀〔語句〕이름이다.

i) 〈달쥐할→달쥔〉소리 대구(大邱) : 대구(大邱)는 옛적에 달구화(達句火)라고 부르다가 근세에 대구(大邱)로 바뀐 이름이므로 달구화(達句火)의 중국음 〔따쥐허〕음자와 〔따궈허〕음자 2중음자는 대칭적 두 이름으로 쓸 수 있는 글자이다.

무른소리 〈쥐〉소리는 굳은소리 〈궈〉소리를 대칭시키며 "제압하여 누르고-〈달〉이며 크게-〈할〉하게 통제하여-〈쥐〉는 〈달쥐할〉"
소리는 중국음 〔따쥐훠〕음자 달구화(達句火)로 표음하여 초기국
가〔고을나라〕 대제압통제부(大制壓統制府)를 일컫는 글귀이름으로
삼았던 것이다.

　나라가 망하고는 "제압하여 누르고-〈달〉이며 통제하여-〈쥐〉는
〈달쥐〉"소리는 중국음 〔따취〕음자 대구(大丘)나 대구(大邱)로 표
음한 글귀이름으로 오늘까지 제압통제(制壓統制)하는 고을로 삼
아온 것이다.

　하지만 〔쥐〕음자 구(丘) 자나 구(邱) 자를 표준 한자음은 굳은
소리 〔귀-구〕음자로 바꾸어 정(定)했으므로 마치 〈달귀〉소리처럼
읽기는 하나 말소리나 뜻이 실종된 화석명(化石名)으로 전락한
고을이름이다.

　ii) 〈달쥔〉소리 당진(唐津) : 당진(唐津)의 중국음 〔탕진〕음자는
"제압하여 누르고-〈달〉이는 통제하여-〈쥔〉 〈달쥔〉"소리를 표음
하여 제압통제부(制壓統制府)로 삼은 글귀이름이다.

　iii) 〈달쥔〉소리 통진(通津)-김포(金浦) : 김포(金浦) 통진(通津)은
중국음 〔퉁진〕음자로 "제압하여 누르고-〈달〉이며 통제하여-〈쥔〉
〈달쥔〉"소리를 표음한 글귀이름은 '제압통제부(制壓統制府)'라는
뜻이다.

　iv) 〈달쥔〉소리 탕정(湯井)-온양(溫陽) : 온양(溫陽)의 옛이름 탕
정(湯井)의 중국음 〔탕징〕음자는 "제압하여 누르고-〈달〉이며 통
제하여-〈쥔〉 〈달쥔〉"소리를 표음한 글귀이름인데, 제압통제부(制
壓統制府)에서 오늘날은 〈울율→울얄〉소리 온양(溫陽)이 되었다.

〈달쥔〉소리 일본(日本) 당진(唐津)
일본(日本) 당진(唐津)의 중국음 〔탕진〕음자는 "제압하여 누

르고-〈달〉이며 통제하여-〈퀀〉〈달퀀〉"소리를 표음한 글귀이
름인데, 이 제압통제부(制壓統制府)를 '가라쓰 : カラツ'라고
풀이하는 짓은 역사를 우롱하는 자기기만이다.

(2) 〈퀀달알→퀄달〉소리와 〈달퀄알→달퀄〉소리의 글귀이름

① 〈퀀달알→퀄달〉 고을

굳은소리 〈퀀〉소리는 무른소리 〈쿼〉소리와 대칭적으로 '쥐다'
는 동사의 진행형이나 완료형으로서 잡아쥐다는 제어, 통제, 통
치, 지배 등의 뜻이며, 〈달〉소리를 구개음화시킨 〈절-잘-쥘〉소리
와 대칭적으로 높다, 두드러지다, 솟아오르다, 제압하여 누르다라
는 뜻으로 쓰며, 〈알〉소리는 크다는 무른소리 〈할〉소리의 'ㅎ'이
벗겨진 말이며 굳은소리는 〈컬-칸〉소리이지만 속화된 〈클-큰〉소
리와 대칭적이다.

따라서 통제하여-〈퀀〉 크게-〈알〉하게 제압하여 누르고-〈달〉이
는 〈퀀달알→퀄달알→퀄다랄〉소리는 초기국가〔고을나라〕 시대에
대제압통제부(大制壓統制府)로 삼았던 글귀이름이다.

한 예로 〈퀄달알〉소리는 중국음 〔꾸뚸예〕음자 고타야(古陀耶·
安東)로 표음한 글귀이름으로 삼고, 〈달〉소리의 'ㄹ' 받침이 뒤로
처지는 〈퀄달알→퀄다랄〉소리는 중국음 〔꾸뚱란〕음자 고동람(古
冬攬·咸昌)으로 표음한 글귀이름으로 삼은 〈ㄹ〉소리가 뒷소리로
처지는 〈궈달알→궈다랄〉소리를 일본(日本)에서 〈궈다랄→궈다
라 : クタラ〉라고 일컫는 이름소리는 초기국가〔고을나라〕들을 대
제압통제부(大制壓統制府)로 일컫는 글귀이름이다.

i) 〈궈달알→궈달〉소리 고타야(古陀耶)-안동(安東) : 안동(安東)

은 옛적 고타야(古陀耶)로 고타(古陀), 고창(古昌), 고장(古藏)이라
고 표음한 글귀이름으로 부르던 고을이다.

● 고타야(古陀耶)의 중국음〔꾸톼예〕음자는 "통제하여-〈궐〉
한 크게-〈알〉하게 제압하여 누르고-〈달〉이는〈궐달알〉"소리
를 표음한 글귀이름은 대통제제압부(大統制制壓府)을 일컫는
글귀이름이다.〈궐달알〉소리는〈달〉소리의 'ㄹ' 받침이 뒷소
리로 처지는〈궈달알→궈다랄→궈다라〉소리는 일본(日本)이
일컫는 '궈다라 : クタラ'이다.

● 나라가 망하고 신라(新羅)는 중국음〔꾸타〕음자 고타
(古陀)로 "통제하여-〈궐〉한 제압하여 누르고-〈달〉이는〈궐달〉"
소리를 표음한 글귀이름으로 삼았다가,〈달〉소리를 구개음화
시켜 "통제하여-〈궐〉한 제압하여 누르고-〈잘〉이는〈궐잘〉"
소리를 중국음〔꾸창〕음자 고창(古昌)·고장(古藏)으로 표음
한 글귀이름으로 불렀다. 그러다가 마침내 "크게-〈안〉하게
제압하여 누르고-〈달〉이는〈안달〉"소리를 안동(安東)으로 표
음한 글귀이름으로 취했다. 처음에는 대통제제압부(大統制制
壓府)로 다음은 통제제압부(統制制壓府)로 삼다가, 이제는 대
제압부(大制壓府)라는〈안달〉소리의 글귀이름이 남았다.

---

ii)〈궈달알→궈다랄〉소리 고동람(古冬攬)-함창(咸昌) : 상주(尙
州) 함창(咸昌)의 옛이름 고동람(古冬攬)의 중국음〔꾸뚱란〕음자
는 "통제하여-〈궈〉는 크게-〈알〉하게 제압하여 누르고-〈달〉이는
〈궈달알〉"소리를 표음한 글귀소리이지만, 'ㄹ' 받침이 뒷소리로
처진〈궈달알→궈다랄〉소리를 표음한 글귀이름은 초기국가〔고을

나라〕 시대의 대통제제압부(大統制制壓府)를 일컫는 이름이다.

이러한 〈궈달알→궈다랄→궈다라 : クタラ〉소리의 글귀이름은 도처의 초기국가〔고을나라〕들이 그들 대통제제압부(大統制制壓府)를 일컫는 이름으로서, 나라마다 있는 많은 〈궈다라 : クタラ〉소리를 곧 백제(百濟)로 인식하는 일본(日本)의 역사 인식은 몰라도 너무 모르는 잠꼬대이다.

② 〈달궐알→달권〉 고을

〈달궐알→달궐〉소리는 〈궐달알→궈다랄→궈다라 : クタラ〉소리의 자리바꿈말이다. 〈달〉소리가 구개음화하면 〈절-잘-쥘〉소리를 울리며 대칭적으로 높다, 두드러지다, 솟아오르다. 제압하여 누르다라는 뜻으로 쓰이며, 굳은소리 〈궐-권〉소리는 무른소리 〈쥔〉소리와 대칭적으로 잡아쥐다는 제어, 통제, 통치, 지배 등의 뜻이며, 〈알〉소리는 크다는 무른소리 〈할〉소리의 'ㅎ'이 탈락한 말이다.

따라서 "제압하여 누르고-〈달〉이며 크게-〈알〉하게 통제하여-〈권〉 〈달궐알→달궈랄〉"소리를 표음한 글귀이름은 초기국가〔고을나라〕 대제압통제부(大制壓統制府)로 삼았던 이름이다.

〈달권〉소리 일본(日本) 도근(島根)

일본(日本)의 도근(島根)은 중국음 〔또껀〕음자로 "제압하여 누르고-〈달〉이며 통제하여-〈권〉 〈달권〉"소리를 표음한 음표명(音標名)은 제압통제부(制壓統制府)를 일컫는 글귀이름을 중국(中國) 땅도 아닌 데 한자뜻으로 풀어 '섬뿌리-시마네 : シマ木'라고 풀이한 이름은 역사를 농락하는 말장난이다.

162

③ 〈달안〉과 〈안달〉소리는 대제압부(大制壓府)

〈쥔달안〉소리나 자리바꿈한 〈달쥔알〉소리를 짧게 줄이면 〈달안〉소리나 〈안달〉소리와 〈쥔안〉소리나 〈안쥔〉소리가 나선다.

〈쥔〉소리는 잡아쥔다는 무른소리로 제어, 통제, 통치, 지배 등을 뜻하고, 〈달〉소리는 구개음화한 〈절-잘-쥘〉소리와 대칭적으로 높다, 두드러지다, 솟아오르다, 제압하여 누르다라는 뜻이며, 〈알-안〉소리는 크다는 무른소리로 'ㅎ'이 탈락하면 〈알-안〉소리가 나지만 뜻은 같다.

따라서 "크게-〈안〉하게 제압하여 누르고-〈달〉이는 〈안달〉"소리는 대제압부(大制壓府)로 삼아온 우리 말귀〔語句〕의 글귀이름이다.

i) 〈안달〉소리 안동(安東) : 오늘날의 안동(安東)은 중국음 〔안뚱〕음자로 "크게-〈안〉하게 제압하여 누르고-〈달〉이는 〈안달〉"소리를 표음한 글귀이름으로 대제압부(大制壓府)로 삼아온 고을이다.

ii) 〈안덜〉소리 안정(安定) : 의성군(義城郡)의 안정(安定)과 영주(榮州)의 안정(安定)은 중국음 〔안띵〕음자로 "크게-〈안〉하게 제압하여 누르고-〈덜〉이는 〈안덜〉"소리를 표음한 글귀이름으로 대제압부(大制壓府)로 삼아온 이름이지만, 오늘날 우리는 마치 구개음화시킨 〈안절〉소리처럼 부르기는 하나 실종된 글귀이름이 되었다.

iii) 〈덜안〉소리 천안(天安) : 천안(天安)은 중국음 〔텐안〕음자로 "크게-〈안〉하게 제압하여 누르고-〈달→덜〉이는 〈덜안〉"소리를 표음한 글귀이름으로 오랫동안 대제압부(大制壓府)로 삼아온 고을이다. 우리는 마치 구개음화시킨 〈절안〉소리처럼 부르고는 있으나 실종된 글귀이름이다.

iv) 〈달안〉소리 동안(東安) : 양산(梁山) 장안(長安)의 옛이름 동안(東安)은 중국음 〔뚱안〕음자로 "크게-〈안〉하게 제압하여 누르고-〈달〉이는 〈달안〉"소리를 표음한 글귀이름으로 삼은 대제압부

(大制壓府)이지만 우리는 구개음화시킨 〈잘안〉소리 장안(長安)으로 바꾸어 부르는 글귀이름이 되었다.

2.2. 〈쥔잘알→쥔잘〉소리와 〈잘쥔알→잘쥔〉소리는 제압통제부(制壓統制府)

(1) 〈쥔잘알→쥔잘〉소리와 〈잘쥔알→잘쥔〉소리

① 〈쥔잘알→쥔잘〉 고을

무른소리 〈쥔〉소리는 굳은소리 〈권〉소리와 대칭적으로 잡아쥔다는 제어, 통제, 통치, 지배 등을 뜻하고, 〈잘〉소리는 〈달〉소리가 구개음화한 〈절-잘-쥘〉소리와 대칭적으로 높다, 두드러지다, 솟아오르다, 제압하여 누르다라는 뜻으로 쓰며, 〈알〉소리는 크다는 무른소리 〈할-한〉소리의 'ㅎ'이 탈락한 말이다.

따라서 "통제하여-〈쥔〉 크게-〈알〉하게 제압하여 누르고-〈잘〉이는 〈쥔잘알〉"소리는 초기국가〔고을나라〕 대통제제압부(大統制壓府)를 일컫는 글귀이름으로 삼았던 이름이다. 나라가 망하고 짧게 줄여서 "통제하여-〈쥔〉 제압하여 누르고-〈잘〉이는 〈쥔잘〉"소리를 통제제압부(統制制壓府)로 삼은 글귀이름이 되었다.

i) 〈쥐잘〉소리 거창(居昌) : 거창(居昌)의 중국음 〔쥐창〕음자는 "통제하여-〈쥐〉고 제압하여 누르고-〈잘〉이는 〈쥐잘〉"소리를 표음한 글귀이름으로 통제제압부(統制制壓府)로 삼았지만 표준 한자음가는 마치 〈귀잘〉소리처럼 읽기는 하나 바른 이름소리와 뜻이 실종된 화석명(化石名)이 되고말았다.

ii) 〈쥔잘〉소리 김천(金泉) : 김천(金泉)의 중국음 〔진촨〕음자는 "통제하여-〈쥔〉 제압하여 누르고-〈잘〉이는 〈쥔잘〉"소리를 표음한 글귀이름으로 통제제압부(統制制壓府)로 삼아온 고을의 하나이다.

iii) 〈�췬잘〉소리   청천(淸川)·청주(淸州) : 청주(淸州)의   옛이름 청천(淸川)의 중국음 〔칭촨〕음자는 "통제하여-〈쳔〉 제압하여 누르고-〈잘〉이는 〈쳔잘〉"소리를 표음한 글귀이름으로 통제제압부(統制制壓府)를 삼았다가 오늘날은 "통제하여-〈쳔〉 고을〔州〕 〈쳔주〉"를 청주(淸州)로 표음한 글귀이름이 되었다.

iv) 〈쥐잘〉소리   동래(東萊)   기장(機張) : 동래(東萊)   기장(機張)의 중국음 〔지촨〕음자로 "통제하여-〈쥐〉고 제압하여 누르고-〈잘〉이는 〈쥐잘〉"소리를 표음한 글귀이름으로 '통제제압부(統制制壓府)'를 삼았던 고을이다.

v) 〈쳔잘〉소리   진천(鎭川) : 진천(鎭川)의   중국음 〔전촨〕음자는 "통제하여-〈쳔〉 제압하여 누르고-〈잘→절〉이는 〈쳔잘→쳔절〉"소리를 표음한 글귀이름으로 '통제제압부(統制制壓府)'를 삼아온 고을이다.

vi) 〈쳔잘〉소리   춘천(春川) : 춘천(春川)은 중국음 〔츈촨〕음자로 "통제하여-〈쳔〉 제압하여 누르고-〈잘→절〉이는 〈쳔잘→쳔절〉"소리를 표음한 글귀이름으로 '통제제압부(統制制壓府)'를 일컫는 고을이다.

vii) 〈쳔잘〉소리   순창(淳昌) : 오늘날의   순창(淳昌)은   중국음 〔츈촨〕음자로 "통제하여-〈쳔〉 제압하여 누르고-〈잘〉이는 〈쳔잘〉"소리를 표음한 글귀이름으로 '통제제압부(統制制壓府)'를 삼은 고을의 하나이다.

viii) 〈쳔절〉소리   청정(靑正)·청양(靑陽) : 오늘날의 청양(靑陽)은 옛이름 청정(靑正)의 중국음 〔칭정〕음자로 "통제하여-〈쳔〉 제압하여 누르고-〈절〉이는 〈쳔절〉"소리를 표음한 글귀이름으로 '통제제압부(統制制壓府)'를 삼았다.

그러다가 오늘날은 "통제하고-〈쥔〉 제압하여 절이고-〈눌〉으는 〈쥔눌〉소리는 〈눌〉소리가 두음법칙과 모음조화로 〈눌→율→얄〉소리로 변한 〈쥔얄〉"소리를 〔칭양〕음자 청양(靑陽)으로 표음한 글귀이름으로 변함없는 통제제압부(統制制壓府)로 삼고 있는 글귀이름이다.

ix) 〈쥐절〉소리 결성(結城)·홍성(洪城) : 홍성군(洪城郡) 결성(結城)의 중국음 〔졔청〕음자는 "통제하여-〈쥐〉고 제압하여 누르고-〈절〉이는 〈쥐절〉"소리를 표음한 글귀이름으로 '통제제압부(統制制壓府)'를 삼은 글귀이름이다.

x) 〈쥐잘〉소리 제천(堤川) : 제천(堤川)의 중국음 〔지촨〕음자는 "〈쥐잘→쥐절〉소리를 표음하여 통제하여-〈쥐〉고 제압하여 누르고-〈잘→절〉이"는 고을이란 글귀이름으로 '통제제압부(統制制壓府)'를 삼은 이름이다.

xi) 〈쥔잘〉소리 금천(金川) : 황해도(黃海道) 금천(金川)의 중국음 〔진촨〕음자는 "통제하여-〈쥔〉 제압하여 누르고-〈잘→절〉이는 〈쥔잘→쥔절〉"소리를 표음한 글귀이름으로 '통제제압부(統制制壓府)'를 삼은 고을의 하나이다.

xii) 〈쥔잘〉소리 정천(井泉) : 강원도(江原道) 덕원(德原)의 옛이름 정천(井泉)의 중국음 〔징촨〕음자는 "통제하여-〈쥔〉 제압하여 누르고-〈잘〉이는 〈쥔잘〉"소리를 표음한 글귀이름으로 '통제제압부(統制制壓府)'를 삼았던 고을의 하나이다.

xiii) 〈쥔잘〉소리 청천(菁川) : 진주(晉州)의 옛이름 청천(菁川)의 중국음 〔칭촨〕음자는 "〈쥔잘〉소리를 표음하여 통제하여-〈쥔〉 제압하여 누르고-〈잘〉"이는 글귀이름으로 '통제제압부(統制制壓府)'를 삼아 부르다가 "통제하여-〈쥔〉 제압하여 절이고-〈눌→율→얄〉으는 〈쥔얄〉"소리를 〔진양〕음자 진양(晉陽)으로 표음한 글귀이름으로 바꾸었다. 뒤에는 더 짧게 "통제하여-〈쥔〉 고을〔州〕 〈쥔주〉"

를 진주(晉州)로 표음하게 되었다.

xiv) 〈쥔절〉소리 금성(錦城) : 나주(羅州)의 옛이름 금성(錦城)은 중국음〔진청〕음자로 "통제하여-〈쥔〉 제압하여 누르고-〈절〉이는 〈쥔절〉"소리를 표음한 글귀이름으로 '통제제압부(統制制壓府)'를 삼았던 고을이다.

xv) 〈쥐잘〉소리 창원(昌原) : 창원(昌原)의 옛이름 굴자(屈自)는 중국음〔취즈〕음자로 "〈쥐잘〉소리를 표음하여 통제하여-〈쥐〉고 제압하여 누르고-〈잘〉"이는 글귀이름으로 '통제제압부(統制制壓府)'를 삼았던 고을이다.

〈쥔절〉소리 일본(日本)의 금택(金澤)

일본(日本) 석천현(石川縣) 금택(金澤)의 중국음〔진재〕음자는 "통제하여-〈쥔〉 제압하여 누르고-〈절〉이는 〈쥔잘→쥔절〉"소리를 표음한 글귀이름으로 '통제제압부(統制制壓府)'를 삼아왔는데, 이 이름을 한자 뜻풀이로 '가네자와 : カネザワ'라고 부르는 짓은 역사를 우롱하는 말장난이다.

〈쥔잘〉소리 일본(日本)의 근강(近江)

일본(日本)의 옛이름 근강(近江)은 중국음〔진쟝〕음자로 "통제하여-〈쥔〉 제압하여 누르고-〈잘〉이는 〈쥔잘〉"소리를 표음한 글귀이름으로 '통제제압부(統制制壓府)'를 삼았던 이류이다.

이상과 같이 우리 나라의 곳곳은 물론이고 바다 건너 일본(日本)의 요처(要處)들도 일찍이 우리 선대인(先代人)들이 역사를 이

록하여 우리 말귀〔語句〕로 이름 지은 글귀이름으로 "통제하여-〈줜〉
제압하여 누르고-〈잘→절〉이는 〈줜잘→줜절〉"소리의 글귀이름으
로 다스려왔지만, 근세 대부분의 한자음을 '표준한자음'으로 읽
고 부르는 데로부터 글귀소리는 뒤틀리고 표음해놓은 뜻이 실종
되어 '무의미한 헛소리'로 전락된 고을이름이 되었다.

② 〈잘쥔알→잘쥔〉 고을

〈잘〉소리는 〈달〉소리가 구개음화하여 〈절-잘-줠〉소리를 울리
며 대칭적으로 높다, 두드러지다, 솟아오르다, 제압하여 누르다라
는 뜻을 나타낸다. 〈줜〉소리는 굳은소리 〈권〉소리와 대칭적으로
잡아쥐다는 제어, 통제, 통치, 지배 등의 뜻으로 쓰이고, 〈알〉소
리는 크다는 무른소리 〈할〉소리의 〈ㅎ〉이 탈락한 말이다.

따라서 "제압하여-〈잘→절〉이고 크게-〈알〉하게 통제하여-〈줜〉
〈잘쥔알〉"소리를 초기국가〔고을나라〕 대제압통제부(大制壓統制府)
로 삼았다가 나라가 망하고는 짧게 제압하여 "누르고-〈잘→절〉
이며 통제하여-〈줜〉〈잘쥔〉"소리를 제압통제부(制壓統制府)로 삼
아 나라의 요소(要所)에 이런 고을이름을 남겨놓았다.

i) 〈잘쥔↔줜잘→줜절〉소리 단성(丹城) : 산청군(山淸郡) 단성
(丹城)은 옛이름을 궐지(闕支)라고 표음하거나 궐성(闕城)이나 강
성(江城), 진성(珍城) 등으로 표음하던 고을이다.

그런데 궐지(闕支)의 중국음 〔춰즥〕음자는 〈잘쥔〉소리를 표음
하고, 자리바꿈시킨 〈줜절〉소리는 진성(珍城)의 중국음 〔진청〕음
자나 궐성(闕城)의 중국음 〔춰청〕음자로 표음한 〈잘쥔↔줜잘→줜
절〉소리로 부르던 글귀이름이다.

강성(江城)의 중국음 〔쟝청〕음자는 〈잘절〉소리를 표음하고, 구
개음화시킨 〈달절〉소리는 〔딴청〕음자 단성(丹城)으로 표음한 글
귀이름이다.

168

따라서 "제압하여 누르고-〈잘→절〉이며 통제하여-〈줜〉〈잘줜〉" 소리는 〔췌긔〕음자 궐지(闕支)로 표음하고, 자리바꿈시킨 〈줜잘→ 줜절〉소리는 〔진청〕음자 진성(珍城)이나 〔췌청〕음자 궐성(闕城) 으로 표음하여 "통제하여-〈줜〉 제압하여-〈잘→절〉이는 〈줜잘→ 줜절〉"소리의 글귀이름으로 부르던 고을이다.

나아가 《일본서기(日本書紀)》에서 기술한 거증산(居曾山)의 거증(居曾)의 중국음 〔쥐정〕음자는 〈쥐잘→쥐절〉소리를 표음한 글귀이름이므로 중국음 〔진청〕음자 진성(珍城)으로 표음한 글귀이름과 같은 〈줜잘-줜절〉소리를 표음하던 고을이었다. 때로는 〈잘절〉소리를 중국음 〔쟝청〕음자 강성(江城)으로 표음하고, 뒷날 구개음화시킨 〈달절〉소리를 중국음 〔딴청〕음자 단성(丹城)으로 표음하여 한 고을 세 이름 모두가 같은 '통제제압부(統制制壓府)'를 일컫는 글귀이름으로 이룩되었다.

그러므로 "통제하여-〈줜〉 제압하여 누르고-〈잘→절〉이는 〈줜잘→줜절→줜쥘〉"소리로 변하는 〈줜쥘〉소리는 궐지(闕支)의 중국음 〔췌긔〕음자로 표음하고, 〈줜절〉소리는 진성(珍城)의 중국음 〔진청〕음자와 궐성(闕城)의 중국음 〔췌청〕음자, 거증(居曾)의 중국음 〔쥐정〕음자로 표음한 동음이자(同音異字) 글귀이름들이다.

또한 "높이-〈잘〉히 제압하여 누르고-〈절〉이는 〈잘전〉"소리는 강성(江城)의 중국음 〔쟝청〕음자로 표음하고, 구개음 대칭소리로 "높이-〈달〉히 제압하여 누르고-〈절〉이는 〈달절〉"소리는 단성(丹城)의 중국음 〔딴청〕음자로 표음하여 '고제압부(高制壓府)'라는 글귀이름이다.

ⅱ) 〈잘줜〉소리 자춘(子春)·단양(丹陽) : 단양(丹陽) 영춘(永春)의 옛이름 자춘(子春)의 중국음 〔즈춘〕음자는 "제압하여 누르고-〈잘〉이며 통제하여-〈줜〉 〈잘줜〉"소리를 표음한 글귀이름으로 '제압통제부(制壓統制府)'를 삼았다가 말을 바꾸어 오늘날 "제압하여

절이고-〈눌→율〉으는 통제하여-〈쥔〉〈율쥔〉"소리를 영춘(永春)의 중국음 〔융춘〕음자로 표음하여 변함없는 '제압통제부(制壓統制府)' 고을이란 글귀소리이다.

〈잘쥐〉소리 일본(日本)의 장기(長崎)

　일본(日本)의 장기(長崎)의 중국음 〔창치〕음자는 "제압하여 누르고-〈잘〉이며 통제하여-〈쥐〉는 〈잘쥐〉"소리를 표음한 글귀이름으로 '제압통제부(制壓統制府)'를 삼아온 고을이다.

〈잘쥐〉소리 일본(日本)의 찬기(讚岐)

　일본(日本)의 옛이름 찬기(讚岐)의 중국음 〔잔치〕음자는 "제압하여 누르고-〈잘〉이며 통제하여-〈쥐〉는 〈잘쥐〉"소리를 표음한 글귀이름으로 '제압통제부(制壓統制府)'를 일컫는 고을이었다.

---

　③ 〈달잘〉소리와 〈잘달〉소리는 고제압부(高制壓府)

　〈달〉소리는 구개음화하여 〈절-잘-쥘〉소리를 내면서 대칭적으로 높다, 두드러지다, 솟아오르다, 제압하여 누르다라는 뜻으로 쓴다. 따라서 "높이-〈달〉히 제압하여-〈잘→절〉이는 〈달잘→달절〉"소리를 고제압부(高制壓府)로 삼은 글귀이름이다.

　i) 〈달절〉소리 단성(丹城) : 산청군(山淸郡) 단성(丹城)의 중국음 〔단청〕음자는 "높이-〈달〉히 제압하여 누르고-〈절〉이는 〈달절〉"소리를 표음한 글귀이름으로 고제압부(高制壓府)를 삼았으나, 옛적은 중국음 〔쟝청〕음자 강성(江城)으로 "높이-〈잘〉히 제압하여 누르고-〈절〉이는 〈잘절〉"소리를 표음한 글귀이름으로 고제압부

(高制壓府)를 삼았던 고을이다. 그러므로 옛은 〈잘절〉소리에서 오늘날은 〈달절〉소리로 구개음화시킨 글귀이름이다.

ⅱ) 〈달잘→달절〉소리 단천(端川) : 단천(端川)의 중국음 〔딴촨〕음자는 "높이-〈달〉히 제압하여 누르고-〈잘→절〉이는 〈달잘→달절〉"소리를 표음한 글귀이름으로 '고제압부(高制壓府)'를 삼아온 이름이다.

ⅲ) 〈달잘→달절〉소리 통천(通川) : 통천(通川)의 중국음 〔퉁촨〕음자는 "높이-〈달〉히 제압하여 누르고-〈잘→절〉이는 〈달절〉"소리를 표음한 이름으로 고제압부(高制壓府)를 삼아온 글귀이름이다.

ⅳ) 〈잘달〉소리 장단(長湍) : 장단(長湍)의 중국음 〔창딴〕음자는 "높이-〈잘〉히 제압하여 누르고-〈달〉이는 〈잘달〉"소리를 표음한 글귀이름으로 '고제압부(高制壓府)'를 삼아온 이름이다.

(2) 〈궐잘알→궐잘〉소리와 〈잘궐알→잘권〉소리는 통제제압부 (統制制壓府)

① 〈궐잘알→궐잘〉 고을

굳은소리 〈궐-권〉소리는 무른소리 〈권〉소리와 대칭적으로 잡아줘다는 제어, 통제, 통치, 지배 등을 뜻하고, 〈잘〉소리는 〈달〉소리가 구개음화한 〈절-잘-쥘〉소리와 대칭적으로 높다, 두드러지다, 솟아오르다. 제압하여 누르다라는 뜻으로 쓰며, 〈알〉소리는 크다는 무른소리 〈할〉소리의 'ㅎ'이 탈락한 말이다.

따라서 "통제하여-〈궐〉한 크게-〈알〉하게 제압하여 누르고-〈잘〉이는 〈궐잘알〉"소리를 초기국가〔고을나라〕 대제압통제부(大制壓統制府)를 일컫는 글귀이름이었다. 나라가 망한 후일 통제하여-〈궐〉하고 제압하여 누르고-〈잘→절〉이는 〈궐잘→궈절〉소리를 통제제압부(統制制壓府)를 일컫는 이름으로 삼았다.

  i) 〈귀잘〉소리 안동(安東)의 고창(古昌)과 고장(古藏) : 안동(安東)의 옛이름 고창(古昌)이나 고장(古藏)의 중국음 〔꾸창〕음자는 "통제하여-〈궐〉하고 제압하여 누르고-〈잘〉이는 〈궐잘〉"소리를 표음한 글귀이름으로 '통제제압부(統制制壓府)'를 삼은 이름이다.

  그런데 〈궐잘〉소리는 구개음화시킨 〈궐달〉소리와 대칭적으로 옛적은 고타(古陀)의 중국음 〔꾸튀〕음자로 〈궐달〉소리를 표음하여 쓰다가 뒷날 〈궐잘〉소리로 대칭시켜 부르던 고을이다.

  ii) 〈궐잘→궐절〉소리 고자(古自)·고성(固城) : 고성(固城)의 옛이름 고자(古自)는 중국음 〔꾸즈〕음자로 "통제하여-〈궐〉하고 제압하여 누르고-〈잘→절〉이는 〈궐잘〉"소리를 표음한 글귀이름으로 삼고, 고성(固城)의 중국음 〔꾸청〕음자는 〈궐절〉소리를 표음한 글귀이름으로 옛적엔 〈귀잘〉소리에서 오늘날은 〈궐절〉소리로 다듬어진 '통제제압부(統制制壓府)'라는 글귀이름이다.

  iii) 〈궐잘〉소리 고창(高敞) : 고창(高敞)의 중국음 〔꼬창〕음자는 "통제하여-〈궐〉하고 제압하여 누르고-〈잘〉이는 〈궐잘〉"소리를 표음한 글귀이름으로 '통제제압부(統制制壓府)'를 삼은 글귀이름이다.

  이런 〈궐잘〉소리는 안동(安東)의 옛이름 고창(古昌)이나 고장(古藏)과 글귀이름이 같고 고성(固城)과도 같은 글귀소리이다.

  iv) 〈궐절〉소리 구성(駒城)·용인(龍仁) : 용인(龍仁)의 옛이름 구성(駒城)의 중국음 〔꺼청〕음자는 〈궐절〉소리를 표음한 글귀이름이며 용구(龍駒)의 중국음 〔룽꺼〕음자는 〈룰궐〉소리를 표음한 글귀이름이다.

  그렇다면 〔꺼청〕음자 구성(駒城)은 "통제하고-〈궐〉하고 제압하여 누르는-〈잘→절〉이는 〈궐절〉"소리를 표음한 글귀이름으로 '통제제압부(統制制壓府)'를 삼았다가 말귀〔語句〕를 바꾸어 "제압하여 절이고-〈룰〉으며 통제하여-〈궐〉한 〈룰궐〉"소리를 〔룽꺼〕음자

용구(龍駒)로 표음한 글귀이름으로 삼은, 뜻이 같은 '통제제압부
(統制制壓府)'를 일컫는 글귀이름이다.

또한 〈룰〉소리는 두음법칙으로 〈눌→율〉소리로 물러지며 세상,
천하, 높은 고루(高樓)를 이르거나 누리다, 눌다, 걸다, 복되다,
제압하여 누르다라는 뜻으로 쓴다.

따라서 "제압하여 절이고-〈룰〉으며 통제하여-〈쥔〉〈룰쥔〉"소
리는 〔룽징〕음자 용정(龍井)으로 표음할 수 있으며, 굳은소리로
"제압하여 절이고-〈룰〉으며 통제하여-〈궐〉한 〈룰궐〉"소리를 〔룽
꺼〕음자 용구(龍駒)로 표음한 글귀이름은 같은 통제제압부(統制
制壓府)를 일컫는 글귀이름이다.

v) 〈궐잘〉소리 고택(高澤)·장수(長水) : 장수(長水)의 옛이름 고
택(高澤)의 중국음 〔꼬재〕음자는 "통제하여-〈궐〉한 제압하여 누
르고-〈잘〉이는 〈궐잘〉"소리를 표음한 글귀이름으로 '통제제압부
(統制制壓府)'를 삼았다가, 오늘날은 "제압하여 누르고-〈잘〉이는
정(頂)수리-〈술〉이 〈잘술〉"소리를 〔창쒜〕음자 장수(長水)로 표음
한 글귀이름으로 제압부(制壓府)를 삼은 것이라고 보기 때문에
뜻이 없는 이름은 짓지 않은 셈이다.

〈궐절〉소리 일본(日本)의 고지(高知)
　일본(日本)의 고지(高知)의 중국음 〔꼬즤〕음자는 "〈궐절〉
소리를 표음하여 통제하여-〈궐〉한 제압하여 누르고-〈절〉이"
는 '통제제압부(統制制壓府)'를 일컫는 글귀이름이다.

---

② 〈잘궐알→잘권〉 고을
　〈잘〉소리는 〈달〉소리가 구개음화하여 〈절-잘-쥘〉소리를 울리
며 대칭적으로 높다, 두드러지다, 솟아오르다. 누르다-제압하다라

는 뜻으로 쓰며, 〈궐〉소리는 무른소리 〈퀀〉소리와 대칭적으로 잡
아줘다는 제어, 통제, 통치, 지배 등을 뜻하는 말이며, 〈알〉소리
는 크다는 무른소리 〈할〉소리의 'ㅎ'이 탈락한 말이다.

따라서 "제압하여 누르고-〈잘〉이며 크게-〈알〉하게 통제하여-〈궐〉
한 〈잘궐알〉"소리는 초기국가〔고을나라〕 대통제제압부(大統制制壓
府)를 일컫는 글귀이름으로 삼았다가 나라가 망하고는 제압하여
누르고-〈잘〉이며 통제하여-〈궐〉한 〈잘궐〉소리를 '제압통제부(制
壓統制府)'를 일컫는 글귀이름으로 삼았다.

안산(安山)의 옛이름 장구(獐口)의 중국음 〔장꾸〕음자는 "제압
하여 누르고-〈잘〉이며 통제하여-〈궐〉한 〈잘궐〉"소리를 표음한 글
귀이름으로 '제압통제부(制壓統制府)'를 일컫는 이름으로 삼았다.

이상에서 살펴본 대로 우리 조상들은 여러 고을을 다스리면서
옛적에 초기국가〔고을나라〕들이 쓰던 대통제제압부(大統制制壓府)
를 일컫는 이름을 짧게 다듬어 통제제압부(統制制壓府)로 삼아 〈퀀
달〉소리는 〈달퀀〉소리로 자리바꿈시키고, 굳은소리로도 〈궐달〉소
리는 〈달궐〉소리로 자리바꿈시키는 고을이름을 지어놓았다.

〈퀀달〉소리는 구개음 대칭으로 〈퀀잘〉소리로 일컫고 자리바꿈
시켜 〈잘퀀〉소리는 굳은소리로 〈잘궐〉소리나 〈궐잘〉소리로 부르
기도 하며 다스리는 영역(領域)을 세 층으로 편성한 자취를 말귀
〔語句〕 짜임새로 살펴볼 수 있었다.

그뿐 아니라 〈룰퀀〉소리는 〈룰궐〉소리를 대칭시키고 자리바꿈
시켜 〈퀀룰〉소리는 〈궐룰〉소리를 대칭시키며 나랏말 글귀소리로
나라 살림을 여러 모로 짜맞춘글귀이름으로 고을 살림살이를 꾸
려 보려고 애쓴 자취를 읽을 수 있었다.

③ 〈잘안〉과 〈안절〉 고을은 대제압부(大制壓府)

〈절-잘-쥘〉소리는 〈달〉소리가 구개음화한 말로 대칭적으로 높다, 두드러지다, 솟아오르다, 제압하여 누르다라는 뜻이며, 〈알-안〉소리는 크다는 무른소리 〈할-한〉소리의 'ㅎ'이 탈락한 말이다.

i) 〈잘안〉소리 장안(長安)·양산(梁山) : 양산군(梁山郡) 장안(長安)의 중국음 〔창안〕음자는 "크게-〈안〉하게 제압하여 누르고-〈잘〉이는 〈잘안〉"소리를 표음한 대제압부(大制壓府)를 일컫는 글귀이름이다.

ii) 〈잘안〉소리 장안(長安)·화성(華城) : 화성(華城) 장안(長安)의 중국음 〔창안〕음자는 "크게-〈안〉하게 제압하여 누르고-〈잘〉이는 〈잘안〉"소리를 표음한 글귀이름으로 대제압부(大制壓府)를 삼은 이름이다.

iii) 〈절안〉소리 정안(正安) : 공주군(公州郡) 정안(正安)의 〔정안〕음자는 "크게-〈안〉하게 제압하여 누르고-〈절〉이는 〈절안〉"소리를 표음한 대제압부(大制壓府)를 일컫는 글귀이름이다.

iv) 〈안절〉소리 안성(安城) : 〈잘안〉소리를 자리바꿈한 〈안잘→안절〉소리는 "크게-〈안〉하게 제압하여 누르고-〈절〉이는 〈안절〉"소리를 중국음 〔안청〕음자 안성(安城)으로 표음한 글귀이름으로 '대제압부(大制壓府)'를 삼은 이름이다.

④ 〈쥔안〉소리는 대통제부(大統制府)

〈쥔〉소리는 '쥐'다는 동사의 진행형이나 완료형으로 잡아쥐다는 제어, 통제, 통치, 지배 등을 뜻하며, 〈안〉소리는 크다는 무른소리 〈한〉소리의 〈ㅎ〉이 탈락한 말이다.

i) 〈쥔안〉소리 진안(鎭安) : 진안(鎭安)은 중국음 〔전안〕음자로 "크게-〈안〉하게 통제하여-〈쥔〉 〈쥔안〉"소리를 표음한 글귀이름을 대통제부(大統制府)로 삼아온 이름이다.

ii) 〈쥐안〉소리 길안(吉安) : 안동(安東) 길안(吉安)의 중국음
〔지안〕음자는 "크게-〈안〉하게 통제하여-〈쥐〉는 〈쥐안〉"소리를
표음한 글귀이름을 '대통제부(大統制府)'로 삼은 고을이다.

iii) 〈쥐안〉소리 집안(集安)·집안(輯安) : 고구려(高句麗)의 옛터
집안(集安), 집안(輯安)의 중국음 〔지안〕음자는 "크게-〈안〉하게
통제하여-〈쥐〉는 〈쥐안〉"소리를 표음한 글귀이름을 대통제부(大
統制府)로 삼았으나 이곳은 옛 수도(首都) 〈서울〉이나 〈서블〉소
리이므로 역사는 무상하여 한 통제부(統制府)로 전락된 모습이다.

3. 〈울쥔 : 울귈〉 짝소리와 〈물쥔 : 물귈〉 짝소리는 통제
   부(統制府), 〈불쥔 : 불귄〉 짝소리와 〈쥔불 : 귈불〉 짝
   소리는 통제부(統制府)

3.1. 〈울쥔 : 울귈〉 짝소리는 통제부(統制府)

(1) 〈울쥔〉소리와 〈쥔울〉소리는 통제부(統制府)

① 〈울쥔〉 고을
나라의 '복판〔中央〕'을 일컫는 데서도 "봉(峰)'우리'-〈울〉이에
올라-〈서〉는 〈서울〉"이라는 이름을 쓰는가 하면, "묏'부리'-〈블〉
이에 올라-〈서〉는 〈서블〉"소리를 곁들이는 짜임새로 이름 부르
고 있었다.
나라의 '고을〔地方〕'을 일컫는 데서도 "봉(峰)'우리'-〈울〉이는 영
(嶺)'마루'나 용(龍)마루란 〈물〉우"를 대칭시키거나 "묏'부리'-〈불〉
이"를 대치(代置)하여 여러 가지로 짜맞춘 이름을 다듬어 통제부

(統制府)라는 뜻을 글귀소리로 나타내고 있었다.

〈울〉소리는 봉(峰)'우리'라는 뜻이지만 정(頂)'수리'란 〈술〉소리에서 먼저는 'ㅅ'이 탈락하고 이어 'ㅎ'마저 탈락하는 순서를 밟았다. 근세에 와서는 곧바로, 〈술→울〉소리가 나기도 하는 〈술→홀→울〉소리는 그늘소리로 영(嶺)'마루'나 용(龍)'마루'란 〈몰〉소리를 대칭시키는 쓰임새를 하다가, 이제는 짝소리로 굳어져 〈술→홀→울〉소리를 〈몰〉소리로 바꾸어 부르는 현상이 있다.

〈쥔〉소리는 '쥐다'라는 말의 무른소리이지만 굳은소리는 〈권〉소리를 대칭시키며 잡아쥐다는 제어, 통제, 명령, 지배, 통치 등의 뜻으로 쓰고 있다.

따라서 "봉(峰)'우리'-〈울〉이를 통제하여-〈쥔〉〈울쥔〉"소리는 우리말 말귀[語句]로 '이름-체언'과 '술어-용언'을 엮어 짜맞춘 문화적인 짜임새의 정치 용어로 볼 수 있다.

i) 〈울쥔알→울쥔〉소리 울진(蔚珍) : 울진(蔚珍)은 일찍이 고구려(高句麗)때는 중국음 〔위진예〕음자 우진야(于珍也)로 〈울쥔알〉소리를 표음하다가 신라(新羅)에 의해 〔위진〕음자 울진(蔚珍)으로 〈울쥔〉소리를 표음한 글귀이름이다.

따라서 "봉(峰)우리-〈울〉이를 크게-〈알〉하게 통제하여-〈쥔〉〈울쥔알〉"소리를 고구려(高句麗)는 중국음 〔위진예〕음자 우진야(于珍也)로 표음한 글귀이름으로 대통제부(大統制府)를 삼았다가 신라(新羅)는 "봉(峰)우리-〈울〉이를 통제하여-〈쥔〉〈울쥔〉"소리를 중국음 〔위진〕음자 울진(蔚珍)으로 표음한 글귀이름으로 통제부(統制府)로 삼은 천년이 넘는 역사를 지니는 글귀이름이다.

ii) 〈울쥔〉소리 물금(勿禁)·양산(梁山) : 양산(梁山) 물금(勿禁)의 중국음 〔우진〕음자는 "봉(峰)우리-〈울〉이를 통제하여-〈쥔〉〈울쥔〉"소리를 표음한 글귀이름으로 통제부(統制府)로 삼아온 고을이다.

iii) 〈울쥔〉소리 무진(武珍)·광주(光州) : 광주(光州)의 옛이름 무진(武珍)의 중국음 〔우진〕음자는 "봉(峰)우리-〈울〉이를 통제하여-〈쥔〉〈울쥔〉"소리를 표음한 글귀이름으로 통제부(統制府)를 일컫는 이름이므로 광주(光州)-'빛고을'이라고 풀이하는 쓰임새는 잘못된 이름이다.

〈울쥔〉소리 무진(武珍)을 짧게 줄여 무른소리로 "통제하여-〈쥔〉주=진주(珍州)"를 굳은소리 〈권〉소리로 바꾼 "통제하여-〈권〉주=광주(光州)"라는 〈권〉소리를 표음한 것이 광(光) 자이다. 그러므로 "통제하는=〈권〉주(州)" 고을이지 '빛고을'이 될 수 없으며, 백번 양보하여 '빛고을'이라고 한다면 옛적에 중국인(中國人)이 과연 광주(光州)에 살았다는 말인지 깊이 새겨볼 일이 아닐 수 없다.

iv) 〈울쥐〉소리 무극(無極)·음성(陰城) : 음성(陰城)의 무극(無極)은 중국음 〔우지〕음자로 "〈울쥐〉소리를 표음하여 봉(峰)우리-〈울〉이를 통제하여-〈쥐〉"는 고을이라고 이름 지은 '통제부(統制府)'로 삼았던 글귀이름이다.

v) 〈술쥔→울쥔〉소리 웅진(熊津)·공주(公州) : 공주(公州)의 옛이름 웅진(熊津)의 중국음 〔쓩진〕음자는 "〈술쥔〉소리를 표음하여 정(頂)수리-〈술〉이를 통제하여-〈쥔〉" 고을이라는 글귀이름을 울리고 있지만, 우리는 〈술〉소리의 〈ㅅ〉을 탈락시킨 "봉(峰)우리-〈울〉이를 통제하여-〈쥔〉〈울쥔〉"소리로 부르는 '통제부(統制府)'로 삼고 있는 셈이다. 그러므로 굳은소리 〈술권〉소리에서 〈술〉소리를 줄인 〈권주〉-공주(公州)는 통제하는-〈권〉주(州)라는 글귀이름인 셈이다.

vi) 〈울쥔〉소리 은진(恩津)·논산(論山) : 은진(恩津)의 중국음 〔언진〕음자는 "〈울쥔〉소리를 표음하여 봉(峰)우리-〈울〉이를 통제하여-〈쥔〉" '통제부(統制府)'로 삼았던 글귀이름이다.

〈울쥐〉소리 옥저(沃沮)와 물길(勿吉)

옛 옥저(沃沮)의 중국음 〔우줘〕음자나 물길(勿吉)의 중국음 〔우지〕음자들은 어느 이름이나 "봉(峰)우리-〈울〉이를 통제하여-〈쥐〉는 〈울쥔→울쥐〉"소리를 표음한 음표명이다.

〈울쥔〉소리는 봉(峰)우리-〈울〉이를 통제하여-〈쥔〉 통제부(統制府)라는 뜻이지만 우리말은 봉(峰)우리를 중복되게 일컫는 쓰임새도 있어 "봉(峰)우리-〈울〉이의 정(頂)수리-〈술〉이를 통제하여-〈쥔〉 〈울술쥔〉"소리를 통제부정(統制府頂)으로 삼았던 고을이름이다.

---

vii) 〈울술쥔〉소리 우시군(于尸郡) : 영덕군(盈德郡) 영해(寧海)의 옛이름 우시군(于尸郡)의 중국음 〔위시쥔〕음자는 옛이름 "〈울술쥔〉소리를 표음하여 봉(峰)우리-〈울〉이의 정(頂)수리-〈술〉이를 통제하여-〈쥔〉" 통제부정(統制府頂)을 일컫는 글귀이름의 하나이다.

viii) 〈울술쥔〉소리 온수군(溫水郡) : 온양(溫陽)의 옛이름 온수군(溫水郡)의 중국음 〔운쉐쥔〕음자는 옛적에 "봉(峰)우리-〈울〉이의 정(頂)수리-〈술〉이를 통제하여-〈쥔〉 〈울술쥔〉" 고을이라는 통제부정(統制府頂)을 일컫는 글귀이름이다.

ix) 〈울술쥔〉소리 우술군(雨述郡) : 회덕(懷德)의 옛이름 우술군(雨述郡)은 중국음 〔위쒀쥔〕음자로 "봉(峰)우리-〈울〉이의 정(頂)수리-〈술〉이를 통제하여-〈쥔〉 〈울술쥔〉" 고을이라는 통제부정(統制府頂)을 일컫는 글귀이름이다.

② 〈쥔울〉 고을

〈울쥔〉소리를 자리바꿈시켜 "통제하여-〈쥔〉 봉(峰)우리-〈울〉이 〈쥔울〉"소리를 통제부(統制府)로 삼은 글귀이름이 된다.

i) 〈쿼울〉소리 정읍(井邑) : 정읍(井邑)의 중국음 〔징이〕음자는 〈쿼울〉소리를 표음하여 "통제하여-〈쿼〉 봉(峰)우리-〈울〉이"를 '통제부(統制府)'로 삼은 글귀이름이다.

ii) 〈쿼울〉소리 진잉을(進仍乙)·금산(錦山) : 금산(錦山)의 옛이름 진잉을(進仍乙)의 중국음 〔징잉이〕음자는 옛소리 〈쿼울〉소리를 표음하여 "통제하여-〈쿼〉 봉(峰)우리-〈울〉이"를 중국어 '통제부(統制府)'를 일컫는 글귀이름으로 삼았다.

iii) 〈쿼울〉소리 금물(今勿)·예산(禮山) : 예산(禮山) 덕산(德山)의 백제(百濟) 적 이름 금물(今勿)의 중국음 〔진우〕음자나 신라(新羅) 적 이름 금무(今武)의 중국음 〔진우〕음자 등 두 이름은 "통제하여-〈쿼〉 봉(峰)우리-〈울〉이 〈쿼울〉"소리를 '통제부(統制府)'로 삼아온 글귀이름이다.

iv) 〈쿼술→쿼울〉소리 청웅(青雄)·남원(南原) : 남원(南原)의 백제(百濟) 적 이름 거사물(居斯勿)의 중국음 〔쥐쓰우〕음자에서 울리는 〈쥐수우→쥐술〉소리 이름을 신라(新羅) 적에 청웅(青雄)으로 바꾼 중국음 〔칭쑹〕음자로 "〈쿼술〉소리를 표음하여 통제하여-〈쿼〉 정(頂)수리-〈술〉"이 고을을 '통제부(統制府)'로 삼아온 이름이지만, 우리는 "통제하여-〈쿼〉 봉(峰)우리-〈울〉이 〈쿼울〉"소리처럼 '청웅(青雄)'으로 읽는 셈이다.

〈쥐울〉소리 출운(出雲)

일본(日本) 옛 출운(出雲)의 중국음 〔츄원〕음자는 "통제하여-〈쥐〉는 봉(峰)우리-〈울〉이 〈쿼울→쥐울〉"소리를 표음한 글귀이름으로, '통제부(統制府)'를 일컫는 이 이름을 한자 뜻풀이로 '이즈모 : イツモ'라고 하는 것은 역사를 우롱하는 말장난이다.

> #### 〈쥐울〉소리 기옥(埼玉)
>
> 일본(日本)의 오늘날 기옥(埼玉)에 대한 중국음〔치위〕음 자는 "〈쥐울〉소리를 표음한 통제하여-〈쥐〉는 봉(峰)우리-〈울〉 이"를 말하는 '통제부(統制府)'라는 글귀이름이다. 이를 뜻풀이 하여 '사이다마 : サイタマ'라고 하는 것은 가당찮은 짓이다.

(2) 〈울귈〉소리와 〈권울〉소리는 통제부(統制府)

① 〈울귈〉 고을

〈울〉소리는 봉(峰)우리라는 말이지만, 정(頂)수리란 〈술〉소리 에서 'ㅅ'이 탈락한 〈울〉소리로 변하기도 하는 〈술→울〉소리는 영(嶺)마루나 용(龍)마루에서의 〈물〉소리와 대칭적 짝소리이다. 굳은소리 〈귈-권〉소리는 무른소리 〈뭔〉소리와 대칭적으로 잡아 쥐다는 제어, 통제, 명령, 통치, 지배 등의 뜻으로 쓴다.

따라서 "봉(峰)우리-〈울〉이를 통제하여-〈귈〉한 〈울귈〉"소리를 통제부(統制府)를 일컫는 글귀이름으로 삼았다.

i) 〈울귈〉소리 옥구(沃溝) : 옥구(沃溝)의 중국음〔우꾸〕음자는 "〈울귈〉소리를 표음하여 봉(峰)우리-〈울〉이를 통제하여-〈귈〉한" '통제부(統制府)'라는 우리말 글귀이름이므로 무른소리는 〈울뭔〉 소리 울진(蔚珍)과 같은 대칭소리를 지니고 있을 것이다.

ii) 〈울권〉소리 오관(五關)·서흥(瑞興) : 황해도(黃海道) 서흥(瑞 興)의 옛이름 오관(五關) 또는 오곡(五谷)의 중국음〔우꽌〕 또는 〔우꾸〕음자는 "〈울귈-울권〉소리를 표음하여 봉(峰)우리-〈울〉이를 통제하여-〈귈〉한" '통제부(統制府)'를 일컫는 글귀이름이다.

iii) 〈울귈〉소리 옥과(玉菓)·곡성(谷城) : 곡성군(谷城郡) 옥과(玉

菓)의 중국음 〔위꿔〕음자는 "〈울궐〉소리를 표음하여 봉(峰)우리-〈울〉이를 통제하여-〈궐〉한" '통제부(統制府)'를 일컫는 글귀이름이다.

  iv) 〈술궐〉소리   혈구(穴口)·강화(江華) : 강화(江華)의   옛이름 혈구(穴口)의 중국음 〔쒜꾸〕음자는 "정(頂)수리-〈술〉이를 통제하여-〈궐〉한 〈술궐〉"소리를 표음한 '통제부(統制府)'라는 글귀이름이지만, '한자 표준음'에 따르니 마치 〈홀궐〉소리로 비취는 글귀이름이 되었다.

  ② 〈궐울〉 고을

  〈궐-권〉소리는 무른소리 〈퀸〉소리와 대칭적으로 잡아쥐다는 제어, 통제, 통치, 명령, 지배 등의 뜻으로 쓰며, 〈울〉소리는 봉(峰)우리란 뜻이다. 따라서 봉(峰)우리-〈울〉이를 통제하여-〈궐〉한 〈울궐〉소리를 자리바꿈시켜 "통제하여-〈궐〉한 봉(峰)우리-〈울〉이 〈궐울〉"소리를 '통제부(統制府)'로 삼아 한 이름을 두 쓰임새로 쓰고 있다.

  i) 〈궐울〉소리 고울(高鬱)·영천(永川) : 영천(永川)의 옛이름 고울(高鬱)의 중국음 〔꼬위〕음자는 "〈궐울〉소리를 표음하여 통제하여-〈궐〉한 봉(峰)우리-〈울〉이"를 '통제부(統制府)'로 삼았던 글귀이름이다.

  ii) 〈권울〉소리   감물(甘勿)·익산(益山) : 익산(益山)   함열(咸悅)의 백제(百濟)적 이름 감물아(甘勿阿)의 중국음 〔깐우아〕음자는 "〈권울알〉소리를 표음하여 통제하여-〈권〉한 큰-〈알〉한 봉(峰)우리-〈울〉이"를 대통제부(大統制府)를 일컫는 글귀이름으로 삼았으므로 "통제하여-〈권〉한 봉(峰)우리-〈울〉이 〈권울〉"소리는 통제부(統制府) 고을이다.

〈울궐↔궐울→궈룰〉소리 'Urga'와
고륜(庫倫)·몽고(蒙古)의 수도(首都)

몽고(蒙古)의 수도(首都) '우란바타루'는 옛이름을 'Urga'라고 표음하거나 한자(漢字)로는 고륜(庫倫)이라고 표음하던 글귀이름이다.

● 〈우르가 : Urga〉소리는 우리말 〈울궐〉소리를 표음한 옥구(沃溝)나 옥과(玉菓)와 같은 글귀이름이며, 자리바꿈시킨 고륜(庫倫)은 우리말 〈궐울〉소리를 표음한 고울(高鬱)과 같은 글귀이름이다.

〈울궐〉소리를 표음한 'Urga'를 자리바꿈시킨 〈궐울〉소리는 〈궐〉소리의 'ㄹ' 받침이 뒷소리로 처진 〈궐울→궈ㄹ울→궈룰〉소리를 〔꾸룬〕음자 고륜(庫倫)으로 표음한 글귀이름이다.

● "통제하여-〈궐〉한 봉(峰)우리-〈울〉이 〈궐울→궈룰〉"소리를 〔쿠룬〕음자 고륜(庫倫)으로 표음하고, 자리바꿈시킨 〈울궐〉소리를 'Urga'로 표음하여 '몽고(蒙古)'를 통치하는 통제부(統制府)로 삼았던 글귀이름이다.

몽고보다 일찍 우리말 짜임말귀〔語句構造〕로 이름 지은 우리 이름을 고증하기 위하여 올바른 문자도 지니지 못한 몽고 글귀이름까지 들먹이는 저자의 심경은 착잡하기만 하다.

이상과 같이 무른소리 〈울궐〉소리는 〈궐울〉소리로 자리바꿈시키고 굳은소리 〈울궐〉소리는 〈궐울〉소리로 자리바꿈시켜 한 가지 뜻의 이름을 네 가지 쓰임새로 훌륭히 짜맞추어 나라 살림을 꾸리고 살던 글귀이름을 읽을 수 있다.

3.2. 〈물췬〉 대칭 〈물궐〉 짝소리는 통제부(統制府)

봉(峰)우리-〈울〉이는 정(頂)수리-〈술〉소리의 'ㅅ'이 탈락한 말이므로, 이 두 소리는 사실 한 뜻의 두 모습이나 다름없다. 그런데 겉소리인 〈술→울〉소리는 짝소리로 영(嶺)마루나 용(龍)마루란 〈물〉소리를 대칭적으로 지니고 있다.

예로서 울릉(鬱陵)과 무릉(茂陵)은 "큰-〈알〉한 봉(峰)우리-〈울〉이 〈울알→우랄〉"소리는 우릉(于陵), 우릉(芋陵), 우릉(羽陵), 울릉(蔚陵), 울릉(鬱陵)의 중국음 〔위링〕음자로 표음하고, "큰-〈알〉한 영(嶺)마루-〈물〉우 〈물알→ᄆᆞ랄〉"소리는 중국음 〔무링〕음자 무릉(茂陵)으로 표음하여, 한 섬을 두 이름 〈울알→우랄〉섬 울릉도(鬱陵島)와 〈물알→ᄆᆞ랄〉섬 무릉도(茂陵島)라는 짝소리로 이름 지어 부르던 한자음으로 표음한 글귀이름이다.

따라서 "봉(峰)우리-〈울〉이를 통제하여-〈췬〉〈울췬〉"소리의 글귀이름의 그늘소리인 "영(嶺)마루-〈물〉우를 통제하여-〈췬〉〈물췬〉"소리도 통제부(統制府)로 삼은 글귀이름이다.

(1) 〈물췬〉소리와 〈췬물〉소리는 통제부(統制府)

① 〈물췬〉 고을

영(嶺)마루나 용(龍)마루란 〈물〉소리는 정(頂)수리란 〈술〉소리나 〈ㅅ〉이 탈락한 봉(峰)우리란 〈울〉소리와 대칭적으로 쓰고 부르는 짝소리이다. 무른소리 〈췬〉소리는 굳은소리 〈권-궐〉소리와 대칭적으로 잡아줘다는 제어, 통제, 지배, 통치 등의 뜻으로 쓴다.

따라서 "용(龍)마루-〈물〉우를 통제하여-〈췬〉〈물췬〉"소리를 한 고을〔地方〕을 다스리는 통제부(統制府)란 글귀이름으로 삼았다.

i) 〈몰쥔〉소리 목지(目支)·천안(天安) : 마한(馬韓) 목지(目支)의 중국음 〔무즤〕음자는 "영(嶺)마루-〈몰〉우를 통제하여-〈쥐〉는 〈몰쥐〉"소리를 표음한 통제령(統制嶺)이라는 뜻이며, 대칭소리 월지(月支)는 "봉(峰)우리-〈울〉이를 통제하여-〈쥐〉는 〈울쥐〉"소리를 표음한 통제봉(統制峰)을 일컫는 대칭소리 글귀이름으로 된 것임을 알 수 있다. 그러므로 두 이름은 짝소리로 통제부(統制府)를 일컫는 우리말 글귀이름이다.

ii) 〈몰쥔〉소리 마진(馬珍)·진안(鎭安) : 진안군(鎭安郡) 마령(馬靈)의 옛이름 마진(馬珍)은 중국음 〔마진〕음자로 〈몰쥔〉소리를 표음하여 "용(龍)마루-〈몰〉우를 통제하여-〈쥔〉〈몰쥔〉"소리를 표음한 '통제부(統制府)'를 일컫는 글귀이름이다.

② 〈쥔몰〉 고을

무른소리 〈쥔〉소리는 굳은소리 〈권-궐〉소리와 대칭적으로 잡아쥐다는 제어, 통제, 통치, 지배 등의 뜻이며, 〈몰〉소리는 영(嶺)마루나 용(龍)마루란 뜻이지만 정(頂)수리란 〈술〉이나 〈ㅅ〉이 탈락한 봉(峰)우리란 〈울〉소리와 짝소리로 대칭되는 말이다.

따라서 "통제하여-〈쥔〉 용(龍)마루-〈말〉우 〈쥔몰〉"소리는 "통제하여-〈쥔〉 정(頂)수리-〈술〉이나 봉(峰)우리-〈울〉이"인 〈술쥔→울쥔〉소리와 대칭소리 쓰임새를 하고 있다.

i) 〈쥔몰〉소리 금마(金馬)·홍성(洪城) : 홍성(洪城) 금마(金馬)는 원래 마한(馬韓) 연맹의 감해비리(監奚卑離)로 일컫거나 다르게는 금마부리(金馬夫里), 고막부리(古莫夫里) 등으로 불린 고을이다.

● 감해비리(監奚卑離)의 중국음 〔잰씨삐리〕음자는 옛이름 〈쥔술부리→쥔술불〉소리이므로 짧게 〈쥔술〉소리를 쓰다가 〈술〉소리의 〈ㅅ〉을 탈락시킨 〈쥔울〉소리를 울리면서 "정(頂)수리-

〈술〉이나 봉(峰)우리-〈울〉이를 통제하여-〈쥔〉 〈쥔술→쥔울〉"
소리로 불리던 고을이라는 글귀이름이다.

● 금마부리(金馬夫里)의 중국음 〔진마부리〕음자는 옛이름
〈쥔몰부리→쥔몰불〉소리를 표음하고, 짧은 〈쥔몰〉소리는 중
국음 〔진마〕음자 금마(金馬)로 표음했으므로 앞서의 〈쥔술→
쥔울〉소리와 대칭소리로 "통제하여-〈쥔〉 용(龍)마루-〈몰〉우
란 〈쥔몰〉"소리 '통제부(統制府)'라는 글귀이름이다.

● 〈쥔몰부리〉소리의 굳은소리 〈쿌몰부리〉소리를 고막부
리(古莫夫里)로 표음한 중국음 〔꾸머〕음자 고막(古莫)은 "통
제하여-〈쿌〉한 영(嶺)마루-〈몰〉우란 〈쿌몰〉"소리를 표음한
글귀이름이다.

따라서 옛 홍성(洪城)의 〈쥔술→쥔울〉소리는 〈쥔몰〉소리를
대칭시키며 굳은소리로 〈쿌몰〉소리로 부르는 세 가지 짝소
리 이름으로 "통제하여-〈쥔〉 영(嶺)마루-〈몰〉우란 〈쥔몰〉"소
리로 일컫는 통제부(統制府) 고을이다.

ii) 〈쥔몰〉소리 금마(金馬)·익산(益山) : 익산(益山) 금마(金馬)
의 중국음 〔진마〕음자는 옛이름 "〈쥔몰〉소리를 표음하여 통제하
여-〈쥔〉 영(嶺)마루-〈몰〉우"라는 통제부(統制府)를 일컫는 글귀
이름이다.

〈쥔몰〉소리 일본(日本) 군마(群馬)

일본(日本) 군마(群馬)의 중국음 〔쥔마〕음자는 "〈쥔몰〉소
리를 표음하여 통제하여-〈쥔〉 영(嶺)마루-〈몰〉우"를 '통제부
(統制府)'로 삼아온 글귀이름이다.

186

〈쥐몰〉소리 일본(日本) 지마(志馬)

일본(日本) 지마(志馬)의 중국음 〔즈마〕음자는 "〈쥐몰〉소리를 표음하여 통제하여-〈쥐〉는 영(嶺)마루-〈몰〉우"를 '통제부(統制府)'로 삼았던 글귀이름이다.

(2) 〈궐몰〉소리와 〈몰궐〉소리는 통제부(統制府)

① 〈궐몰〉 고을

굳은소리 〈궐〉소리는 무른소리 〈퀀〉소리와 대칭적으로 잡아줘다는 제어, 통제, 통치, 지배를 뜻하며, 〈몰〉소리는 영(嶺)마루나 용(龍)마루란 뜻이지만 정(頂)수리란 〈술〉소리나 'ㅅ'이 탈락한 봉(峰)우리란 〈울〉소리와 대칭소리이다.

따라서 "통제하여-〈궐〉한 영(嶺)마루-〈몰〉우인 〈궐몰〉"소리는 무른소리로는 〈퀀몰〉소리와 대칭적으로 통제부(統制府)를 일컫는 글귀이름의 하나이다.

i) 〈궐몰〉소리 고마(固麻)·공주(公州) : 고마(固麻)의 중국음 〔꾸마〕음지는 옛이름 "〈궐몰〉소리를 표음하여 통제하여-〈궐〉한 영(嶺)마루-〈몰〉우"라는 통제부(統制府)를 일컫는 글귀이름이다.

● 한때 웅진(熊津)으로 표음한 중국음 〔쏭진〕음자는 옛이름 〈술퀀〉소리를 표음하고, 자리바꿈시켜 〈퀀술〉소리가 되는 〈술〉소리의 〈ㅅ〉을 탈락시키면 〈퀀울〉소리가 나서 그늘소리 대칭소리는 〈퀀몰〉소리가 나서므로 그 굳은소리는 〈궐몰〉소리로 불리던 고마성(固麻城)이다.

● 공주(公州)의 공(公) 자의 중국음 〔꿍〕음자는 통제하다는 굳은소리 〈권〉소리로 "통제하여-〈궐〉한 고을〔州〕이 〈궐주〉: 공주(公州)"이다.

ii) 〈궐물〉소리 고묘(古眇)·고부(古阜): 고부(古阜)의 옛이름은 중국음 〔꾸묘부리〕음자 고묘부리(古眇夫里)로서, 〈궐물부리〉소리를 표음한 글귀이름이므로 짧은 "〈궐물〉소리는 고묘(古眇)로 표음하여 통제하여-〈궐〉한 영(嶺)마루-〈물〉우"는 통제부(統制府)를 일컫는 글귀이름이다.

고묘부리(古眇夫里)는 일명 고사부리(古沙夫里)라고 일컫는 〈궐물부리→궐물〉소리의 짝소리 〈궐술부리→궐술〉소리를 구소(狗素)로 표음하고 무른소리 〈궨술부리→궨술→궨울〉소리와 〈궨물부리→궨물〉소리는 잠겨 있는 셈이다.

iii) 〈궐물〉소리   고막(古莫)·홍성(洪城): 홍성(洪城)의 옛이름 고막(古莫)은 〈궐물부리→궐물〉소리를 표음하여 "통제하여-〈궐〉한 영(嶺)마루-〈물〉우인 〈궐물〉"소리로서, 통제부(統制府)라는 공통적 글귀이름으로 부르고 있다.

iv) 〈권물〉소리 감매(甘買)·천안(天安): 천안(天安) 풍세(豊歲)의 백제(百濟)적 옛이름 감매(甘買)의 중국음 〔깐매〕음자는 옛소리 "〈권물〉소리를 표음하여 통제하여-〈권〉한 용(龍)마루-〈물〉우"로 삼았다가 신라(新羅)가 순치(馴雉)의 중국음 〔쉰지〕음자로 "정(頂)수리-〈술〉이를 통제하여-〈쥐〉는 〈술쥐〉"소리 글귀이름으로 삼은 통제부(統制府) 고을이다.

② 〈몰궐〉 고을

그늘소리 〈몰〉소리는 영(嶺)마루나 용(龍)마루라는 뜻이면서 대칭소리로서, 정(頂)수리란 〈술〉이나 〈ㅅ〉이 탈락한 봉(峰)우리란 〈울〉소리와 대칭적으로 쓰는 〈술→울〉소리는 겉소리이다.

군은소리 〈궐〉소리는 무른소리 〈쥔〉소리와 대칭적으로 잡아쥐다는 제어, 통제, 통치, 지배를 뜻하는 말로 '쥐다'는 동사에서 왔다. 따라서 "영(嶺)마루-〈몰〉우를 통제하여-〈궐〉한 〈몰궐〉"소리도 통제부(統制府)란 글귀이름의 하나이다.

ⅰ) 〈몰궐 : 몰쥔〉 대칭소리 마경이(麻耕伊)·송화(松禾) : 황해도(黃海道) 송화(松禾)의 옛이름 마경이(麻耕伊)의 중국음〔마징이〕와〔마껑이〕음자의 경(耕) 자는〔징 : 껑〕2중음자이므로 마경이(麻耕伊)는 〈몰쥔웨〉소리와 〈몰궐웨〉소리를 함께 간직하고 있다는 말이다.

따라서 무른소리 "〈몰쥔〉소리는 용(龍)마루-〈몰〉우를 통제하여-〈쥔〉" 통제부(統制府)이고 군은소리 "〈몰궐〉소리는 용(龍)마루-〈몰〉우를 통제하여-〈궐〉"한 통제부(統制府)를 함께 간직하는 글귀이름이다.

ⅱ) 〈몰궐〉재 마골점(馬骨岾) : 조령(鳥嶺)의 최고점(最高岾)을 마골점(馬骨岾)이라고 표음한 마골(馬骨)은 옛소리 〈몰궐〉재를 표음하여 "영(嶺)마루-〈몰〉우를 제어(制御)하여-〈궐〉한 〈몰궐〉재"를 마골점(馬骨岾)으로 표음했을 터이므로, 무른소리는 "영(嶺)마루-〈몰〉우를 제어하여-〈쥔〉〈몰쥔〉재"소리가 나설 수 있는 소리는 목지점(目支岾)으로 표음할 수 있을 것이다.

이렇게 모든 한자(漢字) 자음(字音)은 우리말 말귀〔語句〕를 표음하는 소리글자-자음(字音)으로 이용되었으므로 결국 조령(鳥

嶺)을 한자 뜻으로 풀이하여 말하는 이름은 '새재'가 아니란 말이다. 조령(鳥嶺)은 중국음 〔쥘링〕음자로 〈쥘룰〉소리를 표음하여 "높이-〈쥘〉히 제압하여 절이고-〈룰〉으는 〈쥘룰〉"소리로 읽을 수 있을 것이다.

〈몰궐〉소리 몽고(蒙古)

몽고(蒙古)라는 나라이름은 일명 '몽골'이라고 하지만, 그 수부(首府)를 혁명 전은 '울궐=우르가 : Urga'라고 부르거나 '궈룰 : 고륜(庫倫)'이라고 부르는 세 가지 대칭소리 짜임새이므로, 〈울궐〉소리를 자리바꿈시킨 〈궐울〉소리는 〈궐〉소리의 'ㄹ' 받침이 뒷소리로 처진 〈궐울→궈룰〉소리를 고륜(庫倫)으로 표음한 글귀이름이다.

이런 겉소리 〈울〉소리는 그늘소리 짝소리가 〈몰〉소리이므로 겉소리로 "봉(峰)우리-〈울〉이를 통제하여-〈궐〉한 〈울궐〉-〔Urga〕"는 무른소리 〈울퀀〉소리를 간직하며 자리바꿈시킨 〈퀀울〉소리를 간직한다.

그늘소리는 "영(嶺)마루-〈몰〉우를 통제하여-〈궐〉한 〈몰궐〉"소리를 몽고(蒙古)로 표음하거나 '몽골'이라고 말하는 〈몰궐〉소리는 〈몰퀀〉소리와 짝소리이면서 겉소리 〈울궐〉소리는 〈울퀀〉소리를 짝소리로 간직하는 대칭소리 쓰임새임을 알 수 있다.

이상과 같이 〈울퀀〉소리는 〈퀀울〉소리로 자리바꿈시키고, 〈울궐〉소리는 〈궐울→궈룰〉소리로 자리바꿈시키며, 그늘소리 〈몰퀀〉소리는 〈퀀몰〉소리로 자리바꿈시키고 〈몰궐〉소리는 〈궐몰〉소리로 자리바꿈시켜 통제부(統制府)를 일컫는 글귀이름으로 삼아왔

음을 알 수 있다.

이런 짜임말귀〔語句構造〕를 우리 나라는 이미 7~8세기에 이룩
하여 부르다가 그것이 일본(日本)으로까지 전파되어 이름소리를
표음한 음표명으로 이룩된 글귀이름을 읽을 수 있으며 중세에는
오늘날의 '몽골' 지방에까지 우리말 짜임말귀〔語句構造〕가 쓰였음
을 알 수 있다.

3.3. 〈불쥔〉소리와 〈쥔불〉소리는 통제부(統制府)

〈불쥔〉소리와 자리바꿈한 〈쥔불〉소리는 원래 옛적 초기국가
〔고을나라〕가 쓰던 〈쥔술부리→쥔술불〉소리를 나라가 망한 후에
짧게 〈쥔술→쥔울〉소리와 〈쥔불〉소리로 분리하여 다듬어 짜맞춘
글귀이름이다.

〈쥔몰부리→쥔몰불〉소리도 짧게 〈쥔몰〉소리와 〈쥔불〉소리로 짜
맞추어 쓴 이름이다. 〈궐술부리→궐술불〉소리는 짧게 〈궐술→궐
울〉소리와 〈궐불〉소리로 짜맞추어 쓴 이름이다. 〈궐몰부리→궐몰
불〉소리도 〈궐몰〉소리와 〈궐불〉소리로 다듬어 쓴 글귀이름이다.

따라서 〈쥔술→쥔울〉소리 대칭 〈쥔몰〉소리와 〈궐술→궐울〉소
리 대칭 〈궐몰〉소리 이름은 앞 항에서 살폈으므로 본 항에서는
〈쥔불〉소리 대칭 〈궐불-권불〉소리를 살펴보겠다.

(1) 〈불쥔〉소리와 〈불권〉소리는 통제부(統制府)

① 〈불쥔〉 고을

〈불쥔〉소리는 초기국가〔고을나라〕 시대에 쓰던 〈쥔술부리→쥔
술불〉소리를 왕국(王國) 시대에 와서 새로운 상황에 맞게 다듬어

짜맞춘 문화적인 우리말 글귀이름이다.

〈쥔〉소리는 '쥐다'는 동사의 진행형이나 완료형으로 잡아쥐다는 제어, 통제, 통치, 지배, 명령 등의 뜻으로 쓰이며, 〈술〉소리는 정(頂)수리라는 뜻이면서 'ㅅ'이 탈락하면 봉(峰)우리란 〈울〉소리로 쓴다. 〈불〉소리는 모음조화로 〈볼〉이나 〈벌〉소리가 나는 묏부리나 불거지다는 뜻이기도 하다.

따라서 통제하여-〈쥔〉 정(頂)수리-〈술〉이에 불거져-〈불〉이진 고을을 〈쥔술부리→쥔술불〉이라고 일컬으며 왕국 시대에 이르러 이 이름을 짧게 다듬어 묏부리-〈불〉이를 통제하여-〈쥔〉〈불쥔〉소리를 통제부(統制府)란 뜻으로 삼게 되었다.

i) 〈불쥔〉소리 벽진(碧珍)·성주(星州) : 성주(星州) 벽진(碧珍)의 중국음 〔삐진〕음자는 "묏부리-〈불〉이를 통제하여-〈쥔〉〈불쥔〉"소리를 표음하고, 굳은소리 〈불궐〉소리는 벽골(碧骨)과 같은 글귀이름을 대칭소리로 간직하는 통제부(統制府)이다.

ii) 〈불쥔〉소리 팔거(八居)·칠곡(漆谷) : 칠곡(漆谷)의 옛이름 팔거리(八居里) 또는 팔거(八居)의 중국음 〔빠쥐리-빠쥐〕음자는 옛소리 〈불쥐ㄹ-불쥘〉소리를 표음하여 "묏부리-〈불〉이를 통제하여-〈쥔〉〈불쥘-불쥐ㄹ〉"소리를 울리는 통제부(統制府) 고을이다.

iii) 〈불쥐〉소리 벌음지(伐音支)·공주(公州) : 공주(公州) 신풍(新豊)의 옛이름 벌음지(伐音支)의 중국음 〔바인즤〕음자는 옛소리 〈ㅂ알쥐→불쥐〉소리를 표음하여 "묏부리-〈불〉이를 통제하여-〈쥐〉는 〈불쥐〉" 고을이란 통제부(統制府)를 일컫는 글귀이름이다.

iv) 〈불쥐〉소리 풍기(豊基)·영주(榮州) : 풍기(豊基)의 중국음 〔뷩지〕음자는 "묏부리-〈불〉이를 통제하여-〈쥐〉는 〈불쥐〉"소리를 표음한 글귀이름으로 통제부(統制府)를 일컫는 글귀이름이다.

〈불쥔〉소리 일본(日本) 복정(福井)

일본땅 복정(福井)의 중국음 〔부징〕음자는 "〈불쥔〉소리를 표음하여, 묏부리-〈불〉이를 통제하여-〈쥔〉" 통제부(統制府)란 글귀이름이다. 이를 일본은 역사 의식을 결여한 '복(福)된 우물-후꾸이 : フクイ'로 풀어 읽는 짓은 역사를 우롱하는 장난이다.

〈볼쥐〉소리 일본(日本) 백기(伯耆)

일본의 옛 백기(伯耆)의 중국음 〔빼지〕음자는 "〈볼쥐〉소리를 표음하여 묏부리-〈볼〉이를 통제하여-〈쥐〉"는 통제부(統制府)로 삼았던 글귀이름이다.

〈불쥔〉소리 중국(中國) 복건(福建)

중국의 복건(福建)의 중국음 〔부젠〕음자는 "〈불쥔〉소리를 표음하여 묏부리-〈불〉이를 통제하여-〈쥔〉" 통제부(統制府)란 우리말 글귀이름의 살아있는 한 잔영(殘影)이다.

---

② 〈불권〉 고을

'쥐다'의 무른소리 〈쥔〉소리는 굳은소리로는 〈권〉소리가 나고 잡아쥔다는 제어, 통제, 통치, 지배란 뜻으로 쓰는 대칭적 짝소리 말이며, 〈불〉소리는 모음조화로 〈볼〉소리나 〈벌〉소리가 나는 묏부리나 불거지다는 뜻으로 쓴다.

따라서 묏부리-〈불〉이를 통제하여-〈궐〉한 〈불궐〉소리를 굳은
소리로 말하는 통제부(統制府)를 일컫는 글귀이름으로 삼고 있다.

i) 〈불궐〉소리 벽골(碧骨)·김제(金堤) : 김제(金堤)를 일컫는 백
제(百濟)적 이름 벽골(碧骨)의 중국음 [삐꾸]음자는 옛이름 "〈불
궐〉소리를 표음하여 묏부리-〈불〉이를 통제하여-〈궐〉"한다는 뜻
의 글귀이름은 굳은소리로 일컫는 통제부(統制府)이다.

ii) 〈불궐〉소리 평강(平康) : 강원도(江原道) 평강(平康)은 중국
음 [핑캉]음자로 고려(高麗)적에 "〈불궐〉소리를 표음하여 묏부
리-〈불〉이를 통제하여-〈궐〉"한 고을이라고 이름 지은 '통제부(統
制府)'이다.

〈불궐〉소리 일본(日本)의 복강(福岡)

일본 복강(福岡)의 중국음 [부깡]음자는 "묏부리-〈불〉이를
통제하여-〈궐〉한 〈불궐〉"소리를 표음한 글귀이름으로서, 통
제부(統制府)였던 역사를 지니는 고을이다.

이 〈불궐〉소리를 표음한 복강(福岡)의 옛이름을 죽사(竹
斯)라고 하면서 일명 구사포류(久士布流)라고 표음하던 구사
포류(久士布流)와 죽사(竹斯)는 복강(福岡)과 같은 말귀[語句]
에서 파생했다고 볼 수 있다.

그것은 구사포류(久士布流)의 중국음 [쥐쓰뿌류]음자는 옛
이름 〈쥐술부리→쥐술불〉소리를 표음한 음표명이며, 짧게 줄
인 〈쥐술〉소리는 죽사(竹斯)의 중국음 [쥬쓰]음자로 표음하
고, 또 다른 〈쥐불〉소리는 잠겨 있는 셈이다.

그러다가 지방의 한 '통제부(統制府)'로 삼으면서 무른소리
〈궐〉소리를 굳은소리 〈권〉소리로 바꾸어 "묏부리-〈불〉이를
통제하여-〈궐〉한 〈불궐〉"소리를 [부깡]음자 복강(福岡)으로

194

표음한 글귀이름이며, 일본에서 '복(福)된 언덕'이라고 풀이
하여 '후꾸오까 : フクオカ'라고 부른 것은 역사를 우롱하는
말장난이다.

<table><tr><td>〈불궐〉소리 일본(日本)의 병고(兵庫)

　일본 병고(兵庫)의 중국음 〔삥쿠〕음자는 옛 이름 "〈불궐〉
소리를 표음하여 묏부리-〈볼〉이를 통제하여-〈궐〉"한 통제부
(統制府) 고을이란 글귀이름의 하나이다.</td></tr></table>

(2) 〈쥔불〉소리와 〈궐불〉소리도 통제부(統制府)

① 〈쥔불〉 고을

〈쥔〉소리는 '쥐다'는 동사의 진행형이나 완료형으로 굳은소리
는 〈쿈〉소리를 대칭시키며 잡아쥐다는 제어, 통제, 통치, 지배를
뜻하는 말로 쓴다. 〈불〉소리는 묏부리나 불거지다는 뜻이지만 모
음조화로 〈볼〉이나 〈벌〉소리가 나기도 한다.

　따라서 "통제하여-〈쥔〉 묏부리-〈불〉이를 〈쥔불〉"소리로 일컬
으며 통제부(統制府)로 삼던 글귀이름이다. 이 이름은 "통제하여-
〈쥔〉 정(頂)수리-〈술〉이에 불거진-〈불〉이 〈쥔술부리→쥔술불〉"소
리를 세 왕국 시대〔三國時代〕에 와서 짧게 〈쥔술〉이나 〈쥔불〉로
다듬은 것으로 보아야 할 것이다.

　i) 〈쥔불〉소리 청부(靑鳧)·청송(靑松) : 청송(靑松)을 청부(靑鳧)
라고 부르다가 청송(靑松)으로 바뀐 것은 '푸른 물오리'가 '푸른
솔'로 둔갑할 수는 없으므로 옛 우리말 이름 〈쥔술불〉소리를 짧

게 다듬은 말귀〔語句〕 짜임새로 풀 수밖에 없다.

그것은 고려(高麗)는 “통제하여-〈쥔〉 묏부리-〈불〉이를 〈쥔불〉” 소리로 일컬으며 〔칭부〕음자 청부(青鳧)로 표음한 글귀이름을 쓰다가 조선왕조(朝鮮王朝)에 와서 “통제하여-〈쥔〉 정(頂)수리-〈술〉이 〈쥔술〉”소리를 〔칭쑹〕음자 청송(青松)으로 표음한 글귀이름으로 바꾸었지만 통제부(統制府)란 뜻은 다름이 없다.

ii) 〈쥐술부리〉소리 죽수부리(竹樹夫里)·화순(和順) : 화순(和順)의 옛이름 죽수부리(竹樹夫里)의 중국음 〔쥬쑤부리〕음자는 〈쥐술부리〉를 표음한 음표명이므로 “통제하여-〈쥐〉는 정(頂)수리-〈술〉이에 불거진-〈불〉이”를 짧게 다듬으면 “통제하여-〈쥐〉는 정(頂)수리-〈술〉이는 〈쥐술〉” 고을이라고 이름하고, “통제하여-〈쥐〉는 묏부리-〈불〉이는 〈쥐불〉”의 고을이라고 이름 지을 수 있을 것이다.

그런 예로서 일본(日本) 복강(福岡)의 옛이름 구사포류(久士布流)는 “통제하여-〈쥐〉는 정(頂)수리-〈술〉이에 불거진-〈불〉이 〈쥐술부리〉”는 구사포류(久士布流)로 표음하고, 짧은 “통제하여-〈쥐〉는 정(頂)수리-〈술〉이 〈쥐술〉”소리는 중국음 〔쥬쓰〕음자 죽사(竹斯)로 표음하며, “통제하여-〈쥔〉 묏부리-〈불〉이 〈쥔불〉”소리는 잠복되고, 굳은소리로 “묏부리-〈불〉이를 통제하여-〈퀼〉한 〈불퀼〉” 소리를 중국음 〔부깡〕음자 복강(福岡)으로 표음하던 글귀이름과 같은 이름소리 짜임새이다.

〈쥐불〉소리 일본(日本) 기부(岐阜)

일본 기부(岐阜)는 중국음 〔치부〕음자로 “〈쥐불〉소리를 표음하여 통제하여-〈쥐〉는 묏부리-〈불〉이”를 통제부(統制府)로 삼아온 오랜 역사를 지니고 있으며, 길비(吉備)의 중국음 〔지뻬〕음자는 “〈쥐벌〉소리를 표음한 통제하여-〈쥐〉는 묏부리-〈벌〉"이 고을이었다는 글귀이름이다.

〈쥐불〉소리 중국(中國) 곡부(曲阜)

곡부(曲阜)의 중국음 〔취부〕음자는 "통제하여-〈쥐〉는 묏부리-〈불〉이 〈쥐불〉"소리를 표음한 글귀이름으로서, 노국(魯國)을 통제하는 통제부(統制府) 고을이라는 글귀소리를 울리고 있으며, 산동반도(山東半島)의 지부(芝阜)도 "통제하여-〈쥐〉는 묏부리-〈불〉이 〈쥐불〉" 고을이었다는 역사의 울림소리이다.

---

② 〈궐불〉 고을

굳은소리 〈궐〉소리는 무른소리 〈쥔〉소리와 대칭적으로 잡아쥐다는 제어, 통제, 통치, 지배를 뜻하는 말이며, 〈불〉소리는 묏부리나 불거지다는 뜻이지만 모음조화로 〈볼〉이나 〈벌〉소리가 나기도 한다.

따라서 "통제하여-〈궐〉한 묏부리-〈불〉이 〈궐불〉"소리는 무른소리 〈쥔불〉소리와 대칭적으로 통제부(統制府)란 글귀이름으로 삼았다.

i) 〈궐불〉소리 고부(古阜) : 고부(古阜)는 백제(百濟) 적 고묘부리(古眇夫里) 또는 고사부리(古沙夫里)로 일컫던 것으로서, "통제하여-〈궐〉한 영(嶺)마루-〈몰〉우에 불거진-〈부리〉, 곧 〈궐몰부리〉"소리는 초기국가〔고을나라〕 시대의 이름이다.

● 〈궐술부리〉소리는 "통제하여-〈궐〉한 정(頂)수리-〈술〉이에 불거진-〈부리〉는"의 뜻으로, 고사부리(古沙夫里)로 표음하고, 짧게 줄인 "통제하여-〈궐〉한 정(頂)수리-〈술〉이 〈궐술〉"

소리는 마한전(馬韓傳)에서 구소(狗素)로 표음하며, "통제하여-〈궐〉한 묏부리-〈부리→불〉이 〈궐불〉"소리는 고부(古阜)로 표음한 글귀이름으로 오늘날까지 통제부(統制府)로 삼아온 이름이다.

● 무른소리 〈쥔술부리〉소리를 짧게 다듬어 "통제하여-〈쥔〉 정(頂)수리-〈술〉이 〈쥔술〉"소리는 〈술〉소리의 'ㅅ'을 탈락시켜 "통제하여-〈쥔〉 봉(峰)우리-〈울〉이 〈쥔울〉"소리를 〔징이〕음자 정읍(井邑)으로 표음했다.

ii) 〈궐불〉소리 고봉(高峯)·고양(高陽) : 고양(高陽)의 옛이름 고봉(高峯)의 중국음 〔꼬삥〕음자는 "통제하여-〈궐〉은 묏부리-〈불〉이 〈궐불〉"소리를 표음한 통제부(統制府)를 일컫는 글귀이름이다.

이상에서 살펴본 옛이름 〈쥔술부리→쥔술불〉소리를 줄인 〈쥔술→쥔울〉소리나 〈쥔불〉소리를 자리바꿈시켜 〈술쥔→울쥔〉소리로 다듬거나 〈불쥔〉소리로 다듬어 새 환경 하의 고을이름으로 삼았다.

굳은소리 〈궐술부리→궐술불〉소리는 〈궐술→궐울〉소리나 〈궐불〉소리로 다듬고, 〈술궐→울궐〉소리나 〈불궐〉소리로 자리바꿈시켜 쓰기도 했다.

그늘소리는 〈쥔물부리→쥔물불〉소리를 짧게 〈쥔물〉이나 〈쥔불〉소리로 다듬거나 〈물쥔〉소리나 〈불쥔〉소리로 자리바꿈시키며, 굳은소리는 〈궐물부리→궐물불〉소리를 짧게 〈궐물〉소리나 〈궐불〉소리로 쓰거나 자리바꿈시킨 〈물궐〉소리나 〈불궐〉소리로 다듬어 적은 말수를 여러 모로 짜맞추어 새 고을이름으로 삼은 슬기는 우리의 자랑스러운 자산이다.

3.4. 〈잘몰룰재〉 재결봉성(裁決峰城), 〈쥔몰룰재〉 통제봉성 (統制峰城)

(1) 〈잘몰룰재〉 재결봉성(裁決峰城)

광개토왕(廣開土王) 능비(陵碑)에서 기술한 건마루성(鞬馬婁城)의 중국음 〔젠마루〕음자는 옛이름 〈잘몰룰재〉소리를 표음하고, 《남사(南史)》의 건모라성(健牟羅城)의 중국음 〔젠뭐뭐〕음자는 옛이름 〈잘몰랄재〉소리를 표음한 글귀이름이다.

〈잘몰룰재〉소리의 〈잘〉소리는 '자르다'는 말을 결재(決裁), 재결(裁決)의 뜻으로 삼고 영(嶺)마루나 용(龍)마루란 〈몰〉소리와 제압하여 '누르다'는 뜻의 옛소리 〈룰〉소리를 엮은 "영(嶺)마루-〈몰〉우를 재결(裁決)하여-〈잘〉으는 제압(制壓)하여 절이고-〈룰〉으는 성(城)-〈재〉란 〈잘몰룰재〉"소리를 중국음 〔젠마루〕음자 건마루성(鞬馬婁城)으로 표음하여 재결봉성(裁決峰城)으로 삼은 대성(大城)은 고구려(高句麗)가 쓴 이름이다.

〈잘ㅁ랄재〉소리는 본시 〈잘몰알〉소리의 〈몰〉소리의 'ㄹ' 받침이 뒷소리 〈알〉소리로 처져 얹혀진 소리로 "〈잘몰알→잘ㅁ랄〉재"소리를 중국음 〔젠뭐뭐〕음자 건모라성(健牟羅城)으로 표음한 "영(嶺)마루-〈몰〉우를 크게-〈알〉하게 재결(裁決)하여-〈잘〉으는 〈잘몰알→잘ㅁ랄〉재"를 재결봉성(裁決峰城)으로 삼은 대성(大城)은 신라(新羅)가 쓴 이름이다.

(2) 〈쥔몰룰재〉 통제봉성(統制峰城)

광개토왕(廣開土王) 능비(陵碑)의 구모루성(臼模婁城)의 중국은

〔쥐뭐루〕음자는 옛소리 〈쥐몰룰재〉소리를 표음하고, 당서(唐書)의 침모라성(侵牟羅城)의 중국음 〔친뭐뭐〕음자는 옛소리 〈쥔몰알→쥔ㅁ랄재〉소리를 표음한 글귀이름이다.

〈쥔〉소리는 '쥐다'는 말의 진행형이나 완료형이지만 굳은소리 〈권〉소리와 대칭적 짝소리로 잡아쥐다는 제어, 통제, 통치, 지배 등의 뜻으로 쓰는 서술어이며, 〈몰〉소리는 영(嶺)마루나 용(龍)마루란 뜻이면서 겉소리로 정(頂)수리란 〈술〉소리나 봉(峰)우리란 〈울〉소리를 짝소리로 간직하고 있다. 〈룰〉소리는 제압하여 '누르다'는 뜻의 옛소리로 두음법칙의 영향을 덜 입은 말이다.

"〈쥔몰룰재〉는 통제(統制)하여-〈쥔〉 영(嶺)마루-〈몰〉우를 제압(制壓)하여 절이고-〈룰〉으는 성(城)-〈재〉"를 일컫고 중국음 〔쥐뭐루〕음자 구모루성(臼模婁城)으로 표음한 이름은 통제봉성(統制峰城)을 일컫는 고구려(高句麗)의 쓰임새이다.

"〈쥔몰알→쥔ㅁ랄재〉는 통제(統制)하여-〈쥔〉 큰-〈알〉한 영(嶺)마루-〈몰〉우 성(城)-〈재〉"를 일컫고 중국음 〔친뭐뭐〕음자 침모라성(侵牟羅城)으로 표음한 이름은 통제봉성(統制峰城)을 일컫는 신라(新羅)의 쓰임새이다.

4. 〈울알→우랄〉소리 대칭 〈몰알→ㅁ랄〉소리는 대부 (大府)

4.1. 〈울알→우랄〉소리와 〈안울〉소리는 대부(大府)

옛적에 이름 지은 〈울알→우랄〉소리는 초기국가〔고을나라〕 시대의 〈울술서할〉소리 이름을 시대상황에 맞게 짧게 다듬어 쓴 글귀이름이다. 〈울〉소리는 봉(峰)우리란 뜻이지만 정(頂)수리란 〈술〉소리의 'ㅅ'이 탈락한 말이므로 사실상 결이 같은 말을 다르게 나타내는 쓰임새이다.

〈서〉소리는 '서다'는 동사를 이름소리에 활용하지만 어딘가에 올라선, 우뚝 일어서는 것을 나타내는 말이며, 〈할〉소리는 크다는 무른소리로 〈ㅎ〉이 탈락하여 〈알〉소리가 되어도 뜻은 다름이 없고, 굳은소리는 〈칼-칸〉소리이지만 오늘날은 속화된 〈클-큰〉소리로 퇴화되었다.

나라의 "봉(峰)우리-〈울〉이의 정(頂)수리-〈술〉이에 크게-〈할〉하게 올라-〈서〉"는 고을을 〈울술서할〉이라 일컫는 말은 중국어 대수부(大首府)를 수식하는 쓰임새로 우시산(于尸山)으로 표음하던 글귀이름이다.

때로는 자리바꿈시켜 "정(頂)수리-〈술〉이에 크게-〈알〉하게 올라-〈설〉 〈설술알→설수랄〉"소리는 중국어 대수부(大首府)를 일컫으며 생서량(生西良)으로 표음하던 글귀이름이다.

짧게 "봉(峰)우리-〈울〉이에 올라-〈서〉는 〈서울〉"은 중국어 수부(首府)를 일컫는 살아 있는 글귀이름이다. 또한 "정(頂)수리-〈술〉이에 올라-〈서〉는 〈서술〉"소리도 수부(首府)를 일컫는 데 쓰기도 했다.

왕국 시대에 와서 〈서〉소리를 버리고 "크게-〈할→알〉한 봉(峰)우리-〈울〉이 〈울할→울알〉"소리는 중국어 대부(大府)를 일컫는 글귀이름으로 삼고, "크게-〈할〉한 정(頂)수리-〈술〉이 〈술할〉소리나 〈할술〉"소리도 대부(大府)를 일컫는 글귀이름으로 삼았다.

따라서 가장 낮은 수준(水準)의 고을이름이 "큰-〈알〉한 봉(峰)우리-〈울〉이 〈울알→우랄〉소리나 〈울안→우란〉"소리 글귀이름이다. 이렇게 체언-〈술→울〉소리는 수부(首府)를 일컫는 정(頂)수리나 봉(峰)우리에서 대부(大府)를 일컫는 정(頂)수리나 봉(峰)우리란 뜻으로 정봉(頂峰)-부(府)로 삼아왔음을 읽을 수 있다.

(1) 〈울알→우랄〉소리 울릉(鬱陵)과 〈울안〉소리 무안(務安)

① 〈술알〉소리

〈울안-울알〉소리는 〈술할〉소리의 〈ㅎ〉이 탈락한 〈술알〉소리에서 변천한 대부(大府) 고을이란 글귀이름이다.

i) 〈술할→술안〉소리 수이홀(首爾忽)과 수안(守安)·김포(金浦) : 고구려(高句麗) 적 김포(金浦)의 옛 이름 수이홀(首爾忽)은 중국음 〔쑤얼후〕음자는 〈수얼할→술할〉소리를 표음한 글귀이름으로 쓰다가 고려(高麗) 적에 와서 수안(守安)으로 바꾼 중국음 〔쑤안〕음자 〈술안〉소리의 글귀이름은 먼저는 “큰-〈할〉한 정(頂)수리-〈술〉이 〈술할〉”소리를 표음한 수이홀(首爾忽)에서 뒤이어 “큰-〈안〉한 정(頂)수리-〈술〉이 〈술안〉”소리를 수안(守安)으로 표음한 글귀이름이다.

한 고을을 부르는 데서 〈술할〉소리에서 〈술안〉으로 글귀소리가 변한 〈한〉소리의 〈ㅎ〉을 탈락시킨 〈안〉소리는 크다는 뜻은 변함 없다는 것을 알 수 있다.

따라서 “큰-〈할〉한 정(頂)수리-〈술〉이 〈술할〉”소리를 표음한 수이홀(首爾忽)이나 “큰-〈안〉한 정(頂)수리-〈술〉이 〈술안〉”소리를 표음한 수안(守安)은 뜻이 같은 대부(大府) 고을이란 글귀이름이다.

ii) 〈술할〉소리 술이홀(述爾忽)·파주(坡州) : 파주(坡州)의 옛이름 술이홀(述爾忽)의 중국음 〔쉬얼후〕음자는 옛소리 “〈수얼할→술할〉소리를 표음하여 큰-〈할〉한 정(頂)수리-〈술〉이” 고을이라는 글귀이름은 중국어로 대부(大府)를 말하는 글귀이름이다.

iii) 〈술할〉소리 송화(松禾) : 황해도(黃海道) 송화(松禾)의 중국음 〔쑹허〕음자는 옛이름 “〈술할〉소리를 표음하여 큰-〈할〉한 정

(頂)수리-〈술〉"이를 일컫는 대부(大府) 고을이란 글귀이름이다.

iv) 〈술안〉소리 수안(遂安) : 황해도(黃海道) 수안(遂安)의 중국음 〔쉐안〕음자는 일찌기 "큰-〈안〉한 정(頂)수리-〈술〉이 〈술안〉" 소리를 표음한 글귀이름으로 대부(大府) 고을이다.

v) 〈술안〉소리 순안(順安) : 평양(平壤) 근교의 순안(順安)은 중국음 〔쑨안〕음자로 "큰-〈안〉한 정(頂)수리-〈술〉이 〈술안〉"소리를 표음한 대부(大府) 고을이라는 글귀이름이다.

vi) 〈술알〉소리 송악(松岳) : 개성(開城)의 옛이름 송악(松岳)의 중국음 〔쑹위〕음자는 신라(新羅) 적에 "큰-〈알〉한 정(頂)수리-〈술〉이 〈술알〉"소리를 표음한 대부(大府) 고을에서 고려(高麗) 적에 와서는 수부(首府) 〈서울〉이 되었다.

② 〈울알〉소리

〈술〉소리의 〈ㅅ〉을 탈락시켜 〈홀〉소리나 〈ㅎ〉마저 탈락한 〈울〉소리도 정(頂)수리란 말이 봉(峰)우리란 말과 다름없는 것처럼 정상고을을 일컫는 이름소리 글귀로 삼았다.

i) 〈울알〉소리 우왕(遇王)·고양(高陽) : 고양(高陽) 행주(幸州)의 옛이름 우왕(遇王)의 중국음 〔위왕〕음자는 신라(新羅) 적에 "큰-〈알〉한 봉(峰)우리-〈울〉이 〈울알〉"소리를 표음한 대부(大府) 고을이라는 글귀이름이다.

ii) 〈울알〉소리 오아(烏兒)·장홍(長興) : 장홍(長興)의 옛이름 오아(烏兒)의 중국음 〔우얼〕음자는 신라(新羅) 적에 "큰-〈알〉한 봉(峰)우리-〈울〉이 〈울알〉"소리를 표음한 대부(大府) 고을이라는 글귀이름이다.

iii) 〈울안〉소리 무안(務安) : 무안(務安)의 중국음 〔우안〕음자는 신라(新羅) 적에 "큰-〈안〉한 봉(峰)우리-〈울〉이 〈울안〉"소리를 표음한 대부(大府) 고을이라는 글귀이름이다.

③ 〈우랄〉소리

〈울〉소리의 ‘ㄹ’ 받침이 뒷소리로 처지는 것처럼 울리는 〈울알→우랄〉소리도 대부(大府)란 뜻은 다를 수 없다.

i) 〈울알→우랄〉소리 무령(武靈)·영광(靈光) : 영광(靈光)의 옛이름 무령(武靈)의 중국음 〔우링〕음자는 신라(新羅) 적에 “큰-〈알〉한 봉(峰)우리-〈울〉이 〈울알〉소리를 표음하고 있지만 〈울〉소리의 ‘ㄹ’ 받침이 뒤로 처지는 울림가락 〈울알→우랄〉”소리도 대부(大府) 고을이라는 글귀이름이다.

ii) 〈울알→우랄〉소리 울릉(鬱陵) : 울릉(鬱陵)은 이 밖에도 우릉(于陵), 우릉(芋陵), 우릉(羽陵), 울릉(蔚陵) 등 중국음 〔위링〕음자들과 무릉(武陵)의 중국음 〔우링〕음자는 모두 같은 소리로 “큰-〈알〉한 봉(峰)우리-〈울〉이 〈울알〉”소리이지만 〈울〉소리의 ‘ㄹ’ 받침이 뒷소리 〈알〉소리에 얹히는 것처럼 처지는 울림가락 〈울알→우랄〉소리를 표음한 글귀이름으로 고려(高麗) 이래 대부(大府)로 이름 부르는 고을이름이다.

이상과 같이 큰-〈할〉한 정(頂)수리-〈술〉이 〈술할-술한〉소리는 세월과 함께 〈ㅎ〉이 벗겨진 〈술안〉소리가 나서면서 〈ㅅ〉이 벗겨지며 〈울알-울안〉소리로 변한 〈울알〉소리는 〈울〉소리의 ‘ㄹ’ 받침이 뒷소리로 처지며 〈우랄〉소리처럼 울리는 이름소리를 표음한 글귀이름은 모두가 “큰-〈할→알〉한 봉(峰)우리-〈울〉이 〈울할→울알→우랄〉”소리를 대부(大府)를 일컫는 글귀이름으로 삼은 이름이다.

(2) 〈알울-안울〉소리 안읍(安邑)

크다는 무른소리 〈할-한〉소리는 〈ㅎ〉이 탈락하면 〈알-안〉소리가 나고 굳은소리는 〈칼-칸〉소리를 대칭시키며, 〈술〉소리는 정(頂)수리란 뜻이지만 〈ㅅ〉이 탈락되면 〈울〉소리가 난다.

① 〈할술〉소리와 〈할울〉소리

ⅰ) 〈할술〉소리 화순(和順) : 화순(和順)의 중국음 〔허쑨〕음자는 옛적에 "큰-〈할〉한 정(頂)수리-〈술〉이 고을이란 〈할술〉"소리를 표음하여 대부(大府) 고을로 삼았던 글귀이름이다.

ⅱ) 〈할울〉소리 해읍(海邑)·여수(麗水) : 여수(麗水)의 옛이름 해읍(海邑)의 중국음 〔해이〕음자는 옛적에 "크게-〈할〉한 봉(峰)우리-〈울〉이 〈할울〉"소리를 표음하여 대부(大府) 고을로 삼았던 글귀이름이다.

ⅲ) 〈할울〉소리 하읍(河邑)·하동(河東) : 하동군(河東郡) 악양(岳陽)의 옛이름 하읍(河邑)의 중국음 〔허이〕음자는 "큰-〈할〉한 봉(峰)우리-〈울〉이 〈할울〉"소리를 표음하여 대부(大府) 고을로 삼았던 글귀이름이다.

② 〈알술〉소리와 〈안울〉소리

ⅰ) 〈알술〉소리 아술(牙述)·아산(牙山) : 아사(牙山)의 옛이름 아술(牙述)의 중국음 〔야쉬〕음자는 백제(百濟) 적에 "큰-〈알〉한 정(頂)수리-〈술〉이 〈알술〉"소리를 표음한 대부(大府) 고을이란 글귀이름의 하나이다.

ⅱ) 〈안울〉소리 안읍(安邑)·옥천(沃川) : 옥천(沃川)의 옛 영현(領縣) 안읍(安邑)의 중국음 〔안이〕음자는 옛소리 "〈안울〉소리를 표음하여 큰-〈안〉한 봉(峰)우리-〈울〉이" 고을이라는 대부(大府)로 삼았던 글귀이름이다.

이렇게 대부(大府) 고을은 큰-〈할→알〉한 정(頂)수리-〈술〉이 〈할

술〉소리에서 〈알술〉소리나 〈할울→알울〉소리로 글귀이름이 변하
면서 역사를 이룩했음을 글귀소리로 읽을 수 있었다.

4.2. 〈물알→ᄆᆞ랄〉소리와 〈안몰〉소리는 대부(大府)

(1) 〈물알→ᄆᆞ랄〉소리 무릉(茂陵)과 모량(毛良)

① 〈물알→ᄆᆞ랄〉소리

〈물알→ᄆᆞ랄〉소리는 초기국가[고을나라] 시대에 수도(首都)를
일컫는 이름의 하나인 〈물술서할〉소리를 왕국 시대에 짧게 줄인
이름으로 다듬은 〈물술할→물할→물알→ᄆᆞ랄〉소리를 표음한 이
름은 중국어 대부(大府)를 일컫는 글귀이름이다.

　i) 〈물술서할〉소리 마시산(馬尸山) : 예산(禮山) 덕산(德山)의 옛
이름 마시산(馬尸山)의 중국음 [마쉬싼]음자는 옛이름 "〈물술서
할〉소리를 표음하여 영(嶺)마루-〈물〉우의 정(頂)수리-〈술〉이에
크게-〈할〉하게 올라-〈서〉"는 고을이란 옛적 대수도(大首都)를 일
컫는 이름소리를 백제(百濟)는 일시 고을이름으로 삼았다.

　따라서 왕국 시대에 "큰-〈할〉한 영(嶺)마루-〈물〉우란 〈물할〉"소
리는 대령(大嶺)이라는 뜻, 곧 대부(大府)란 글귀이름으로 삼았다.

　ii) 〈물술알→물수랄〉소리 마사량(馬斯良) : 장흥(長興)의 옛이름
마사량(馬斯良)의 중국음 [마쓰량]음자는 옛소리 〈물술알→물수
랄〉소리를 표음하여 "영(嶺)마루-〈물〉우의 큰-〈알〉한 정(頂)수리-
〈술〉이"란 〈물술알→물수랄〉소리 대영정(大嶺頂)은 다른 말로 대
부정(大府頂)이기도 하다.

● 이 고을은 〈물술알〉소리를 줄인 〈물알〉소리를 마악(馬岳)으로 표음하여 "영(嶺)마루-〈물〉우의 큰-〈알〉한 정(頂)수리-〈술〉이 〈물술알→물수랄〉"소리는 마사량(馬斯良)으로 표음하고, "큰-〈알〉한 영(嶺)마루-〈물〉우 〈물알〉"소리는 마악(馬岳)으로 표음하여 전자를 대부정(大府頂)을 삼고 후자는 대부(大府)로 삼던 글귀이름이다.

● 따라서 옛적 장흥(長興)은 〈물술알→물수랄〉소리를 표음한 마사량(馬斯良)은 대칭소리로 〈울술알〉소리를 지니면서 짧은 "큰-〈알〉한 봉(峰)우리-〈울〉이 〈울알〉"소리는 중국음〔우얼〕음자 오아(烏兒)로 표음하고, 그늘소리 〈물알〉소리는 마악(馬岳)으로 표음하여 〈울알〉소리 오아(烏兒)와 대칭시키면서 〈물술알→물수랄〉소리 마사량(馬斯良)은 〈울술알〉소리와 대칭되는 이름이다.

● 이렇게 겉소리 〈울알〉소리는 〔우얼〕음자 오아(烏兒)로 표음하고, 그늘소리 〈물알〉소리는 〔마위〕음자 마악(馬岳)으로 표음해 대칭시키는 쓰임새는 겉소리 〈울알→우랄〉소리를 울릉(鬱陵), 울릉(蔚陵) 등으로 표음하고, 그늘소리 〈물알→ㅁ랄〉소리를 무릉(茂陵)으로 표음한 쓰임새와 똑같다는 것을 알 수 있다.

iii) 〈물알→ㅁ랄〉소리 마로(馬老)·광양(光陽) : 광양(光陽)의 옛이름 마로(馬老)의 〔마로〕음자는 "큰-〈알〉한 영(嶺)마루-〈물〉우란 〈물알〉"소리에서 〈물〉소리의 'ㄹ' 받침이 뒷소리로 처지는 〈물알→ㅁ랄〉소리로서, 그 뜻은 '대령(大嶺)'이므로 결국 대부(大府)라는 글귀이름이다.

iv) 〈몰알→ᄆᆞ랄〉소리 마령(馬靈)·진안(鎭安) : 진안(鎭安) 마령(馬靈)은 〔마링〕음자로 "큰-〈알〉한 영(嶺)마루-〈몰〉우란 〈몰알〉소리는 〈몰〉소리의 'ㄹ' 받침이 뒷소리로 처지는 〈몰알→ᄆᆞ랄〉"소리는 중국어 대부(大府)라는 글귀이름이다.

② 〈ᄆᆞ랄섬〉과 〈무랄섬〉

〈몰알→ᄆᆞ랄섬〉-무릉도(茂陵島)와 〈울알→우랄섬〉-울릉도(鬱陵島)는 옛적 우시산국(于尸山國)이었다.

역사상 우리 측 기록으로 전해져온 이름은 우시산국(于尸山國) 또는 우산국(于山國)으로서 신라(新羅) 이사부(異斯夫)에 의하여 정복되어 왕국 시대에는 〔위링〕음자 우릉(于陵), 우릉(芋陵), 우릉(迂陵), 우릉(羽陵), 울릉(蔚陵), 울릉(鬱陵) 등이나 〔우링〕음자 무릉(武陵)으로 표음하거나 〔뮈링〕음자 무릉(茂陵)으로 표음하는 짝소리 이름으로 우리 역사가 전승한 유산이다. '신라'가 정복한 다음 자세한 기록을 계승하지 않아 오히려 일본측에 전해지고 있다.

일본(日本) 측이 전승한 기록은 좀 다양하다.
● 일본《은주시청합기(隱州視聽合記)》는 오십맹도(五十猛島) 또는 기죽도(磯竹島)라고 기술하고 있으며 독도(獨島)는 송도(松島)라고 기술하고 있다.
● 이른바《대일본사(大日本史)》권234 〈열전〉5——川上健三,《竹島の歷史地理的硏究》(東京 : 古今書院, 1966), 70쪽——에서는 신라(新羅)의 〈宇流麻島(ウルマのシマ) 卽 芋陵島也〉라는 기술에서 우릉(芋陵), 곧 울릉(鬱陵)은 일명 우류마도(宇流麻島)라고 기술하고 있다.

● 일본(日本) 지리학자(地理學者) 일자평(林子平)의 《삼국통람도설(三國通覽圖說)》(1785년)에서는 울릉도(鬱陵島)를 천산도(千山島), 궁숭도(弓嵩島), 기숭도(磯嵩島)라고 고증하고 있다.

그렇다면 첫째로, 우시산국(于尸山國), 우산국(于山國)은 나라가 망한 후일 신라(新羅) 행정구로 편입되어 우릉(于陵), 우릉(芋陵), 우릉(羽陵), 울릉(蔚陵), 울릉(鬱陵), 무릉(武陵)이나 무릉(茂陵)이라 일컬으며 우류마도(宇流麻島 : ウルマのシマ), 오십맹도(五十猛島), 숭도(嵩島)란 '체언(體言)을 강조한 글귀이름'으로 불리었다.

둘째로, 천산도(千山島), 기죽도(磯竹島), 죽도(竹島)란 다른 한 줄기 글귀이름들은 주로 '용언(用言)을 강조한 글귀이름'으로 불리었다.

셋째로, '체언과 용언을 두루 갖춘' 다른 한 줄기의 이름들이 기숭도(磯嵩島)와 궁숭도(弓嵩島)란 세 갈래 글귀이름으로 이름 지어진 섬이다.

이러한 사실들은 한 나라로서 본래 갖추어놓을 것은 다 갖춘 행정체계를 일컫는 우리말 짜임말귀[語句構造]로 이름 지어진 글귀이름이므로 〈울알→우랄섬〉-울릉도(鬱陵島)와 관계된 여러 글귀이름을 아래와 같이 나누어 풀이하여 옛 그 나라를 둘러싼 여러 의문을 글귀이름으로 해소할 수 있을 것이다.

i) 우시산(于尸山) 또는 우산(于山)은 나라가 망한 뒤 우시량(于尸良), 우릉(于陵), 우릉(芋陵), 우릉(羽陵), 울릉(蔚陵), 울릉(鬱陵), 무릉(武陵) 등으로 표음한 음표명으로 기록되었다.

　　"봉(峰)우리-〈울〉이의 정(頂)수리-〈술〉이에 크게-〈할〉하게 올라-〈서〉는 〈울술서할〉"소리를 중국음 〔위쉬싼〕음자 우시산(于尸山)으로 표음한 글귀이름인 대봉정립(大峰頂立)의 뜻은 결국 대수도(大首都)를 뜻하면서 이를 수식하는 글귀이름이다.

　　● "봉(峰)우리-〈울〉이에 크게-〈할〉하게 올라-〈서〉는 〈울서할〉"소리를 중국음 〔위싼〕음자 우산(于山)으로 표음한 글귀이름도 대봉립(大峰立)이라는 뜻은 결국 대수도(大首都)를 일컫는 글귀이름이다.

　　● "봉(峰)우리-〈울〉이의 큰-〈알〉한 정(頂)수리-〈술〉이 〈울술알→울수랄〉"소리 대봉정(大峰頂)이라는 뜻은 대부(大府)를 수식하는 글귀이름으로 우시량(于尸良)으로 표음할 수 있을 것이다.

　　● "큰-〈알〉한 봉(峰)우리-〈울〉이 〈울알→우랄〉"소리는 우릉(于陵), 우릉(芋陵), 우릉(羽陵), 울릉(蔚陵), 울릉(鬱陵), 무릉(武陵) 등으로 표음한 글귀이름은 대봉(大峰)이라는 뜻은 결국 대부(大府)를 일컫는 이름으로 삼았다.

　　이렇게 체언적(體言的) 이름은 나라가 망하고는 〈울술서할〉소리의 〈서〉소리를 없애면서 〈울술할→울술알→울알→우랄〉소리로 짧게 줄어들고 변하면서 'ㅅ'과 'ㅎ'을 탈락시킨 글귀소리로 다듬어지는 글귀이름으로 자리잡았다.

　　〈울〉소리의 그늘소리 〈몰〉소리를 대치(代置)하는 〈몰술서할〉소리는 마시산(馬尸山)으로 표음하고, 〈몰서할〉소리는 마산(馬山)으로 표음한 이름으로 쓰다가, 나라가 망하고는 〈서〉소리를 없앤 〈몰

술알→몰수랄〉소리는 마사량(馬斯良)으로 표음하고, 〈몰알→ㅁ랄〉
소리는 무릉(茂陵)으로 표음한 이름으로 다듬어지는 고을이름이
되었다.

● "영(嶺)마루-〈몰〉우의 정(頂)수리-〈술〉이에 크게-〈할〉
하게 올라-〈서〉는 〈몰술서할〉"소리는 결국 대영정립(大嶺頂
立)이라는 뜻이므로 대수부(大首府)를 거듭 수식하는 이름으
로 삼았다.

● "영(嶺)마루-〈몰〉우에 크게-〈할〉하게 올라-〈서〉는 〈몰
서할〉"소리는 결국 대영립(大嶺立)이라는 뜻으로 대수부(大首
府)을 수식하는 이름으로 삼았다.

● "큰-〈알〉한 영(嶺)마루-〈몰〉우란 〈몰알→ㅁ랄〉"소리는
대령(大嶺)이라는 뜻으로 결국 대부(大府)를 일컫는 글귀이
름으로 삼아 오늘에 이르렀다.

앞에서 "봉(峰)우리-〈울〉이의 정(頂)수리-〈술〉이에 크게-〈할→
알〉하게 올라-〈서〉는 〈울술서할〉"소리는 "영(嶺)마루-〈몰〉우의
정(頂)수리-〈술〉이에 크게-〈할〉하게 올라-〈서〉는 〈몰술서할〉"소
리와 짝소리로 대봉정립(大峰頂立)이나 대영정립(大嶺頂立)이라는
글귀 뜻은 결국 대수부(大首府)를 거듭 수식하여 일컫는 이름으
로 쓰던 글귀이름이다.

● 〈울〉소리를 〈몰〉소리로 대치한 "〈몰술알→몰수랄〉소리
는 영(嶺)마루-〈몰〉우의 큰-〈알〉한 정(頂)수리-〈술〉"이로 결
국 대영정(大嶺頂)은 대부(大府)를 수식하는 이름으로 삼은 〈몰

술알→몰수랄〉소리를 마사량(馬斯良)으로 표음하곤 했다.

● 대봉정(大峰頂)과 대영정(大嶺頂)을 하나로 엮은 "봉(峰)우리-〈울〉이의 정(頂)수리-〈술〉이의 큰-〈알〉한 영(嶺)마루-〈몰〉우란 〈울술몰알→울술ᄆ랄〉"소리는 대봉정령(大峰頂嶺)이란 뜻으로 대부(大府)를 거듭 수식하여 일컫는 이름으로 삼았다. 이런 〈울술몰알→울술ᄆ랄섬〉을 오십맹도(五十猛島)라고 표음하곤 했다.

● 〈울알〉소리 대칭 〈몰알〉소리를 하나로 엮은 "〈울몰알〉소리는 봉(峰)우리-〈울〉이의 큰-〈알〉한 영(嶺)마루-〈몰〉우란 〈울몰알〉소리가 나면서 'ㄹ' 받침이 뒤로 처진 〈울몰알→우ㄹ몰알 : ウルマ〉"소리를 일본(日本)은 우류마도(宇流麻島)로 표음하여 〈울알→우랄〉섬 우릉도(芋陵島)와 같은 섬이라고 고증하고 있다.

● 따라서 〈울알→우랄〉소리는 "큰-〈알〉한 봉(峰)우리-〈울〉이"를 일컫고 "큰-〈알〉한 영(嶺)마루-〈몰〉우 〈몰알→ᄆ랄〉섬"이라는 대부(大府)를 가장 짧게 들어내는 형식에 지나지 않는다.

그렇다면 수부(首府)나 대수부(大首府)란 뜻으로 쓰던 〈울술서할〉소리나 〈몰술서할〉소리 이름을 나라가 망한 왕국 시대에 와서는 나라의 '큰 고을'-대부(大府)를 수식하는 〈울술알→울수랄〉소리나 〈몰술알→몰술랄〉소리로 다듬어 쓰거나 더러는 〈울몰알→우ㄹ몰 : ウルマ〉섬으로 일컬으며 때로는 거듭 수식하는 〈울술몰알→울술ᄆ랄〉섬으로 일컬었음을 알 수 있다. 짧게는 〈울알→우랄〉섬과 〈몰알→ᄆ랄〉섬으로 지은 여섯 글귀이름은 결국 '큰 고을'-대부(大府)를 수식하는 여섯 가지 쓰임새로 다듬은 말귀〔語

句〕 짜임새를 보여주는 글귀이름이다.

그러므로 〈울알→우랄섬〉-울릉도(鬱陵島)와 짝소리 〈몰알→ᄆ 랄섬〉-무릉도(茂陵島)나 〈울몰알→우ᄅᄆ섬 : ウルマのシマ〉-우류 마도(宇流麻島)와 〈울술몰알→울술ᄆ랄섬〉-오십맹도(五十猛島)는 아주 짧은 〈울섬〉-울도(鬱島)나 〈술섬〉-숭도(嵩島)와 〈몰섬〉-무 도(茂島)란 여러 섬이름들은 결국 '한, 섬＝일도(一島)'를 일컫는 체언적(體言的) 이름의 다채롭고 다양한 짜임새를 말하는 데 지 나지 않는다고 결론지을 수 있다.

ii) 기죽도(磯竹島), 천산도(千山島), 죽도(竹島)는 '한, 섬＝일도 (一島)'를 일컫는 용언적(用言的) 이름의 다채롭고 다양한 짜임새 의 하나이다.

기죽도(磯竹島)의 중국음 〔지쥬〕음자는 옛이름 〈쿤쥘→쥐쥘〉소 리를 표음한 글귀이름의 무른소리 〈쥐〉소리는 '쥐다'는 동사로 굳은소리 〈궈〉소리와 대칭적으로 잡아쥐다는 제어, 통제, 통치, 지배, 명령 등의 뜻으로 쓰며, 〈쥘〉소리는 〈달〉소리를 구개음화 시킨 〈절-잘-쥘〉소리와 대칭적으로 높다, 두드러지다, 솟아오르 다, 제압하여 누르다라는 뜻으로 쓴다.

따라서 통제하여-〈쥐〉고 제압하여 누르고-〈쥘〉이는 〈섬〉-도 (島)란 〈쥐쥘〉소리를 중국음 〔지쥬〕음자 기죽(磯竹)으로 표음하 고 〈섬〉은 도(島)로 번역했다. 그러므로 〈울알→우랄섬〉＝울릉도 (鬱陵島)는 "큰-〈알〉한 봉(峰)우리-〈울〉이" '대봉(大峰)＝대부(大 府)'라는 체언적 이름일 뿐만 아니라 섬-도(島)를 "통제하여-〈쥐〉 고 제압하여 누르고-〈쥘〉이는 용인직 〈쥐쥘심〉＝기죽도(磯竹島)" 이며 짧게는 "통제하여-〈쥐〉는 〈쥐섬〉＝죽도(竹島)"거나 "제압하 는-〈쥘섬〉＝죽도(竹島)"라는 우리말 짜임말귀〔語句構造〕로 이름 지은 이름소리를 표음한 글귀이름으로 말하는 유음(遺音), 유성 (遺聲)으로 이룩된 글귀이름이다.

천산도(千山島)의 중국음 〔첸싼〕음자는 옛이름 〈쿼서할〉소리를 표음한 글귀이름으로 “통제하여-〈쿼〉 크게-〈할〉하게 일어-〈서〉는 〈쿼서할〉”소리는 용언적(用言的) 이름으로 일컫는 글귀이름이다. 그런데 이는 ‘〈울〉이’나 ‘〈몰〉우’가 곁여된 이름이라는 것을 느낄 수 있다.

따라서 〈울술몰알섬〉이나 〈울술알섬〉과 〈몰술알섬〉, 〈울몰알섬 : ウルマのシマ〉와 〈울알→우랄섬〉-울릉도(鬱陵島), 〈몰알→ᄆ랄섬〉-무릉도(茂陵島), 숭도(嵩島)-〈술섬〉과 〈울섬〉-울도(鬱島) 등은 체언적(體言的) ‘무엇’이라는 이름으로 이룩되고, 〈쥐쥘섬〉이나 짧은 〈쥐섬〉과 〈쥘섬〉은 용언적(用言的) ‘어떠한’ 섬이라는 글귀이름이다.

ⅲ) 다시 정리하면, 우시산(于尸山)이나 우산(于山)과 울릉(鬱陵), 무릉(茂陵)과 숭도(嵩島), 우류마도(宇流麻島), 오십맹도(五十猛島) 등은 체언적 글귀이름이었다.

기죽도(磯竹島)와 천산도(千山島)나 죽도(竹島)는 용언적 글귀이름이었다. 그런데 이 둘을 엮은 기숭도(磯嵩島)와 궁숭도(弓嵩島)라는 짝소리 이름은 체언과 용언을 결합한 짜임새로 ‘용언은 어떠한 곳’을 말하고 ‘체언은 무엇이라는 곳’을 말하는 글귀이름으로 이룩되었다.

‘체언적 이름’ 〈울알→우랄섬〉-울릉도(鬱陵島)이자 〈몰알→ᄆ랄섬〉-무릉도(茂陵島)이며 〈울몰알→우ㄹ몰섬 : ウルマのシマ〉-우류마도(宇流麻島), 〈울술몰알→울술ᄆ랄섬〉-오십맹도도(五十猛島), 〈울섬〉-울도(鬱島), 〈술섬〉-숭도(嵩島)란 한 줄기 이름은 봉(峰)우리-〈울〉이나 정(頂)수리-〈술〉이가 아니면 영(嶺)마루-〈몰〉우란 ‘봉정령(峰頂嶺)-부(府)’를 말하는 짜임새이다.

‘용언적 이름’으로 통제하여-〈쥐〉고 제압하여 누르고-〈쥘〉이는 〈쥐쥘섬〉이나 더 짧게 통제하여-〈쥐〉는 〈쥐섬〉이나 제압하여 누르고-〈쥘〉이는 〈쥘섬〉인 기죽도(磯竹島)나 죽도(竹島)는 '어떠한-통제(統制)냐, 제압(制壓)이냐'를 일컫는 쓰임새로 통치형식을 나타내는 짜임새이다.

따라서 체언(體言)과 용언(用言)을 갖춘 무른소리로 이름 지은 "통제하여-〈쥔〉 정(頂)수리-〈술〉이 〈쥔술→쥐술〉"소리는 기숭(磯嵩)의 중국음 〔지쑹〕음자로 표음한 글귀이름으로 삼고, 굳은소리는 "통제하여-〈권〉 정(頂)수리-〈술〉이 〈권술〉"소리는 〔꿍쑹〕음자 궁숭(弓嵩)으로 표음한 글귀이름으로 이룩되었다.

이런 대구(對句)로 짜맞춘 굳은소리 〈권술섬〉-궁숭도(弓嵩島)와 무른소리 〈쥔술섬〉-기숭도(磯嵩島)는 결국 체언적 이름 〈울알→우랄섬〉-울릉도(鬱陵島)와 용언적 이름 〈쥐쥘섬〉-기죽도(磯竹島) 내지 〈쥐섬〉-죽도(竹島)를 아울러 부르는 이름이란 것을 알 수 있다.

곧 체언(體言)-〈술→울 : 물〉 대칭소리와 용언(用言)-〈쥔 : 권〉 대칭소리를 짜맞춘 완결된 〈쥔술섬 : 권술섬〉 짝소리 섬이름은 오늘날의 〈울알→우랄섬〉 울릉도(鬱陵島)란 대답이다. 그뿐 아니라 역사적으로 동해(東海)의 한 나라 〈서울〉이었거나 대소(大小) 통치부(統治府)를 경험한 섬은 〈울알→우랄섬〉 울릉도(鬱陵島) 이외에 있었던 적이 없다.

iv) 일본(日本)이 주장하는 죽도(竹島)-'다께섬 : タケシマ'란 그 어디에도 실존하지 않는 허구적(虛構的) 섬이다.

〈울알→우랄섬〉-울릉도(鬱陵島)를 다르게 말하는 기죽도(磯竹島)와 오십맹도(五ㅣ猛島)를 훈(訓)하여 풀이한 일본(日本)의 '이소다께섬 : イソタケシマ'이라는 이름은 터무니없이 일방적(一方的), 자의적(恣意的)으로 가공(架空)되고 조작(造作)된 사칭(詐稱)이자 위칭(僞稱)이며 풀지 못하는 한자 글귀이름을 헛소리로 얼버무리는 말장난이다. 그 근거를 한번 보도록 하겠다.

기죽도(磯竹島)를 일본(日本)은 한자 뜻으로 풀이하여 '이소다께섬 : イソタケシマ'이라고 보고 있다.

● 기(磯) 자를 풀이하여 '이소 : イソ'로 읽어 물가〔水邊〕 또는 '여울'이라는 뜻으로 보고, 죽(竹) 자를 풀이하여 '다께 : タケ'로 읽어 이 둘을 엮은 '이소다께 : イソタケ'라는 말은 '물가 대나무'라는 뜻을 지니게 된 셈이다.
● 도(島)의 우리말인 〈섬〉을 번역하여 옮긴 뒤 느리게 일컫는 〈섬→서ㅁ : シマ〉소리를 엮어 〈이소다께서ㅁ : イソタケシマ〉소리로 풀이한 〈섬→서ㅁ : シマ〉소리만은 틀림없는 우리말 말귀〔語句〕이다.

오십맹도(五十猛島)는 한자 '뜻으로' 풀이한 '이소다께섬 : イソタケシマ'이라고 보고 있다.

● 오십(五十)은 음독(音讀)하여 '이소 : イソ'로 옮기고, 맹(猛) 자를 '뜻으로' 풀이한 사납다는 일본말 '다께루 : タケル'라는 말을 다듬어 '다께 : タケ'로 짜맞춘 '이소다께 : イソタケ'는 '쉰 사나운'이라는 뜻을 지니게 된 셈이다.

그렇다면 기죽도(磯竹島)를 일컫는 '물가, 대, 섬 : イソ, タケ, シマ'이라는 풀이소리와 오십맹도(五十猛島)를 일컫는 '쉰, 사나운, 섬 : イソ, タケ, シマ'이란 풀이소리는 그 소리가 비슷하고 닮은 듯하나, 풀이한 이름소리의 뜻에는 일치성(一致性)이나 공

통성(共通性)이 없고 규제(規制)한 대상(對象)이 전혀 다르다. 이는 그 어떤 배경(背景)도 지니지 않은 공허(空虛)한 헛소리로, 괴리(乖離)되는 말장난에 지나지 않는다.

따라서 전자 〈이소, 다께, 서ㅁ : イソ, タケ, シマ〉소리를 줄인 〈다께, 서ㅁ : タケシマ〉소리가 '대나무섬'이라면 후자는 '사나운 섬'으로 괴리되어 논리상으로도 존재하지 않는 허구적 가공명이자 조작된 헛소리에 지나지 않는다는 것을 스스로 말해주는 셈이다.

그렇다면 그들 스스로의 섬을 어떻게 읽고 부르는지 살펴볼 필요가 있겠다.

● 일본(日本) 영토(領土) 일기도(壹岐島)의 중국음 〔이치〕음자 〈일쥐섬〉은 〈쥐〉소리를 굳은소리 〈귀〉소리로 바꾸어 '일쥐섬 : 일귀섬 : イキのシマ'이라고 음독(音讀)하여 부르고 있다.

● 일본(日本) 은기도(隱岐島)의 중국음 〔인치〕음자 〈은쥐섬〉은 〈쥐〉소리를 굳은소리 〈귀〉소리로 바꾸어 '은쥐섬 : 은귀섬 : オキのシマ'이라고 음독(音讀)하고 있다.

● 일본(日本) 대도(對島)의 중국음 〔뛔〕음자 〈두섬〉소리는 〈두〉소리를 일본식으로 구개음화시킨 '두섬→쑤섬→쑤서ㅁ : ツシマ'이라고 음독(音讀)하는 것이 그들의 실제(實際) 쓰임새이다.

그런데 그들 스스로는 우리 나라 주변의 그들 섬이름을 음독(音讀)하여 부르면서 우리땅 기죽(磯竹)섬이나 죽(竹)섬은 한자(漢字) 자의(字意)를 풀이한 '이소, 다께, 섬→다께, 섬 : イソ, タケ, シマ→タケ, シマ'이라고 풀이하여 읽어 그

이름소리로 을릉도(鬱陵島)를 걸고 늘어지며 소유권(所有權)을 주장한다면 몰라도 느닷없이 독도(獨島)에 덮어씌워 소유권을 주장함은 일종의 사술적(詐術的) 논리(論理)에 지나지 않는다는 것을 알 수 있었다.

그것은 오십맹도(五十猛島)나 기죽도(磯竹島)라는 한자명을 그들 나름대로 신비스럽게 얼버무린 풀이이름으로 부르고는 있으나, 표음한 글귀이름에서 울리는 글귀소리는 지울 수 없는 짜임말귀〔語句構造〕로 증언하는 언증(言證)으로 역사적 사실(史實)을 고증하고 있으며, 일본 자체내에도 적지 않게 사료로 검증되는 역사적 진실을 통하여 여러 글귀이름을 충분이 살필 수 있는 일이다.

③ 독도(獨島)는 무슨 섬인가

독도(獨島)의 독(獨) 자의 중국음 〔뚜〕음자는 〈두〉소리를 표음하고 도(島)는 〈섬〉을 번역하여 기술(記述)한 이름이다. 양도(兩島)란 〈두섬〉의 〈두〉소리는 〔뚜〕음자 독(獨) 자로 표음하고 〈섬〉은 중국어 도(島) 자로 번역한 〈두섬〉이 독도(獨島)이다. 동도(東島), 서도(西島)로 이룩된 양도(兩島)를 일컫는 〈두섬〉을 독도(獨島)로 표음한 글귀이름이다.

일본(日本)은 대도(對島)를 옛 《수서(隋書)》에서 도사마(都斯馬)라고 표음한 음표명 도사마(都斯馬)의 중국음 〔뚜쓰마〕음자는 〈두서ㅁ〉소리를 표음한 글귀이름이며 〈두섬〉은 대도(對島)로 표음한 글귀이름이다.

따라서 대도(對島)의 〔뛔〕음자는 〈두〉소리를 표음하고 도(島)는 〈섬〉을 번역하여 기록한 〈두섬〉은 대도(對島)로 표음하고, 느린 〈두서ㅁ〉소리는 도사마(都斯馬)로 표음한 글귀이름이다.

〈두서ㅁ〉소리를 오므린 〈두서ㅁ→두섬〉을 대도(對島)로 표음한 이 섬은 남도(南島), 북도(北島) 양도(兩島)이므로 《수서(隋書)》에서는 도사마(都斯馬)의 중국음 〔뚜쓰마〕음자로 〈두서ㅁ〉소리를 표음하고, 일본은 〈두〉소리를 표음한 〔뛔〕음자를 일본식으로 구개음화시킨 〈두→쑤 : ツ〉소리로 읽고 〈섬→서ㅁ : シマ〉소리는 중국어 도(島) 자를 번역한 이름으로 활용했다.

이상에서 간략하게 기죽도(磯竹島)와 오십맹도(五十猛島)를 살피고 우리땅 〈두섬〉-독도(獨島)는 결코 '죽도(竹島)-다께섬 : タケシマ'이 아니며 또한 될 수도 없다는 역사적 사실(史實)과 언어적, 사실적(事實的)으로 글귀이름을 살펴 이른바 '다께섬 : タケシマ'은 울릉도(鬱陵島)를 일컫는 용언명(用言名)인 기죽도(磯竹島)와 짧게 말한 죽도(竹島)를 풀이이름으로 가공(架空)하여 있지도 않은 허구명(虛構名)으로 세상을 어지럽히는 일종의 사술적(詐術的) 사칭이자 위칭(僞稱)에 지나지 않는다는 것을 살펴보았다.

〈넷〉 우리 "나라이름과 문화"

1. 우리의 "나라이름"

고구려(高句麗) 또는 고려(高麗)란 한자(漢字)로 표음(表音)하여 음표명으로 지어진 우리말 글귀이름은 이 나라가 지향하여 이룩하려는 언어 문화를 상징적으로 나타내는 '짜임말귀〔語句構造〕'로 지은 글귀이름일 것이다.

만찬가지로 백제(百濟) 또는 십제(十濟)라는 두 글귀이름을 곁들이는 이름소리나 사로(斯盧), 신라(新羅) 또는 계림(鷄林)이라고 곁들이는 두세 가지 글귀이름들도 이들 나라가 지향하여 이룩하려는 '언어 문화'를 상징적으로 나타내는 '짜임말귀〔語句構造〕'로 지어졌다고 생각한다.

한자(漢字)는 자상(字象)과 자의(字意)에 소정(所定)의 뜻과 규범(規範)을 지니고 있어 소리말인 우리말을 담아 쓸 수 없었다. 그러나 옛 우리 조상들은 현명하게도 그 글소리〔字音〕를 차음(借音)하여 우리말 말귀〔語句〕를 짜맞춘 짜임말귀로 지은 이름소리를 표음(表音)한 글귀이름으로 나라이름이나 여러 이름을 남겨 역사를 기록했다고 믿는다.

1.1. 〈콸쥐리아〉소리 고구려(高句麗), 〈콸리아〉소리 고려(高麗)

고구려(高句麗)라는 한자명은 오늘날 '표준 한자음'으로는 한문자(漢文字)를 읽는 것이지 옛 우리말 이름소리를 표음한 글귀이름을 읽고 부르는 것이 아니다. 고구려(高句麗)의 중국음은 〔까오쥐리〕음과 〔까오귀리〕음 이중음(二重音)을 지니는 이름으로, 구(句) 자는 〔쥐〕음과 〔귀〕음 이중음(二重音)을 지니고 있다.

(1) 고구려(高句麗)

고구려(高句麗)란 〔까오쥐리〕음자의 첫소리 〔까오〕음자는 〈콸〉소리나 〈콴〉소리를 표음한 음표자(音標字)로 보아야 한다. 이 〈콸-콴〉소리는 무른소리 〈활-환〉소리와 짝소리-대칭소리를 이룬다.

무른소리 〈활-환〉소리는, 마치 크다는 무른소리 〈할-한〉소리가 굳은소리 〈칼-칸〉소리를 대칭적 짝소리로 간직하는 현상과 같이, 굳은소리 〈콸-콴〉소리를 대칭적 짝소리로 지니고 있다.

① 〈환〉소리

〈환〉소리는 '환하다'는 뜻으로 《국어사전》(이희승 감수, 민중서관)에 의하면 '밝고 맑게 앞이 탁 틔어서 막힌 데가 없는' 그리고 '넓게 멀리까지 비추어서 맑게 밝은' 것을 뜻하는 말이다.

그런데 〈환〉소리는 오래 쓰는 사이 'ㅎ'이 탈락하여 〈왈-완〉소리로 소리변화를 하는 경향이 있었다. 〈할-한〉소리가 〈알-안〉소리로 변하는 것처럼 〈환-활〉소리도 〈완-왈〉소리로 변하는 경향을 보이는 것이다.

'귀양'이라는 말은 고려(高麗) 적에 귀향벌(歸鄕罰)을 일컫는 〈귀향〉소리의 'ㅎ'이 탈락하여 오늘날 〈귀양〉으로 변성(變聲)한 현상이다. 이처럼 옛적부터 그런 현상이 있었기 때문에 〈환〉소리도 'ㅎ'이 탈락하여 〈완〉소리가 될 수 있을 뿐만 아니라 〈왈-완〉소리는 모음조화로 〈알〉소리가 될 수도 있다.

그러므로 무른소리 〈환-활〉소리는 'ㅎ'이 탈락하여 〈완-왈〉소리로 변하기 때문에 변하지 않은 굳은소리로 일컫는 〈콴-콸〉소리를 고(高) 자의 〔까오〕음자와 맞추어 표음한 음표자 글귀소리가 〈콸〉소리이다.

그렇다면 〈콴-콸〉소리도 '밝고 맑게 멀리까지 탁 틔여 비추어지는 현상'을 일컫는 말귀〔語句〕로 썼다고 볼 수밖에 없다.

따라서 무른소리 〈환-활→왈→완→알〉소리와 굳은소리 〈콸-콴〉소리를 짝소리로 한 〈콸쥐리아〉란 이름의 〈콸〉소리는 이렇게 이룩된 말소리로 지은 이름일 것이다.

② 구(句) 자

구(句) 자의 중국음은 〔쥐〕음과 〔귀〕음으로 대칭음자이다. 여기서 〈쥐〉소리는 무른소리이고 〈귀〉소리는 이것의 굳은소리이다. 한자 이중음자는 우리말의 대칭음자, 곧 무른소리와 굳은소리를 동시에 표음할 수 있기 때문에 나라이름을 쓰면서 구(句) 자를 채택했을 것이다.

무른소리 〈쿈〉소리와 굳은소리 〈쾬〉소리는 '빛나다', '성(聖)스럽다', '신성(神聖)하다', '신비(神秘)하다' 등의 뜻으로 쓰는 말귀〔語句〕이므로 〈환쿈→완쿈〉소리 대칭 〈콸쿈〉소리는 '환히 빛나다-콴히 빛나다'는 뜻으로 쓰는 말귀가 된다.

　이런 쓰임새의 하나인 금강산(金剛山)의 중국음 〔진깡〕뫼는 〈쿈칼〉뫼를 표음하여 "신성하다는-〈쿈〉"소리와 크다는 굳은소리 〈칸-칼〉소리를 엮어 짜맞춘 〈쿈칼〉소리를 〔진깡〕음자 금강(金剛)으로 표음하고 뫼는 산(山)을 벅연하여 엮은 글귀이름이다.

　이러한 〈쿈〉소리 대칭 〈쾬〉소리를 구(句) 자의 2중음으로 담았을 것이다.

---

③ 여(麗) 자

여(麗) 자의 중국음 〔리〕음은 두음법칙으로 물러진 〈일〉소리가 될 수 있다. 〈일〉소리는 일다〔生成〕, 일어나다〔隆盛〕, 홍륭(興隆), 일어서다〔聳立〕라는 뜻으로 쓰는 말이다.

한 예로 정(頂)수리란 〈술〉소리와 용립(聳立)하다는 〈릴〉소리를 엮으면 "정(頂)수리-〈술〉이에 용립(聳立)하여-〈릴〉떠선 〈술릴→술리〉"소리를 뫼이름으로 한 소리산(所利山)이나 소래산(蘇來山)과 같온 이름으로 쓰이는 말이다.

여(麗)의 〔리〕음자에 가려진 소리 〈아〉소리는 크다는 무른소리 〈할〉소리의 〈ㅎ〉이 탈락한 〈알〉소리로 'ㄹ' 받침이 탈락하지만 크다는 뜻은 다를 바 없다.

따라서 고구려(高句麗)의 〔까오쮀리〕음자는 "밝게 환히-〈콸〉히 빛나는-〈쿼〉한 크게-〈알〉하게 융성(隆盛)하여-〈릴〉어나는" 말귀〔語句〕를 짜맞춘 〈콸쿼릴아→콸쥐리아〉소리로 다듬어진 짜임말귀로 이룩된 글귀이름일 것이다.

(2) 고려(高麗)

고려(高麗)의 중국음가는 〔까오리〕음자지만 〈콸릴알〉소리를 쓰고 부르는 사이 'ㄹ' 받침이 탈락한 〈콸리아〉소리로 자리잡은 글귀이름이다.

따라서 "밝게 환히-〈콸〉히 크게-〈알〉하게 융성(隆盛)하여-〈릴〉어나는 나라인 〈콸릴알→콸리아〉"소리로 다듬어진 글귀이름이다.

우리 조상들은 일찍이 "밝고 환히-〈콴〉히 크게-〈알〉하게 융성하여-〈릴〉어나는" 나라를 이룩하여 오래오래 향유(享有)하여 누리기를 바라는 말귀〔語句〕로 짜맞추어 이름 지은 〈콸릴아→콸리아〉소리로 우리 겨레, 우리 나라가 끝없이 융성 발전하기를 바라며 세세손손 그들 삶을 다하고 이 땅의 흙으로 오늘의 토양이 되어 우리에게 자양분을 주며 떠받치고 있으므로 앞날에도 부끄러움 없는 후손이 되어야 함을 이름의 말귀와 글귀에서 끊임없이 여운을 울리고 있다.

1.2. 〈밝쿼〉소리 백제(百濟), 〈샐쿼〉소리 십제(十濟)

백제(百濟) 또는 백제(伯濟)란 중국음 〔빼지〕음자는 옛이름 〈밝쥐알→밝쿼〉소리이며, 십제(十濟)의 중국음 〔시지〕음자는 옛이름 〈샐쥐알→샐쿼〉소리이다.

(1) 백제(百濟)

백제(百濟) 또는 백제(伯濟)란 중국음〔빼지〕음자는 옛소리〈밝쥐알〉소리를 표음한 글귀이므로 오므리면〈밝쥔〉이나〈밝쥘〉소리가 된다.

〈밝〉소리는 '밝다'는 뜻이면서 날이 '환히 샌다'는〈샐〉소리와 대구적(對句的), 대칭적으로 쓰는 말로서,〈쥔〉소리는 빛나다, 성(聖)스럽다, 신성(神聖)하다, 신비(神秘)하다는 뜻이지만 굳은소리는〈권-권〉소리를 대칭시킨다.〈알〉소리는 크다는 무른소리〈할〉소리의〈ㅎ〉이 탈락한 말로 뜻은 다름이 없다.

따라서〈밝쥐알〉소리는 백제(百濟)의 죽국음〔빼지〕음자로서, 표음한〈밝쥐알→밝쥔〉소리는 "환히-〈밝〉고 크게-〈알〉하게 빛나는-〈쥔〉한 나라라는〈밝쥐알→밝쥔〉"소리의 글귀이름이다.

(2) 십제(十濟)

십제(十濟)의 중국음〔시지〕음자는 옛소리〈샐쥐알→샐쥔〉소리를 표음한 글귀이름으로서, 더 나아가〈환쥔→완쥔〉소리로 소리 바꿈을 하는 말귀〔語句〕짜임새이다.

〈샐〉소리는 '날이 밝게 샌'다는〈샐-샌〉소리이지만,〈샐〉소리는 뒤이어〈환〉소리가 뒤따라 나서면서〈샐-샌〉소리는 '환히 밝아오는' 것을 일컫는〈환〉소리로 이어지며 날이 '밝을' 것을 '시사(示唆)'하는 대구(對句) 말이기도 하다.

따라서 "날이 환히-〈샌〉은 크게-〈알〉하게 빛나는-〈쥔〉한 나라라는〈샐쥐알→샐쥔〉"소리는〈밝쥐알→밝쥔〉소리와 대구(對句)로 '날이 새면 밝아오고', '날이 밝아오면 환히 새는' 중복적 '대구' 쓰임새로 이름 지어졌다.

1.3. 〈샐룰〉소리 사로(斯盧), 〈샐라〉소리 신라(新羅)

신라(新羅)는 처음에 사로(斯盧)라고 표음하면서 진한(辰韓)이
나 진한(秦韓)이라고도 하고 사라(斯羅), 시라(尸羅), 신라(新羅)라
고 표음하기도 했다.

(1) 진한(辰韓)과 진한(秦韓)

진한(辰韓)의 중국음 〔천한〕음자나 진한(秦韓)의 중국음 〔친
한〕음자는 중국인들이 우리말 〈쉰한〉소리를 듣고 진한(辰韓)이나
진한(秦韓)으로 표음한 음표명(音標名) 글귀소리이다.

〈쉰〉소리는 '빛나다', '성(聖)스럽다', '신성(神聖)하다', '신비
(神秘)하다'는 뜻으로 쓰는 말이면서 '날이 〈새〉다', '날이 〈밝〉
다'는 말과 따라다니는 말귀〔語句〕이므로 크다는 무른소리 〈할〉
이나 〈한〉소리와 엮어 "크게-〈한〉하게 빛나는-〈쉰〉한 〈쉰한〉"소
리는 '크게 빛나다-밝게 샌다'는 뜻으로 일컫는 짜임말귀이다.

금관(金官) 또는 김해(金海)를 일컫는 중국음 〔진꽌〕음자
와 〔진해〕음자 대칭이름은, 무른소리 〈쉰할〉소리는 김해(金
海)의 중국음 〔진해〕음자로 표음하고 굳은소리 〈쉰칼〉소리
는 금관(金官)의 중국음 〔진꽌〕음자로 표음한다. 크다는 무
른소리 〈할〉소리와 굳은소리 〈칼〉소리를 대칭시켜 "크게-〈
할〉하게 빛나는-〈쉰〉한 나라는 〈쉰할〉" 나라이고 "크게-〈칼〉
하게 빛나는-〈쉰〉한 나라는 〈쉰칼〉" 나라라고 표음해 쓰던
〈쉰할〉소리와 〈쉰칼〉소리는 뜻이 같은 무른소리와 굳은소리
글귀이름이다.

(2) 시라(尸羅)와 신라(新羅)

〈샐〉소리는 '날이 새다', '날이 환히 밝아온다'는 뜻으로 말하는 진행형이나 완료형이다. 〈새〉다는 말은 날이 〈밝〉다는 말이 뒤따르는 상황이므로 〈샐〉소리는 어느 경우에나 〈밝〉소리와 짝을 이루는 대구(對句) 말이다.

따라서 "밝게 환히-〈샌〉은 나라-〈라〉란 〈샐라〉"소리는 시라(尸羅)의 〔씌뤄〕음자로 표음하거나 〔쓰뤄〕음자 사라(斯羅)나 〔씬뤄〕음자 신라(新羅)로 표음한 음표명으로 이룩된 글귀이름이다.

〈샐〉소리로 일컫는 '날이 새다', '날이 밝는다' 등의 옛 말귀〔語句〕 쓰임새를 뒷받침하는 몇가지 쓰임새를 찾아보겠다.

① 동국(東國)

'뱃사람 말'에 동풍(東風)을 '샛바람→샛파람'이라고 일컫는 〈샌-샛-샐〉소리는 날이 새고 환히 밝아오는 현상을 이르고, 날이 밝아오는 동(東)과 같은 개념으로 자리잡았으므로 "새는 쪽 바람-〈샛바람→샛파람〉"이라고 일컬었을 것이다.

그런 까닭에 신라(新羅) 이래 우리 조상들이 즐겨 동국(東國)이라고 표현하는 동국통감(東國通鑑)이니 동국여지(東國輿地)니 하는 동국(東國)은 '새라', 곧 시라(尸羅)라고 표음하거나 '샐라', 곧 신라(新羅)라고 표음하던 데서 주어진 〈샐라〉소리를 번역한 것이다.

그렇다면 "〈샐〉=동(東)+〈라〉=국(國)"이라는 표현법으로 고려(高麗), 조선(朝鮮)으로 이어졌다고 보아야 하며, 중국(中國)의 동방(東方)이라서 동국(東國)이라고 말한 것이 아니라, 우리 스스로 날이 "새는 나라-〈샐라〉"를 중국어로 번역한 데서, 곧 동국(東國)으로 번역한 데서 왔을 것이다. 남이 붙여준 이름이 아니라, 우리 스스로 지은 이름을 번역한 것임을 알아야 한다.

② 동풍(東風)

더욱 구체적으로 '해+새는+나라'-〈해새라〉소리는 중국음〔허씨뤄〕음자 하슬라(河瑟羅)로 표음한 짜임말귀〔語句構造〕이다. '〈해새〉는 나라'를 중국어로 번역하면 곧 일출국(日出國)-동국(東國)이 될 수밖에 없을 것이다.

따라서 〈해+새+라〉소리는 곧 동국(東國)이며 짧은 〈샐+라〉소리도 동국(東國)으로 간주하여 〈해새라→샐라〉소리는 동국(東國)이므로 동풍(東風)은 〈샛바람→샛파람〉이다.

③ 일본의 '해가새 : ヒガシ'

일본에서는 동(東)을 '해가새 : ヒガシ'라고 한다. '해가새→히가시 : ヒガシ'라는 말은 우리말 '해새'는 쪽이란 말소리가 속화된 말로 '해가새→히가시 : ヒガシ'소리는 "태양(太陽)-〈해〉가 환히-〈새〉는 〈해새는〉"-동(東)이라는 말이 되었다.

④ 러시아의 보스토크(Vostok)

러시아 블라디보스토크(Vladivostok)의 옛 한자명 해삼위(海參威)의 중국음〔해싼웨〕음자는 〈해샐웨〉소리를 표음한 이름이므로 〈해샌+웨〉소리로 이루어진 이름이다.

러시아는 이 이름을 러시아 말뜻으로 번역하여 '해새는 쪽' 동(東)을 러시아말의 '해새=Vostok=동(東)'으로 번역하고 〈웨〉소리는 초소(哨所)라는 뜻의 'Vladi'로 번역한 '해새=Vostok+웨=Vladi'로 짜맞춘 이름을 러시아말 짜임새로 다듬은 말귀〔語句〕로 'Vladivostok'라고 부르고 있으므로 "〈해새〉=동(東)은 러시아의 Vostok"라는 말로 번역하고 있다.

이렇게 많은 사람들이 〈해새라〉소리나 더 짧게 〈샌나〉, 〈샌라〉 또는 〈샐라〉라고 일컫는 〈해새〉는 쪽 또는 〈샌〉은 쪽을 중국어 동(東)쪽을 뜻하는 말로 자리잡은 쓰임새는 고구려(高句麗) 지역이나 백제(百濟), 신라(新羅) 지역에서만이 아니라 일본(日本)으로 건너간 사람들까지도 그대로 간직하여 〈해새→해가새 : ヒガシ〉로 일컫고 살았다는 것을 알 수 있다.

따라서 옛적부터 수많은 사람들이 〈해새바다〉 또는 〈샐바다→샛바다〉-동해(東海)라고 일컫는 이 동해(東海)는 바다 주변의 오랜 거주인들이 이름 지어 부르던 이름소리에서 〈해새바다〉라고 하거나 〈샛바다-샐바다〉소리가 전래의 바다이름임을 알 수 있다. 그러므로 우리 스스로 〈샛바다-샐바다〉소리를 놓아두고 중국어 동해(東海)라고 번역하여 이름 부르는 자기상실증은 마침내 우리 이름소리와 뜻을 잃어버리게 하고말았다.

(3) 사로(斯盧)와 계림(鷄林)

① 사로(斯盧)

사로(斯盧)의 중국음 〔쓰루〕음자는 옛이름 〈샐룰〉소리를 표음한 음표명(音標名)으로 이룩된 글귀이름이다

〈샐〉수리는 '날이 새다', '날이 밝는다'를 나타내는 시초(始初)말이면서 날이 새고 밝아오는 〈새〉는 쪽, 〈새〉는 방향은 중국어로 동(東)을 뜻하면서 '날이 새고 밝아오는' 것을 암시적으로 말하는 말귀로도 쓰였다.

〈룰〉소리는 두음법칙으로 〈눌〉소리가 되면서 세상, 천하, 높은

고루(高樓)나 향유하여 누리다, 눌다, 걸다, 복(福)되다, 제압하여 누르다라는 뜻으로 쓰는 말이다.

따라서 날이 "환히-〈샌〉은 세상(世上)-〈룰〉이란 〈샐룰〉"소리, '새는 누리-새는 세상'은 '새는 나라-〈샐라〉'소리와 다를 바 없는 말이다.

이렇게 여러 이름은 '날이 새거나', '세상이 빛나거나', '날이 밝아오는' 광휘(光輝)하고 휘황(輝煌)한 누리에 자리잡아 그런 세상을 바라는 글귀이름으로 지어졌다. 결국 "환히-〈샌〉은 세상(世上) : 누리-〈룰〉이 〈샐룰〉"소리를 표음한 사로(斯盧)도 〈샌〉은 누리, 곧 중국어 동국(東國)이라는 한자명 뜻과 일치한다.

② 계림(鷄林)

계림(鷄林)의 중국음 〔지륀〕음자는 옛이름 〈퀀릴〉소리를 표음한 음표명(音標名)으로 이룩된 글귀소리이다.

〈퀀〉소리는 '빛나다', '성(聖)스럽다', '신성(神聖)하다', '신비(神秘)하다'는 뜻이며, 〈릴〉소리는 두음법칙으로 〈닐→일〉소리로 물러졌으나 일다〔生成〕, 일어나다〔隆盛〕, 일어서다〔聳立〕의 뜻으로 쓰는 말이다.

따라서 "빛나게-〈퀀〉하게 융성하여-〈릴→닐→일〉어나는 〈퀄릴→쥐릴〉"소리이다. 결국 〈샐퀀릴→샐쥐릴〉소리로 "환히-〈샌〉은 빛나게-〈퀀〉하게 융성하여-〈릴〉어"나는 나라를 짧게 분화시킨 이름이다. 나아가 〈샐퀀릴〉소리는 〈환퀀릴〉소리로도 변하는 말이다.

이상 세 나라〔三國〕는 앞서거니 뒤서거니 초기국가〔고을나라〕들을 아울러 영역은 더욱 넓어지고 힘이 센 중앙집권적 왕국으로 발전하여 비슷하게도 "환히-〈콸〉히 빛나는-〈퀀〉한 크게-〈알〉하게 융성하여-〈릴〉어나는" 〈콸쥐리아〉소리나 〈콸리아〉소리로 그들이 이 세상에서 이룩하려는 문화의식은 같은 짜임말귀〔語句構

造]로 이름 짓고 그 쓰임새를 함께하고 있었다고 볼 수 있다.

〈밝줜〉소리나 〈샐줜〉소리로 세상을 이룩하려는가 하면 〈줜한〉소리나 〈샐라〉, 〈샐룰〉소리로 일컫는 어느 이름도 광명(光明)한, 광휘(光輝)한 세상을 이룩하고 오래오래 밝게 누리려는 지향성을 지니며 끊임없는 정진(精進)을 거듭하는 마음자세이다.

위에서 서술한 〈콸쥐리아〉 또는 〈콸리아〉소리와 〈밝줜〉 또는 〈샐줜〉소리나 〈샐라〉 또는 〈샐룰〉소리는 일본(日本)이 오늘날 위 세 나라〔三國〕를 그들 나름대로 옛스럽게 부르는 〈궈ㅁ : コマ〉소리나 '궈다라 : クタラ'와 '새라쥐 : シラギ'란 소릿가락은 어느 이름소리에서도 비추어오지 않는다.

일본이 옛스럽게 말하는 세 '군소리' 이름은 낙동강(洛東江) 하류(下流)에서 활동하던 나라들인 '궘몰→궈ㅁ : コマ' 나라와 '궐달알→궈다라 : クタラ' 및 '샐아쥐→새라쥐 : シラギ' 나라를 잘못짚어 엉뚱하게 위 세 나라〔三國〕에 덮어씌워 보려고 몸부림치는 역사적 망발(妄發)이다.

---

2. 우리 조상들의 진취적(進就的)인 〈환룰〉사상과 〈밝룰〉 사상

우리의 옛적 고대왕국들인 〈콸줜아〔고구려〕〉, 〈밝줜〔백제〕〉, 〈샐라〔신라〕〉 '세 나라〔三國〕'는 그 이름소리에서 '환히 빛나게 융성하는' 나라이거나 '밝게 빛나는' 나라이거나 '빛나게 새는' 나라라고 일컫거나 '크게 새는' 나라, '밝게 새는' 나라를 지향(指向)

하여 그것을 이룩하려고 애쓰며 빛나고 밝게 저마다의 세상을
오래오래 향유하여 누리기를 바라며 빛나는 유산을 남기고 역사
의 뒤안길로 사라졌다.

그들은 나라의 이름소리만이 아니라 그들의 사고(思考)의 영역
(領域)을 들여다볼 수 있는 이름소리도 글귀이름으로 이루어냈을
것이다.

2.1. 〈환룰〉에 담긴 사상

〈환룰→완룰〉소리와 〈콴룰〉소리는 끊임없는 진보(進步) 발전
(發展)을 이룩하여 그를 누리려는 인생관(人生觀)이다.

(1) 〈콸쥐리아〔고구려〕〉의 〈환룰〉사상

광개토왕(廣開土王) 능비(陵碑)의 서술에 따르면 시조(始祖) 추
모성왕(鄒牟聖王)이 건국한 뒤 '견황룡래하영왕(遣黃龍來下迎王)'
했다고 서술한 글월은 다음과 같은 풀이가 가능할 것이다.

처음 등극(登極)한 추모성왕(鄒牟聖王)을 '하늘이나 그 어딘가
에서 황룡(黃龍)이 내려와 왕(王)을 맞이하다는' 저 황룡(黃龍)은
한자 뜻으로 풀이하는 '누런 용(龍)'이 아니라 왕국(王國)을 "밝
게-〈환〉히 오래오래 향유(享有)하여-〈룰〉"이도록 보장(保障)하는
"〈환룰〉=황룡(黃龍)한 광영(光榮)이 왕(王)을 맞이하다"로 풀이
한다면 추모성왕(鄒牟聖王)은 살아서는 '환히 광영을 누리는-〈환
룰〉'한 앞길이 트이는 행운(幸運)을 맞이하다로 풀어 읽는 것이
옳을 것이다.

여기서 일컫는 "밝게-〈환〉히 오래오래 향유(享有)하여-〈룰〉이

는 〈환룰〉"소리 글귀이름은 소리말 말귀〔語句〕로 짜맞춘 개념이
나 규범이 담긴 우리 말귀, 우리말 짜임말귀〔語句構造〕로 지어진
말이라고 생각한다.

〈환〉소리는 '밝고 맑게 앞이 탁 틔여서 막힌 데가 없다'는
말일 것이다. 〈룰〉소리는 두음법칙으로 〈눌〉소리나 〈율〉소리
로 물러질 수 있으나, 세상, 천하, 높은 고루(高樓)나 향유(享
有), 계승(繼承)하여 누리다, 걸다, 복(福)되다, 눌다, 제압하
여 누르다라는 뜻으로 쓴다.

따라서 우리 조상들은 누구나 "밝고 맑게 멀리까지 앞길
이 탁 틔여-〈환〉히 오래오래 향유(享有)하여-〈룰〉이는 〈환룰〉"
하기를 바라는 지향성(指向性)을 지니고 살았다. 그러므로 새
로 초기국가〔고을나라〕를 아울러 왕국(王國)을 이룩한 추모성
왕(鄒牟聖王)은 이땅 지상(地上)에서 "〈환〉히 오래오래 〈룰→
눌〉이는 광영을 맞이하고-주어졌다는 짜임말귀 〈환룰〉"소리
는 그가 일으켜 세운 고구려(高句麗)를 나날이 갈수록 "밝고
맑게 멀리까지-〈환〉히 오래오래 향유(享有)하여-〈룰〉이는" 행
운(幸運)을 보장(保障)받은 것으로 풀이할 수밖에 없을 것이다.

왕어홀본동강황룡부승천(王於忽本東岡黃龍負昇天)이라는 글월은
먼저는 이 세상에 이룩한 왕국이 〈환〉히 오래오래 〈룰→눌〉이는
행운을 보장받았을 뿐만 아니라, 죽어 저 세상에 가서도 왕은
"환히 룰이는 〈환룰〉-황룡(黃龍)에 업혀 하늘나라로 올랐다"는
기술은 저 세상에 가서도 "밝게 멀리까지-〈환〉히 오래오래 향유
(享有)하여-〈룰〉이는 〈환룰〉"한 명복(冥福)이 뒤따르는 행운(幸

運)을 입었다는 것으로 풀이할 수 있을 것이다.

따라서 이러한 말귀〔語句〕를 통하여 살피건대, 우리 조상들은 살아서는 끊임없는 전진과 발전을 이룩하여 그것을 누리기를 바랄 뿐만 아니라 죽어서도 오늘날 한문투(漢文套)로 밝혀놓았고, 그 평안한 명복(冥福)을 누린다는 말을 저런 짜임말귀〔語句構造〕로 말하는 말소리가 〈환룰〉소리라고 생각한다.

따라서 추모왕(鄒牟王) 또는 동명왕(東明王)이 최고, 최대의 바라고 바라는 바는 나라와 그 겨레가 "나날이 밝고 맑게 멀리까지-〈환〉히 오래오래 향유(享有)하여-〈룰〉이는 〈환룰〉"하기를 보장받고 기약하며 바라는 마음가짐을 간직했다고 믿는다.

(2) 〈샐라〔신라〕〉의 〈환룰〉사상

신라(新羅)는 진흥왕(眞興王) 시대에 와서 새 발전의 발판을 마련하고 그 위업을 오래오래 간직하고 싶은 바람-소망으로 나라와 그 후손들이 "밝고 맑게 멀리까지-〈환〉히 오래오래 향유(享有)하여-〈룰〉이는 〈환룰〉"하기를 바라는 마음가짐의 말귀〔語句〕를 글귀〔文句〕로 표출(表出)한 이름소리가 황룡사(黃龍寺)나 황룡사(皇龍寺), 황륭사(皇隆寺)라고 거듭, 거듭 동음이자(同音異字)로 표음한 음표명-글귀이름으로 말하는 〈환룰〉소리 불찰(佛刹)-'절'로 하여금 빌고 바라는 기복(祈福), 기원(祈願)을 다하는 조처가 〈환룰절〉의 창건이라고 생각한다.

이렇게 신라(新羅) 사람들도 "밝고 맑게 멀리까지-〈환〉히 오래오래 향유(享有)하여-〈룰〉이는 〈환룰〉"하기를 바라는 문화의식(文化意識)을 상징적으로 규범화한 〈환룰〉하기를 바라는 데 나라는 국력(國力)으로, 재력가는 재력(財力)으로 나라와 겨레가 〈환룰〉하도록 힘쓰다가 마침내 새로 들어온 불력(佛力)에 의존하는 조처로서 비보사찰(裨補寺刹)이 생기게 되었을 것이다.

'누런 용(龍)'이니 '황룡(皇龍)'이니 하는 것은 처음부터 없는 것이다. 사실 용(龍)이란 중국적(中國的) 관념에 의존한 상상(想像)의 동물이기 때문에, 그 동물을 드러내려 했다기보다는 우리말 〈룰〉소리를 표음하여 담기 위해 〔룽〕음자인 용(龍) 자를 빌어 쓴 데 지나지 않는다고 보아야 할 것이다. 당시 일반적 생활의식이나 내세의식(來世意識)이 어느 사람에게나, 현세(現世)에서도 그렇지만 내세(來世)까지도, 그 자손들이 "밝고 맑게 멀리까지-〈환〉히 오래오래 향유(享有)하며-〈룰〉이며 〈환룰〉"하도록 한 집안과 한 나라의 앞날이 〈환룰〉하도록 바라는 바를 불력(佛力)에 의탁(依託)하는 의식으로 변질되었을 것이다.

이러한 역사관(歷史觀) 내지 미래관(未來觀)이 마침내 바보사찰(裨補寺刹)로 탈바꿈하게 되었으리라 생각한다.

(3) 〈콸리아〔고려〕〉의 〈완룰〉사상

고려(高麗)는 후삼국(後三國)이란 난세(亂世)를 어렵게 수습하고 '재통합(再統合)을 이룩한 태평성대(太平聖代)를 오래오래 누리기를 바라는' 마음 간절했으리라 믿어진다.

그러한 조상 전래의 '바라는 바' "밝고 맑게 멀리까지-〈환〉히 오래오래 향유(享有)하여-〈룰〉이는 〈환룰〉"하기를 바라는 의식(意識)이 사람들의 뇌리에 배여 있었을 것이다.

① 고려(高麗)의 〈완룰절〉-왕륜사(王輪寺)

고구려(高句麗)와 신라(新羅) 적 우리 조상들은 그들이 이룩한 '보람찬 삶을' 오래오래 향유(享有)하여 누리려는 '마음가짐'을 우리말 말귀〔語句〕로 나타내는 짜임말귀가 〈환룰〉소리 이름이었다.

그런 '마음가짐〔心性〕'으로 가꿔진 전통은 세월 따라 흔들림 없이 내려오다가 신라(新羅) 때는 새로 들어온 불력(佛力)에 의탁하여 마침내 '바라고 믿는-신앙(信仰)'의 경지로까지 진전된 모습을 드러내게 되었으리라 생각한다.

세 나라〔三國〕를 뒤이어 나라를 새롭게 이룩한 후고구려(後高句麗)는 마침내 고려(高麗)라고 나라이름을 정립(定立)하고 옛 전통을 물려받아 "밝고 맑게 멀리까지-〈환〉히 오래오래 향유(享有)하여-〈룰〉"이는 〈환룰〉한 삶을 오래오래 길이 이루도록 바라는 마음은 더욱 간절했을 것이다.

그렇게 형성된 '바라는 바 믿음'을 고려(高麗) 적 말로 다듬은 말귀〔語句〕를 글귀〔文句〕로 나타낸 것이 왕륜사(王輪寺)의 창건이라고 생각한다. 왕륜사(王輪寺)란 왕륜(王輪)의 중국음〔왕룬〕음자는 옛이랄 〈완룰〉소리를 표음한 음표명(音標名)으로 이룩된 글귀이름은 옛적 "밝고 맑게 멀리까지-〈환〉히 오래오래 향유(享有)하여-〈룰〉이는 〈환룰〉"소리는 세월과 함께 'ㅎ'을 탈락시켜 〈환〉소리는 〈완〉소리로 변성(變聲)했다.

● 이러한 'ㅎ'을 탈락시키는 언어현상은 옛적 탈해왕(脫解王)의 출신국인 화하국(花厦國) 또는 화하국(華厦國)의 중국음〔화쌰〕음자 이름이 완하국(玩厦國)의 〔완쌰〕음자로 변한 이름에서 〈환〉소리는 'ㅎ'을 탈락시킨 〈완〉소리로 변한 자취를 보여주는 것이 그 예의 하나이다.

● 또한 한강(漢江)의 백제(百濟) 적 이름 아리수(阿利水)는 옛적 〈할ㄱ롭〉소리에서 마침내 'ㅎ'을 탈락시킨 〈알〉소리의 'ㄹ' 받침을 뒤로 처지게 울리는 소리로 일컫는 〈알ㄱ롭→아ㄹㄱ롭〉을 아리강(阿利江) 또는 아리수(阿利水)로 표음한

음표명의 〈할〉소리와 〈환-활〉소리는 'ㅎ'을 탈락시킨 〈알〉소
리나 〈완-왈〉소리로 변해온 자취를 잘 말해주는 사례이다.

따라서 개성(開城) 〈서울〉 시대에 와서 우리 조상들은 비
록 우리 글자는 없었으나, '보람찬 삶'을 이룩하고 나라와 그
후손들이 "밝고 맑게 멀리까지-〈환→완〉히 오래오래 향유(享
有)하여-〈룰〉이는 〈환룰→완룰〉"하기를 바라 마지 않는 '마
음가짐[心性]'을 나타내는 지향(指向)의 이름소리 〈완룰〉소리
를 [왕룬]음자 왕륜(王輪)으로 표음하는 글귀이름으로 담아
놓았다고 볼 수 있다. 〈완룰〉소리는 고려(高麗) 적 선인(先
人)들의 유음(遺音), 유성(遺聲)과 다름이 없다고 생각한다.

(4) 일본(日本)의 〈콴룰〉사상

일본(日本)도 고대사회에서 그들이 '바라고 믿는' 바를 글자로
표음한 것은 다를 바 없었을 것이다. 따라서 우리와 마찬가지로
말소리로 들을 수 있는 것은 한자음(漢字音)으로 표음한 음표명
자음(字音)으로 이룩된 옛이름을 재현시키는 도리밖에 없다고 생
각한다.

위에서 살펴온 바 〈환룰〉소리는 'ㅎ'이 탈락하여 〈완룰〉소리로
변하면서 모음조화로 〈알룰〉소리가 나는 경우도 있어 사람들은
소리가 변하지 않은 굳은소리 〈콴룰〉소리로 내치(代置)하는 현상
이 있었다.

① 일본(日本)의 〈콴룰절〉-광릉사(廣陵寺)
일본은 우리 나라에서 세 나라[三國]가 형성된 후 통일전쟁에

서 배제된 적지 않은 무력들이 일본으로 건너가 집결된 힘으로
사마태국(邪馬台國)을 정복하여 일본 통일의 기반이 되었다.

그런 까닭으로 일본으로 건너간 사람들 대부분이 이 땅에서 갖
고 있던 "밝고 맑게 멀리까지-〈환→완〉히 오래오래 향유(享有)하
여-〈룰〉이는 〈환룰→완룰〉"소리로 '바라고 믿는' 바의 문화의식을
그대로 통일된 일본으로 끌어들여 "밝고 맑게 멀리까지-〈환→완〉
히 오래오래 향유(享有)하여-〈룰〉이기를 바라는 〈환룰→완룰〉"소
리를 '한자음(漢字音)으로 표음한 음표명 글귀소리로' 아로새기는
글귀이름 〈환룰→완룰〉소리를 그들도 절이름으로 삼은 것은 신
라(新羅)와 궤(軌)를 같이하고 있기 때문이라고 생각한다.

그것이 〈환룰→완룰〉소리를 굳은소리 이름으로 바꾼 〈콴룰〉소
리를 광릉사(廣陵寺)의 중국음 〔꽝링〕음자로 표음한 〈콴룰절〉의
창건이다. 〈환→완〉소리의 굳은소리는 〈콴-콸〉소리이므로 "밝고
맑게 멀리까지-〈콴〉히 오래오래 향유(享有)하여-〈룰〉이는 〈콴룰〉"
소리도 〈환룰→완룰〉소리와 대칭적(對稱的) 짝소리로 그 나라와
사람들이 "밝고 맑게 멀리까지-〈콴〉히 오래오래 향유(享有)하여-
〈룰〉이도록 〈콴룰〉"하기를 바라는 바를 절이름으로 표음하여 아
로새긴 광릉사(廣陵寺)의 〔꽝링〕음자 〈콴룰〉절이라 표음한 음표
명(音標名)은 옛 일본 사람들의 유음(遺音), 유성(遺聲)을 담고 있
는 글귀이름으로 보아야 한다.

많은 학자 교수들이 옛 유물(遺物) 유적(遺跡)에 대해서는 듣
고 볼 수 없는 고견을 발휘하면서도 가장 문명적으로 이룩한 한
자음 글귀이름으로 우리 이름소리를 담아놓은 유음(遺音), 유성
(遺聲)에 대해서는 입을 열지 못하는 까닭은 한자로 표음(表音)
한 음표명을 중국적(中國的) 시각으로 보거나 한자풀이 아니면
일본식(日本式) 글자풀이로 풀이하려는 사고(思考)에 빠져 있기
때문이다.

이와 같이 옛 우리 조상들은 비록 우리 글자는 없었으나 남의 글자를 차음(借音)하여 우리 이름소리를 한자음(漢字音)으로 맞추어 음차(音借)한 음표명으로 귀중한 글귀이름을 남기며, 그들이 이룩하여 쌓아올린 언어 문화와 역사의 한 모퉁이나마 후세 사람들이 엿볼 수 있게 남겨주었다.

그것이 바로 "밝고 맑게 멀리까지-〈환〉히 오래오래 향유(享有)하여-〈룰〉이는 〈환룰→완룰〉"하도록 바라고 믿으며 때로는 "밝고 맑게 멀리까지-〈콴〉히 오래오래 향유(享有)하여-〈룰〉이는 〈콴룰〉"하기를 바라고 믿는 인생관(人生觀) 내지 내세관(來世觀)으로 살아 있음을 엿볼 수 있게 해준다.

그러한 소원은 국가의 힘이 커진 다음에는 나라는 국력(國力)으로 재력가는 재력으로 불찰(佛刹)을 이룩하여 비보사찰(裨補寺刹)이란 새로 들어온 불력과 맺어져 기복(祈福) 신앙의 방편이 되기도 했을 것이다.

2.2. 〈밝룰〉에 담긴 사상

〈밝룰〉소리는 끊임없는 진보(進步) 발전(發展)을 이룩하여 오래오래 누리려는 인생관(人生觀)이다.

(1) 우리 나라에서의 〈환룰〉소리와 〈밝룰〉소리

고구려(高句麗) 또는 고려(高麗)라는 나라이름인 〈콸쥐리아〉소리나 이를 줄인 〈콸리아〉소리는 무른소리 〈활쥐리아→알쥐리아→알쥐리아〉소리와 줄인 〈활리아→왈리아→알리아〉소리를 간직하는 말귀〔語句〕이면서 대등하게 '환히 날이 새면' '밝음이 뒤따라

나서는' 대구(對句)처럼 〈환 : 콴〉 대칭소리는 〈밝〉소리를 짝진 말귀[語句]로 간직하는 짜임새로 이룩된 말이다.

현토(玄菟)의 중국음 〔쒄투〕음자는 옛소리 〈샌달〉소리를 표음한 말귀[語句]로 쓰다가 뒤이어 〈샌〉소리는 'ㅎ'을 탈락시킨 〈환달〉소리로 이어지며 굳은소리는 〈콴달〉소리나 〈콴절〉소리를 대칭시켜 〈콴달〉소리는 〔꾸뚜〕음자 골도(骨都)로 표음하고, 〈콴절〉소리는 〔꾸청〕음자 골성(骨城)으로 표음하며 동시에 〈밝달〉소리를 '대구(對句)'로 지니는 말귀[語句]로 이룩되었다.

백제(百濟) 일명 십제(十濟)라고 표음하는 이름도 〈밝쥐알→밝쥔〉소리와 〈샐쥐알→샐쥔〉소리로 대구(對句)를 이룬 〈밝〉소리와 〈샐〉소리는 '날이 새면' '밝음이 뒤따라 나서는' 대구(對句)로 되어 있음을 알 수 있다.

따라서 〈환→완 : 콴〉 대칭소리는 〈밝〉소리와 대구(對句)를 이루는 말이라는 것을 읽을 수 있다.

(2) 일본(日本)의 〈밝룰절〉 법륭사(法隆寺)

사람이 살아오면서 그들과 그들 후손들이 끊임없이 잘살고 오래오래 영속되기를 바라고 지향(指向)하는 마음가짐[心性]은 한 사람이 오래 살 수 없는 이상 살붙이가 잘살고 겨레가 잘사는 것으로 보상하는 고귀한 인간 이성의 발로이다.

그런 발로의 하나가 우리 조상들이 이름 지어 남긴 〈환룰→완룰〉소리 마음가짐과 〈콴룰〉소리로 바라는 마음가짐이 믿음으로까지 진전된 인생관이었다.

그와 대구(對句)처럼 짝지어 일컫는 말이 "환히-〈밝〉게 오래오래 향유(享有)하여-〈룰〉"이기를 바라는 바를 글귀이름으로 나타내어 "환히 멀리까지-〈밝〉게 오래오래 향유(享有)하여-〈룰〉"이기

를 바라는 〈밝룡〉소리를 법륭(法隆)의 중국음 〔바룽〕음자로 표음
한 음표명(音標名)으로 새겨 넣어 부르고 살았다고 생각한다.

그런데 일본은 먼저 "밝게 멀리까지-〈환〉히 오래오래 향유(享
有)하여-〈룡〉이는 〈환룡〉"소리를 굳은소리로 대치(代置)하여 "밝
게 멀리까지-〈콴〉히 오래오래 향유(享有)하여-〈룡〉이는 〈콴룡〉"
소리를 광릉사(廣陵寺)란 절이름으로 표음하고 그 위에 "환히 멀
리까지-〈밝〉게 오래오래 향유(享有)하여-〈룡〉이는 〈밝룡〉"소리를
법륭사(法隆寺)로 곁들이는 쓰임새를 보여주고 있다.

우리 나라와 같이 한 집안의 바라는 바와 믿음은 나라의 바라
는 바와 믿음으로 진전되고 그것을 나라의 뒷받침으로 이룩하려
는 이른바 비보사찰이라는 불력으로 이루어 보려는 기복신앙으
로 진전되었을 것이다.

2.3. 우리 조상들이 이룩한 빛나는 문화유산(文化遺産)의 메아리와 세계화(世界化)

(1) 우리들의 좌표(座標) 〈아새아〉소리는 세계 좌표의 기준이다

우리들은 지난 수천 년 동안 우리 조상들이 이룩했던 물질 문
화에 대하여서는 그 규모의 크고 작은 것에 상관없이 자랑하며
지하에 매장되어 있는 수천 년 된 유물이라도 나오면 앞을 다투
어 평기 실력을 뽐내리는 식사들이 많은데도 정작 어렵게 이룩
한 가장 문명한 글귀이름으로 이룩된 정신 문화에 대해서는 아
예 한자(漢字)나 한문(漢文)으로 간주하고 거들떠보지 않는 냉대
속에 놓여 있다.

요즘의 과학문명 속에도 전래의 우리 '된장'이나 '김치'가 합리

적이면서 항암 역할까지 한다고 이제라도 우리 것에 대한 애착이나 칭찬이 살아나고 있는 것은 다행이지만, 정신 문화로 세계화되어 있는 우리 조상들이 이름 지은 '말귀〔語句〕'에 이르러서는 아예 우리와 무관한 남의 말, 남의 일로 간주하여 우리는 마치 한문권(漢文圈) 사람으로 자처하고 있는 형편이다. 그리하여 한자(漢字)를 국자(國字)라고 일컫는 이른바 국어학자들이 '한글'을 짓밟고 세종(世宗)이나 집현전(集賢殿) 학자들을 우습게 여기는 짓을 서슴없이 저지르고 있다.

그것은 우리가 우리를 너무나 모르는 데 있다. 알고 보면 그렇게 친숙할 수가 없는 말이 우리말 짜임말귀〔語句構造〕이다. 예를 들어 '아시아'라는 이름만 해도 어떤 사전을 보아도 그 어원이 밝혀지지 않고 있지만, 사실 이 말은 우리말의 하나이다.

그렇게 살아져 간 우리말 가운데 찾을 수 있는 몇 가지만이라도 살펴 세계 속의 우리 언어 문화의 위상을 살피고 우리말의 현주소를 알고 넘어가는 계기로 삼고자 한다.

① 우리말과 네 방위

우리가 알고 있는 네 방위를 일컫는 우리말은 모른다. 아니 잊어버렸다. 위에서 살펴온 바 우리 조상들이 일찍이 반만 년 전에 이 땅위에 나라를 이룩하고 빛나는 물질 문화를 쌓아올린 그 뒤에는 정신 문화로 하여금 그러한 물질 문화를 뒷받침할 수 있는 '말, 글 문화'가 있었기 때문이라는 것은 더 이상 서술이 필요치 않다고 생각한다.

모든 위대한 역사적 업적은 위대한 물질적 표현형식 뒤에 그를 떠받치는 '말글 문화-언어 문화'가 있었으리란 것은 상식에 속한다. 한문이 들어오기 몇천 년 전에 나라를 이룩한 우리 조상들이 우리말 짜임말귀로 '이름말'을 지어 못할 말이 없었을 것이란 자명한 이치이다.

그렇다면 고조선(古朝鮮)이니 고구려(高句麗)니 백제(百濟)니 신라(新羅)니 하고 제법 그럴듯하게 '표준 한자음'으로 읽고는 있으나, 부르고 쓰던 옛 우리 '소릿가락'과 뜻을 모르고 어떻게 우리말, 우리 역사를 들먹일 수 있으며 우리의 옛을 안다고 할 수 있단 말인지 한심스럽기 그지없다.

위에서 살펴온 대로 우리 조상들은 '환'하고 '밝'은 것을 중히 여기고 '밝고 환한' 터전에서 살아왔다고 해도 지나치지 않을 것이다.

그들이 자리잡고 '산' 옛 '터전', 곧 '좌표(座標)'를 잡는 데서나 그 '터전을' 이름을 지으면서 '해가 새'는 쪽, '해가 밝는' 쪽〔方向〕을 중심〔基準〕으로 삼은 이름소리로 지어 부르고 쓰다가 한자음 표음기록으로 남겼을 것이다.

그렇다면 세계화(世界化)가 되어버린 '아시아'-〈아새아〉라는 이름소리를 중국인 한자(漢字)는 〔아씨아〕음자 아세아(亞細亞)로 표음(表音)하여 음표(音標)하고, 알파벳으로 'Asia'라고 표음한 음표명(音標名)으로 말미암아 '아시아'라고 속화(俗化)되었지만 올바른 이름소리는 바로 옛 우리말 〈아새아〉소리이다.

따라서 일찍이 '아새아'라는 '이름소리'를 지어내고 또 지어낼 만한 겨레는 우리들의 조상들이며 우리들 조상들이 옛적 우리말 말귀〔語句〕로 〈아새아〉라고 이름 지어 한자(漢字)는 〔아씨아〕음자 아세아(亞細亞)로 표음하고, 이 말소리를 들은 서양사람들은 'Asia'라는 음표문자로 표음함으로써 마침내 세계화(世界化)가 되었다.

그렇다면 옛적에는 '아새아'라는 나라나 '아새아'라고 부르던 이름소리가 어느 구석, 어느 곳에 남아 있을 수 있으며, 따라서 그런 유성지(遺聲地), 유허지(遺墟地)를 찾을 수 있을 것이다.

② '아새아'라는 이름소리를 찾아서!

〈해새알→애새아→아새아〉소리와 짧은 〈샐라→샐나〉소리는 중국어(中國語)로 동(東)이라는 우리말 짜임말귀〔語句構造〕이다.

우리말로 〈해샌라→해샐라→샐라→샐나〉소리로 일컫는 말은 '해'가 뜨고 날이 '새'는 쪽-'나'라는 설명을 붙이면 쉽게 이해할 수 있는 말이지만 〈해새알→해새아〉소리의 〈해〉소리는 세월과 함께 'ㅎ'이 탈락하여 〈애새아〉소리가 나면서 모음조화로 〈애새아〉소리는 '아새아'로 다듬어진 우리말 이름소리이다. 그런 이름을 쓰던 자취를 살펴보자.

i) 옛 강릉(江陵)에는 일찍이 하슬라국(河瑟羅國)이 있다가 고구려(高句麗)와 신라(新羅)에 정복되어 하슬라주(河瑟羅州)나 하서량주(河西良州)로 표음한 음표명으로 부르던 고을이지만 《삼국유사(三國遺事)》 말갈(靺鞨), 발해(渤海) 조(條)에서는 아슬라(阿瑟羅)라고 기술하고, 지철로왕(智哲老王) 조에는 아슬라주(阿瑟羅州)라고 기술하며 기이(紀異) 편에서도 아슬라주(阿瑟羅州)라고 기술했다.

강릉(江陵)은 《삼국사기(三國史記)》의 〈지리지(地理志)〉에서는 〔허씨뤄〕음자 하슬라(河瑟羅)나 〔허씨량〕음자 하서량(河西良)으로 표음한 글귀이름으로 부르다가 〔아씨뤄〕음자 아슬라(阿瑟羅)로 표음한 한자음가(漢字音價)는 〈해샐라-해새라〉소리는 〔허씨뤄〕음자 하슬라(河瑟羅)나 〔허씨량〕음자 하서량(河西良)으로 표음하고, 'ㅎ'이 벗겨지며 모음조화를 이룬 〈해새라→애새라→아새라〉소리를 〔아씨뤄〕음자 아슬라(阿瑟羅)로 표음한 글귀이름이라고 생각한다.

그렇다면 〈해샐〉소리는 애초에 〈해새알〉소리에서 〈해샐〉소리로 오므라지는 〈해새알→해샐〉소리와 '나라〔國〕'를 일컫는 〈라〉소리를 엮은 〈해새알라→해샐라〉소리로 "아침-〈해〉가 크게-〈알〉

하게 밝게-〈새〉는 나라-〈라〉는 〈해새알라→해샐라〉"소리는 중국
어(中國語)로 동국(東國)이며, 짧게 〈해샐〉소리만도 중국어로는
동(東)이고, '러시아'말로는 'Vostok'라고 번역하고 영어(英語)로는
'East'이며 일본어(日本語)는 '해가새→히가시 : ヒガシ]'로 다듬어
진 말이다.

따라서 "아침-〈해〉가 크게-〈알〉하게 밝게-〈새〉는 〈해새알→해
샐〉"소리와 나라〔國〕를 일컫는 〈라〉소리를 엮은 〈해샐라〉소리 하
슬라(河瑟羅)와 하서량(河西良)은 'ㅎ'이 탈락하며 〈애샐라→아샐
라〉소리로 변한 이름을 아슬라(阿瑟羅)로 표음한 '바탕소리'는 〈해
새알→해새아〉소리를 울리는 말귀〔語句〕이므로 'ㅎ'이 탈락하여
모음조화를 이룬 이름소리는 〈해새아→애새아→아새아〉소리로 다
듬어졌다고 볼 수 있다.

우리말은 앞에서도 서술했지만 'ㅎ' 음으로 말하는 이름은 자
주 쓰는 사이 'ㅎ'이 탈락하여 〈해〉소리는 〈애〉소리로 변하며 모
음조화로 〈애→아〉소리로 다듬어지는 현상들이 있다.

앞에서 "밝게-〈환〉히 오래오래 향유(享有)하여-〈룰〉이는 〈환룰〉"
소리 황룡사(黃龍寺)는 고려(高麗) 적에 와서 "밝게-〈완〉히 오래
오래 향유(享有)하여-〈룰〉이는 〈완룰〉"소리를 표음한 왕륜사(王
輪寺)로 변하는 것을 경험했고, 고려(高麗) 적에 설정된 '귀향벌
(歸鄕罰)'을 우리는 분명히 '귀향(歸鄕)'으로 읽고 있으나 실제로
그 이름소리를 말할 때는 "귀양"이라고 말하는 소리변화는 〈귀
향〉이 〈귀양〉으로 변성(變聲)한 것을 경험하고 있다.

따라시 옛직 〈해새알〉소리는 오랜 세월 이름소리로 자주 쓰
는 사이 〈해새알→해새아〉소리는 'ㅎ'을 벗긴 〈애새아→아새아〉로
다듬어지며 자리잡은 이름소리가 쓰였으므로 한자로 표음한 음
표명(音標名) 하슬라(河瑟羅)와 하서량(河西良)은 마침내 아슬라
(阿瑟羅)로 변음하여 중국음 〔허씨〕음자는 〔아씨〕음자로 자음(字

音)이 변한 소릿가락으로 그곳을 처음은 〈해새아〉소리로 부르다 가 뒷날 〈아새아〉로 바뀐 이름으로 부른 고을이라는 것을 음표 명 글귀이름으로 고증해준다.

이렇게 오늘날의 강릉(江陵)은 우리 조상들이 지어준 〈아새아〉 소리를 간직하는 고을이란 것을 잊어버리고 옛 〈아새아〉 고을의 남(南)쪽을 정동진(正東津) 고을이란 중국식(中國式) 한자명(漢字 名)으로 뒤틀리게 이름 짓는 우리가 얼마나 주체성(主體性)을 상 실하고 있는가를 되뇌며 새겨볼 필요가 절실하다 하겠다.

ii) 오늘날의 경주(慶州) 안강(安康)은 옛이름을 음즙벌(音汁伐) 이라 부르거나 음즙화(音汁火)로 부르던 진한(辰韓) 12개국의 하 나인 염해국(冉奚國)이다.

염해(冉奚)의 중국음 〔안씨〕음자는 옛이름 〈안새알→안샐〉소리 를 표음한 음표명으로 원래 〈환새알〉소리의 'ㅎ'이 탈락하여 〈환새 알→완새알〉소리로 변하면서 모음조화로 〈완새알〉소리는 〈안새 알→안샐〉소리로 다듬어졌으리라 생각한다.

따라서 아침-〈해〉가 크게-〈알〉하게 밝게-〈새〉는 현상을 다른 말로는 아침이-〈환〉히 크게-〈알〉하게 밝게-〈새〉는 현상과 같은 상황이므로 〈해새알→해새아〉소리를 다르게는 〈환새알→환새아→ 완새아→안새아〉소리로도 일컬으며 불렀을 것이다. 그러므로 〈완 새알〉소리를 그대로 자주 쓰고 부르는 사이 〈완새알→안새아→ 안샐〉소리로 변하고 다듬어지는 그런 〈완새알→안새알→안샐〉 나라가 오늘날의 경주(慶州) 안강(安康)이란 고을이다.

안강(安康)의 옛이름 음즙화(音汁火)의 중국음 〔인지훠〕음자는 옛소리 〈안쥔할〉소리를 표음하고 있으므로 〈쥔〉소리의 굳은소리 〈권〉소리를 대칭시킨 〈안쥔할〉소리는 굳은소리로 〈안궐할〉소리 가 대칭되면서 짧게 부른 〈안궐할→안궐알→안궐〉소리를 안강 (安康)으로 표음하여 오늘날까지 숨쉬고 있는 글귀이름이다.

이런 〈안쥔할〉소리의 〈할〉소리를 굳은소리 〈칼〉소리로 대칭시킨 이름소리로 지은 〈안쥔칼〉소리는 옛 고구려(高句麗) 지역에서 쓰던 안차골(安車骨)이나 안초객(安楚喀)으로 표음한 음표명이므로 옛 우리 나라 남북은 〈안쥔할→안쥔알〉소리 대칭 〈안쥔칼〉소리를 짝소리로 쓰던 흔적을 많이 남기고 있다.

iii) 오늘날의 함안(咸安)은 옛 안나가야(安那加耶) 또는 안사국(安邪國)으로 본래 한자 표음명은 하시량(河尸良)에서 아시량(阿尸良)으로 변하면서 〈환새라→완새라→안새라〉소리로 부른 〈안새알→안샐〉소리는 안사(安邪)의 중국음 〔안쎄〕음자로 표음하고, 자리바꿈시킨 〈샐안〉소리를 중국음 〔쎈안〕음자 함안(咸安)으로 표음해놓은 글귀이름이지만 우리말 버릇은 'ㅅ'을 탈락시킨 〈환안〉소리처럼 부르는 셈이다.

이 고을도 옛적 〈완새알→완새아→안새아→안샐〉소리로 부르면서 〈안나잘알〉소리를 중국음 〔안나쟈예〕음자 안나가야(安那加耶)로 표음한 고을이다.

iv) 오늘날의 하동(河東) 금남(金南)은 옛 이혁국(爾赤+欠國)으로 부르던 고을이다.

이혁국(爾赤+欠國)은 그후 성량(省良), 금량(金良), 금남(金南), 금양(金陽)으로도 표음하여 부르던 오늘날의 하동군(河東郡) 금남(金南)이다.

옛이름 〈활새알〉소리는 〈환-활〉소리의 'ㅎ'이 탈락되면서 〈왈새알→알새알→알샐〉소리로 다듬어진 〈알새알→알샐〉소리를 중국음 〔얼씨〕음자 이혁(爾赤+欠)으로 표음하고 자리바꿈한 〈알샐↔샐알→새랄〉소리를 〔썽량〕음자 성량(省良)으로 표음했다.

날이 환히 〈새〉는 현상은 '밝게 빛나는' 현상과 동일한 현상이므로 '빛나다는' 〈쥔〉소리를 대치(代置)하여 "밝게-〈환〉히 크게-〈안〉하게 빛나는-〈쥔〉한 〈환쥔안〉소리를 짧게 줄인 〈환쥔안→쥘안→쥔란→쥔난→쥔얄〉"소리로 변하는 〈쥔란〉소리는 중국음 〔진량〕음자 금량(金良)으로 표음하고, 〈쥔난〉소리는 중국음 〔진난〕음자 금남(金南)으로, 〈쥔얄〉소리는 중국음 〔진양〕음자 금양(金陽)으로 표음한 글귀이름이다.

이상에서 살핀 오늘날의 강원도(江原道) 강릉(江陵)과 경북(慶北) 경주(慶州) 안강(安康)과 경남(慶南) 함안(咸安)과 하동(河東) 금남(金南)은 옛적 '한 나라'로 활동할 때는 〈해새알→애새알→아새아〉소리로 일컫는 고을이었거나 더러는 〈환새알→완새알→안새아→안샐〉소리로 일컬으며 밝은 "아침-〈해〉가 크게-〈알〉하게 환히-〈새〉"는 〈해새알〉 나라로 이름 지어 부르는 사이 'ㅎ'을 탈락시킨 〈아새아〉소리로 다듬어지거나 〈환새알→완새아→안새아〉소리로 다듬어지는 이름소리를 중국음 〔아씨아〕음자 아세아(亞細亞)로 표음(表音)한 음표명(音標名)으로 우리 조상들이 이름 지은 《아새아》란 이름소리를 이땅 위에 남기고 역사의 뒤안길로 사라진 자취를 기록으로 살펴보았다.

그렇다면 〈아새아〉라는 세계적 문화유산(文化遺産)은 우리 겨레, 우리 조상들이 우리말 짜임말귀〔語句構造〕로 이름 지어 우리 글이 없을 때 한자음가(漢字音價)로 담아 울리는 글귀소리로 우리 조상들이 지어놓고 부르던 '말글 문화'의 일단이나마 웅변으로 증언, 고증해주는 메아리이다. 따라서 우리 선민(先民)들이 차지한 좌표(座標) 〈아새아〉는 세계를 열어가는 슬기가 담긴 온누리 좌표의 기준이 되어 우리 조상들이 연 아침은 세계의 아침을 헤치는 패기가 담긴 이름소리란 것을 재인식할 필요가 있다.

이러한 이름은 하슬라(河瑟羅)의 중국음 〔허씨뤄〕음자나 하서량(河西良)의 중국음 〔허씨량〕음자는 〈해새라→해샐라〉소리를 표음하고, 〈ㅎ〉이 탈락한 〈애샐알→아새라〉소리는 아슬라(阿瑟羅)

의 〔아씨뤄〕음자로 표음하며, 〈아새아〉소리는 아세아(亞細亞)의 〔아씨아〕음자로 표음한 이름소리로 우리말 〈해새아〉소리는 〈아새아〉소리로 우리땅에서 변성(變聲)한 자취를 글귀이름으로 말하고 있다.

그러므로 〈해새알→해샐〉소리나 〈아새알→아샐〉소리는 "환히-〈해→애→아〉가 크게-〈알→아〉하게 밝게-〈새〉"는 곳이라는 말귀〔語句〕는 한자(漢字) 동(東)을 뜻하고 보다 짧게 〈샐〉소리도 동(東)을 뜻하므로 "동(東)-〈샌〉은 나라 : 국(國)-〈라〉"인 〈샐라〉소리를 표음한 시라(尸羅)나 신라(新羅)란 나라는 동국(東國)이라는 말이다.

따라서 우리 선민(先民)들이 선점(先占)한 이 땅은 "환히-〈해〉가 크게-〈알〉하게 밝게-〈새〉는 〈해새알→애새아→아새아〉" 쪽〔方位〕이라고 우리 조상들이 이름 지어 세상-누리의 좌표로 삼은 글귀이름이 〈아새아〉라는 유산(遺産)의 메아리이다.

● 오늘날 뱃사람 말로 동풍(東風)을 '샛바람→샛파람'이라고 말하는 〈샐-샛〉소리를 중국어 동(東)으로 삼고 바람-풍(風)을 엮은 이름 〈샛〉-동(東) 바람-풍(風)인 〈샛바람→샛파람〉은 동풍(東風)이란 이름이다.

● '러시아'는 옛 여진명(女眞名) 해삼위(海參威)를 '러시아말'로 '블라디보스토크(VladiVostok)'로 개칭한 이름 해삼(海參)의 〔해싼〕음자는 우리말과 같은 〈해샐〉소리를 표음한 한문(漢文)의 동(東)을 뜻하는 '러시아말' '보스토크(Vostok)'로 번역하고, 〈웨〉소리는 초소(哨所)란 뜻 〈블라디(Vladi)〉소리와 엮은 러시아말 '블라디보스토크(VladiVostok)'는 결국 〈해샌〉은-동(東) 〈웨〉-초소(哨所)라는 이름으로 짜맞춘 〈해샐〉소리

는 동(東)이라고 고증하고 있다.

● 일본어(日本語)는 〈해새알→해새〉소리를 그대로 옮겨 〈해가새 : ヒガシ〉소리를 동(東)을 뜻하는 말로 삼고 있다.

● '몽골말'로 동(東)은 '연나'인데, 〈연〉소리를 옛적에 〈환〉소리의 'ㅎ'이 탈락한 〈환→완〉소리가 속화되고 퇴화된 〈완〉소리로 본다면 〈완나→연나〉소리라고 보아 우리와 같은 말줄기에 있다고 볼 수 있다.

결론적으로 〈아새아〉 대륙 서(西)에서 아침이 밝아오는 쪽 동(東)으로 동진(東進)해오면서 "아침-〈해〉가 크게-〈알〉하게 밝게-〈새〉는 〈해새알→애새아→아새아〉"로 전진해왔으므로 〈아새아〉소리는 한자로 동(東)을 일컫는 우리말로 자리잡았다. 짧게는 〈해샐→아샐〉소리나 〈샐〉소리가 동(東)을 뜻하므로 '샌'은 쪽-'나'인 〈샐라-샌나〉소리도 동방(東方)을 뜻하게 되었다.

v) 신라(新羅) 시대 이래로 우리 조상들은 즐겨 한문으로 동국(東國)이라고 기술한 동국통감(東國通鑑)이니 동국여지승람(東國輿地勝覽)이니 하는 동국(東國)을 마치 중국적 사고로 일컫는 중국(中國)의 동(東)으로 지레 짐작하는 사람들이 있으나 행(幸)인지 불행(不幸)인지 일단 통일(統一)을 이룩한 나라가 신라(新羅)이기 때문에 신라(新羅)의 중국음 〔씬뤄〕음자는 〈샐라〉소리를 표음한 글귀이름이므로 〈샐라〉를 한문(漢文)으로 옮기면 동국(東國)으로 번역해 쓸 수밖에 없다.

한자 동(東)도 '나뭇가지에 해가 걸치는' 모양새를 하는 글자이다.

결론적으로 〈아시아〉라는 '이름말'은 우리 조상들이 지어낸 "아침-〈해〉가 크게-〈알〉하게 밝게-〈새〉는" 곳이란 말로 〈해새알→ 애새아→아새아〉로 다듬어진 〈콸리아〉말이 〈아새아〉이다.

이렇게 우리 조상들이 이름 지은 우리 '말' 우리 '이름'을 한자 음으로 표음해놓은 우리 언어 문화를 놓아두고 중국문 한자 문 화에 빠져들어 소홀히 다루었기 때문에 오랫동안 쌓아올린 우리 말, 우리 이름, 우리 문화를 적지 않이 잃어버리고 잊어버려 물 려받은 정신적 문화유산을 온 들판에 널어놓은 채 제것에 눈길 을 돌리지 못하고 남의 것에 사로잡혀 있는 형편이다.

③ 〈환진나→진나〉소리 서(西)

〈해새〉는 쪽[方位]이 동(東)이었다면 〈해〉가 '지'는 쪽[方位]은 서(西)가 될 수밖에 없다. 바로 해가 '환하게 지는' 쪽[方位]이라 는 말로 "해가-〈환〉히 기울러져-〈지〉는 쪽-〈나〉를 〈환진나〉라" 고 말하다가 짧게 〈환나〉 또는 〈진나〉라고 일컫게 되었다.

《삼국사기(三國史記)》의 〈지리지(地理志)〉의 함평(咸平)을 처음 굴내(屈乃)라고 표음한 중국음 [취내]음자는 옛이름 〈진나〉소리 를 표음한 글귀이름이며, 다른 곳에서 군나(軍那)라고 표음한 중 국음 [줜나]음자도 〈진나〉소리를 표음한 두 글귀이름은 같은 〈진 나〉소리를 표음하고 있다.

길게 말할 때는 "해가-〈환〉히 내리는-〈지〉는 쪽-〈나〉란 〈환진 나〉"소리를 짧게 〈진나〉라고 줄이는 한편 더 짧게 〈환〉소리를 느리게 일컫는 〈환→화ㄴ→화니→하늬〉소리도 '해가 지는' 서(西) 를 뜻하는 말귀[語句]로 삼아 뱃사람 말의 "환이바람→화니바람→ 하늬바람"이라는 〈하늬〉는 〈환〉소리의 연장음가인 〈환이→화니〉 소리가 〈화니→하늬〉소리로 속화되고 퇴화되었을 것이다.

● 몽골말로 서(西)를 일컫는 〈진나〉소리 이름은 "해가〈환〉히 내리며-〈지〉는 쪽-〈나〉인 〈환진나〉"소리를 짧게 줄인 것이다. 그러므로 우리와 같은 이름이다.

● 일본말로 서(西)는 놀이 지고, 놀이 서는 현상에서 '노을 서→놀서 : ニシ'로 자리잡았을 것이다.

④ 〈몰뭬〉소리 남(南)

어느 고을이나 남산(南山)은 목멱산(木覓山)이거나 목맥산(木麥山)이라고 기록하고 있다. 목멱산(木覓山)의 중국음〔무미〕음자와 목맥산(木麥山)의〔무머〕음자는 옛이름 〈몰뭬〉소리를 표음한 음표명(音標名)으로 이룩된 글귀이름이다.

ⅰ) 〈몰〉소리는 정(頂)수리란 〈술〉이나 'ㅅ'이 탈락한 〈훌〉소리나 'ㅎ'마저 탈락한 봉(峰)우리란 〈울〉소리의 대칭소리로 영(嶺)마루나 용(龍)마루란 뜻으로 쓰는 말이기도 하다.

또한 〈몰〉소리나 〈뭇〉, 〈몬〉소리는 '가장', '성(盛)'이라는 뜻으로 쓰는 오늘날의 '맨'의 어원이기도 하다.

ⅱ) 〈뭬〉소리는 오늘날의 "뫼" 또는 "메"란 중국어 산(山)의 우리말로, 겉소리는 〈웨〉소리이며 그늘소리가 〈뭬〉소리이지만 속화되어 '뫼'나 '메'로 간신히 명맥을 이어오고 있다.

따라서 "해가 맨 가운데-〈몰〉우의 산(山)-〈뭬〉에 온 〈몰뭬→뭇뭬→몬뭬〉"소리가 중국어의 남(南)을 일컫는 우리말 글귀이름이다.

또한 '한낮의 뭬'라는 뜻으로 〈낮뭬〉소리를 남산(南山)으로 표음한 이름으로 삼았으므로 어느 고을이나 남산(南山)-〈낮뭬〉소리는 목멱산(木覓山)-〈몰뭬→뭇뭬→몬뭬〉소리와 같은 남(南)을 이르는 말이다.

〈몰뭬→뭇뭬→몬뭬〉소리가 일본(日本)으로 건너가서 〈몬뭬〉소

리는 'ㄴ' 받침이 뒤로 처지는 〈몬뭬→ㅁㄴ뭬 : ミナミ〉소리로 다 듣어지며 자리잡았을 것이다.

• 고구려(高句麗) 시대의 의정부(議政府) 북(北)을 내을매 (內乙買)라고 한 한자음(漢字音)은 〈낮뭬-날뭬〉소리일 것이 다.

• 몽골말로 남(南)을 '우진나'라고 하고 있으나 우리 나 라 백제(百濟)는 〈우진나〉소리를 쓰기도 했으나 점차 자취를 감추고 〈낮뭬〉소리나 〈몰뭬→뫗뭬→몬뭬〉소리로 자리잡았을 것이다.

---

iii) 뱃사람 말로 일컫는 남풍(南風) '마바람→마파람'은 〈몰뭬〉 소리의 〈몰→ㅁ〉바람으로 줄인 이름일 것이다.

⑤ 〈훼다히-훼대〉소리 북(北)

i) 뱃사람 말로 일컫는 북풍(北風)은 '되바람-뒤바람'이다. 〈훼〉 소리는 '훤칠하다', '훤츨히'라는 옛말로 시원하게 솟아오른 묏부 리나 그런 형상을 말하는 데 쓰이는 말이다. 그런데 〈훼〉소리는 굳은소리로 〈퉤〉소리를 가지고 있다. 마치 크다는 무른소리 〈할〉 소리는 굳은소리 〈칼〉소리를 지니고 〈환〉소리는 〈콴〉소리 짝소 리를 지니는 것과 같이 〈훼〉소리는 무른소리이고 〈퉤〉소리는 굳 은소리이다.

ii) 〈다히〉소리는 구개음화한 〈자히〉소리와 대칭적으로 방향 (方向)을 일컫는 '편(便)', '쪽'을 일컫는 우리말 〈다히〉이다.

따라서 "훤칠히-〈훨-훼〉한 쪽-〈다히〉란 〈훨다히→훼다〉"소리 는 산세(山勢)가 훤칠한 쪽을 일컫는 무른소리 말로 풀이된다.

굳은소리로 "횐칠히-〈퀠-퀘〉한 쪽-〈다히〉란 〈퀠다히→퀘다〉"
소리로 다듬어진 〈퀘다 : キ夕〉소리를 일본어(日本語)로 북(北)을
일컫고 우리는 무른소리 〈퀠다히→훼대〉소리를 북(北)을 일컫는
이름으로 삼았다.

오늘날의 문경(聞慶) 관내의 호계(虎溪)의 옛이름 호측(虎側)은
중국음 〔후재〕음자로 옛이름 〈퀠자히→훼재〉소리를 표음한 고을
로 신라(新羅)의 북(北)에 있는 쪽-〈다히→대〉소리의 구개음 대
칭소리 〈자히→재〉소리를 대치(代置)한 북위(北位) 고을이란 뜻
이다.

〈훼자이→훼재〉소리는 대칭적으로 〈훼다이→훼대〉소리가 자리
잡았으며 짧게 〈다히〉소리가 속화되어 〈다히→다이→뒤→되〉소
리가 된 "되바람-북풍(北風)"은 옛 〈다이→대→뒤→되〉소리 바람
일 것이다.

몽골의 북(北)은 '회차'라고 발음하며, 속화된 말인 옛소리
는 〈퀠자이→훼자〉소리라고 생각한다.

---

(2) 우리들의 현위치(現位置)와 우리 '말, 글 문화'의 위상

우리말과 우리글에 대한 우리들의 관심이 대단한 것으로 믿고
들 있으나 실제 죽어버리고 잊어버린 우리말에 대해서 얼마나
관심 밖인가는 우리 스스로의 '말, 글' 쓰임새를 돌아보면 쉽게
느낄 수 있다.

오늘날 '세계화'된 'Ural산(山)'이라는 뫼 이름은 우리말 '뫼'가

아닌 남의 말 '산(山)'으로 대체(代替)하면서 정작 우리말 〈울알뫼→우랄뫼〉를 우리글이 만들어진지 500년이 지난 오늘날까지 운암산(雲菴山)이나 어랑산(於郎山)과 어라산(於羅山)으로 쓰고 부르고 있다. '한자가락'이 판을 치는 우리말, 글 쓰임새가 앞으로 얼마나 지속되어야 성에 찰 것인지 알다가도 모를 일이다.

우리에게 '사대사상'과 '한자중독'이 얼마나 깊고 큰가는 쉽게 찾아볼 수 있다. 몽골의 수도(首都) '우란바타루'의 〈우란〉소리는 분명히 〈울안→우란〉소리이다. 그 뿌리가 같은 〈울안〉소리를 표음해놓은 무안(務安)은 올바로 챙겨 읽을 생각도 않으면서 몽골말 〈울안〉소리는 읽을 줄 아는 비주체성(非主體性)은 놀라운 자기상실이 아닐 수 없다.

남의 글로 기록한 〈Ulan〉소리는 읽을 줄 알면서 저들 조상들이 천여 년 전 그들 글자가 없었을 때 어렵게 한자음(漢字音)으로 표음한 우릉(于陵), 우릉(芋陵), 우릉(羽陵), 무릉(武陵), 울릉(蔚陵), 울릉(鬱陵)은 언제까지 비틀어진 '한자가락' '우릉', '울릉'으로 읽고 곱씹어야 이름소리가 되살아날 것인지 천년이 넘었는데도 앞날을 기약할 수 있는 서광이 보이지 않는다.

중국땅 무한(武漢)은 '우한'으로 읽으면서 우리 땅 무안(務安)은 어째서 '무안'으로 읽어야 하는지 분별도 못하고 가릴 수도 없는 무안(務安)과 무안(武安)은 왜 지어졌는지 한번쯤 되돌아봄직도 하지만 알 수 없는 '한자가락'을 천부(天賦)의 '가락소리'로 굳게 믿고 쓸모 없는 골동품(骨董品)으로 버림받은 무관심 속에 버려진 우리말 말귀[語句]로 지어진 우리 '말, 글이름'이 설 땅이 어느 곳, 어느 나라라는 말인지 착잡하기만 하다.

우리 조상들이 세계의 여명을 열면서 〈해새알→애새아→아새아〉라고 이름 지어 세계의 좌표를 열어놓은 그 후예들이 간직하여 누리는 우리의 말글 문화란 과연 어떤 것이며 무엇이 우리 문화인지 알아차리지도 못하는 안개 속에 묻혀 있다.

우리들의 이런 잘못된 관점은 마치 남의 눈의 가시는 볼 줄 알면서 제 눈의 대들보를 보지 못하는 무정견(無定見)으로 일관해 바다 밑의 배는 끌어올릴 줄 알면서도 '한자가락' 속에 묻혀 버린 우리말, 우리글, 우리 역사를 찾아 올릴 생각은 접어두고 도리어 '한자가락' 속으로 잠겨들어 삼황 오제의 치적과 사서삼경을 뒤적이는 궁리에 빠져드는 것이 오늘날의 현실인 듯하다.

맺는말

우리 조상들이 이 세상에서 삶을 누리며 일찍이 이 땅에 터를 잡아, 날이 새고 밝아오는 아름답고 희망찬 이 곳을 〈해새알→애새아→아새아〉소리로 이름 지었다. 세계 속에서 아침을 여는 이 터전을 그들의 좌표로 삼아 작은 군(郡) 규모의 고을에 초기국가〔고을나라〕를 세우고 정치 조직과 다스리는 정치 체계를 우리 말귀〔語句〕로 이름 지었으니, 중앙 조직은 〈잘쥔볼〉이나 〈잘볼〉 또는 〈쥔볼〉이라고 일컫고, 다스리는 성(城)은 〈잘할→잘알→자랄〉소리로 일컬으며, 그런 고을을 〈서볼〉이나 〈서울〉이라고 일컬었다. 그리고 이렇게 짜임말귀〔語句構造〕로 이룩된 우리의 언어 문화로 〈콸리아〉 역사를 이룩했다.

〈서울〉은 수부(首府)로 삼고, 〈서술알→서수랄〉소리는 대수부(大首府)로, 〈서볼〉은 수도(首都)로, 〈설알볼→서랄볼〉소리는 대수도(大首都)로 삼아 아쉬움 없는 말귀〔語句〕 쓰임새로 우리의 말글 문화를 꽃피워 나라를 다스렸다.

지방(地方) 고을도 무게 있는 고을과 예사고을을 이름소리로

가릴 수 있도록, 〈술달→울달〉소리와 〈술잘→울잘〉소리는 제압부
(制壓府)로 삼고 〈쥔달〉소리와 〈쥔잘〉소리 혹은 〈쥘잘〉소리와 〈쥘
달〉소리는 통제제압부(統制制壓府)로 삼았다. 〈울쥔〉소리와 〈뫌쥔〉
소리, 〈울쥘〉소리와 〈뫌쥘〉소리 혹은 〈불쥔〉소리와 〈쥔불〉소리,
〈불쥔〉소리나 〈쥘불〉소리는 통제부(統制府)로 삼고 〈울알→우랄〉
소리와 〈뫌알→ᄆ랄〉소리는 대부(大府)로 삼았다. 이렇게 짜임새
를 갖춘 말글 쓰임새로 언어 문화를 이룩하여 빛나는 우리 가락
소리를 오늘에 남겨주었다.

정신 문화 면에서도 끊임없이 발전하여, 밝고 맑게 멀리까지 〈환〉
히 오래오래 향유(享有)하여 〈룰→눌〉이려는 마음가짐으로 살아
서나 죽어서도 나라와 그들 겨레붙이들이 〈환룰〉하기를 바라는
믿음의 경지를 이룩해놓았다.

따라서 여러 말귀〔語句〕는 우리 조상들이 무엇하는 어떤 벼슬
이나 어떤 고을이라는, 체언과 용언을 짜맞춘 문법적 짜임새를
지니는 문명화된 이름으로, 이름마다 사연이 담긴 메시지를 간직
하는 글귀소리로 지어진 나랏말 글귀이름으로 우리 문화와 역사
를 이룩했음을 인식하게 되었다. 그뿐 아니라 고대 일본(日本)에
서 우리가 일구어놓은 짜임말귀〔語句構造〕로 지은 많은 도시이름
이 오늘날까지 글귀소리로 그 여운을 울리고 있다.

그러므로 굳어버린 오늘날의 '표준 한자음'으로 우리 글귀이름
을 읽을 것이 아니라, 옛 조상들이 쓰고 부르던 유음(遺音)·유성
(遺聲)으로, 그 글귀이름의 우리 '소릿가락'으로 읽고 깨쳐야 한다.

이렇게 이룩된 우리말이요 우리 글귀이름인 이상, 비록 중국어
(中國語)나 한문(漢文)에 유식하다고 함부로 우리 나랏말 역사나
이름소리를 중국적(中國的) 안목(眼目)으로 풀이하려는, 역사 관
찰을 거스르는 한문 식자(識字)들과 구별하고 '군소리'로 읽고
스치는 허상(虛像)을 맴도는 글풀이꾼과 결별해야 할 것이다.

그런데 우리말 말귀〔語句〕도 모르면서 우리 역사와 우리 글귀 이름을 연구한다는 생각 자체가 잘못된 것이다. 그럼에도 한문 (漢文)에 사로잡힌 사대사상(事大思想)과 알지도 못하는 일본(日本)의 '글자풀이' 놀음에 모르는 사이 빠져든 탓에 반만 년의 역사 흐름을 한자음으로 담아서 매겨놓은 우리 '소릿가락'을 '한문가락'으로 풀려는 폐단에 젖어버렸다.

한자음으로 담아놓은 글귀〔文句〕는 세월의 풍상과 세상살이의 앙금으로 옛 이름이 퇴색되었으므로, 옛 이름은 옛 소리로 재현시켜 우리 말귀〔語句〕로 고쳐 읽어 우리 문화유산으로 살리고 다듬어야 한다.

비틀어진 중국적 '한자가락'이나 '새김질'로는 우리 이름과 우리 문화, 우리 역사를 되살릴 수 없고 되돌아볼 수도 없으며, 그런 '군소리'로는 우리의 지난날을 캐낼 수 없는데 어떻게 앞날의 세계를 우리 눈으로 바라볼 생각을 하겠는가.

빗나간 오늘까지의 관찰은 세계화를 부르짖는 시대적 흐름에 '콸리아'적 눈길이 잡히지 않은, 초점이 흐린 짓이었다. 남을 흉내낸 빗나간 투시경(透視鏡)을 집어던지고 물려받은 우리의 주체적(主體的) 눈초리로 우리의 옛적을 바라보아야 하며, 자주적(自主的)인 눈길로 우리를 살피고 우리 눈길로 세계를 바라보아야 한다.

따라서 빗나간 시각(視角)을 바로잡는 발상의 전환으로 우리 스스로를 깨달아 옛을 바라보면, 잠겼던 그림자가 떠오를 것이고 잠자던 글귀소리가 깨어나 앞길을 비추어줄 수 있을 것이며 우리의 눈길이 바로 뜨일 것이다.

그런 뜻에서도 우리가 디디고 선, 조상들이 물려준 문명된 유산을 밝고 올바로 살펴보고 계승해야 한다. 조상들이 남긴 글귀, 글월을 한 구절도 놓치지 않고 이해하고 해독하여 우리 눈길로 살펴 나가야 한다. 우리 조상들이 그랬던 것처럼 우리도 세계를 슬기롭게 헤쳐 나가는 계기를 잡아 세계 속에 우리의 좌표를 튼튼히 가꾸는 데까지 시야를 넓혀야 한다. 그렇게 하는 것이야말로 오랜 세월 우리의 말글 문화로 가꾸고 꽃피운 역사의 빛을 누리는 길이며 대를 이어 배워야 할 이유를 아는 길이다. 그럼으로써 우리의 후손들 역시 역사와 문화의 빛을 누리게 될 것이다.